Michael Meinhold

Die Vogelsberger Westbahn

Lokal-Termin, ausnahmsweise mal am Bahnhof: Vor symbolträchtiger Kulisse haben sich die *Comedian Hanullists* am 1. November 1997 zum Gruppenbild versammelt. Beim Lokal-Termin am Abend zuvor wurde das Projekt „Vogelsberger Westbahn" aus der Taufe gehoben; „begossen und verkündet", wird man später spotten. Dafür wirken die Protagonisten erstaunlich frisch, wie ein Vergleich mit einigen Aufnahmen in diesem Buch zeigen wird ...
Von links oben angefangen sehen wir *Thomas Siepmann*, zuständig für Planung und Fahrplanbetrieb; aus seiner Feder bzw. seinem Drucker stammen Anlagenpläne und die Bild- und Buchfahrpläne für den Modellbetrieb. Neben ihm strahlt – noch! – *Gebhard Weiß*; weiß er doch nicht, wieviel Arbeit er sich mit dem Bau von Bahnhofsgebäude, Lokschuppen, Magazin und Schule aufhalsen wird. Auch sein Nachbar *Ludwig Fehr* wirkt hier noch frohen Mutes; bald wird den unermüdlichen Tüftler die rauhe Wirklichkeit des hochpräzisen Gleis- und Weichenbaus und störrischer Signalantriebe einholen. *Jan Bruns* hat sich – unbewußt? – schon etwas tiefer gestellt; in Kürze schon wird er sich noch tiefer bücken müssen, um Unterbau und Segmentkästen immer wieder sorgfältig aufeinander abzustimmen. In der Reihe davor sieht man dem freundlichen Lächeln von *Martin Knaden* nicht an, wie bitterböse er fluchen kann – wenn die Tücken der Objekte ihn bei Elektrik und Digitalisierung der Anlage oder beim feinstmechanischen Fahrzeugbau aufhalten. *Horst Meier* schützt sich mit einer dunklen Brille gegen die Sonnenstrahlen, die alsbald die plastischen Strukturen seiner hochfein gravierten Felsen, Mauern oder Brücken ins rechte Licht setzen werden. Er ist ebenso als Landschaftsarchitekt tätig wie *Burkhard Rieche* – der immergrüne „Fichtenfürst", der statt der weißen Jacke eigentlich einen Grasmattenumhang aus Silflor oder Dekovlies tragen müßte. Neben ihm blickt einer so arglos ins ehemalige Bahnhofsgelände, als wüßte er nicht genau, was er da angezettelt hat; es ist der Initiator und Chronist des Westbahn-Projekts, *Michael Meinhold*.

**Michael Meinhold**
und die „Comedian Hanullists"

# DIE VOGELSBERGER WESTBAHN

Die Deutsche Bibliothek – CIP-Einheitsaufnahme
Meinhold, Michael:
Die Vogelsberger Westbahn / Michael Meinhold. – 1. Aufl. - Nürnberg :
MIBA-Verl., 1999
(MIBA-Exclusiv-Buch)
ISBN 3-86046-052-8

1. Auflage 1999
© by vth Verlag für Technik und Handwerk GmbH,
MIBA-Miniaturbahnen, Nürnberg
Alle Rechte vorbehalten
Nachdruck, Reproduktion, Vervielfältigung –
auch auszugsweise oder mit Hilfe elektronischer Datenträger –
nur mit vorheriger schriftlicher Genehmigung des Verlages.
Redaktion: Thomas Hilge
Satz: Bettina Knaden
Litho: Waso PrePrintService GmbH & Co. KG, Düsseldorf
Druck: WAZ-Druck GmbH, Duisburg

# Inhalt

| | |
|---|---|
| Vorwort | 7 |
| Once upon a time in the west: Die Strecke Hungen–Mücke | 8 |
| Haltestelle Laubacher Wald: Die Keimzelle der Westbahn | 18 |
| Genau im Mittelpunkt: Der Bahnhof Laubach (Oberhessen) | 21 |
| Thomas und die Plan-Wirtschaft: Der lange Weg vom Plan zur Bahn | 31 |
| Jan fängt von ganz unten an: Stahlnetz und doppelter Boden | 36 |
| Ludwigs Lust am feinen Fummeln: Gleise, Weichen, Antriebs-Arbeit | 44 |
| Horst graviert und komprimiert: Brücken, Mauern, Fels und Co. | 57 |
| Burkhard bastelt Baum und Strauch: Aus dem Herzen der Natur | 80 |
| Gebhard weiß um viele Tricks: Rund um das Empfangsgebäude | 86 |
| Martin macht's mit Tachowelle: Westwärts rollen feine Räder | 116 |
| Bitte, bitte noch ein Bit: Digital ist ideal | 126 |
| Jede Menge Kleinzeug: Detailissimo! | 129 |
| Fahrplan-Betrieb mit Kursbuch und Karten: Dienst nach Vorschrift | 136 |
| Reaktionen, daheim und andernorts: Von Flaschen und Kindern | 156 |
| Quellennachweis, Danksagung | 160 |

# Die Westbahn und der Wahnsinn

Warum, um alles in der Welt, ausgerechnet die Vogelsberger Westbahn und der Bahnhof Laubach (Oberhessen)? Warum gerade diese kleine Station an einer nicht eben als Magistrale bekannten Nebenbahn? Was bringt acht erwachsene Männer dazu, genau diesen Bahnhof und seine Umgebung bis in die kleinste Einzelheit nachzubilden und – damit nicht genug – mit den akribisch detaillierten und authentisch beschrifteten Modellen damaliger Originalfahrzeuge auf dieser Anlage den früheren Originalbetrieb zu veranstalten?

Fragen über Fragen – und auf alle gibt es ein und dieselbe Antwort. Das Phänomen, mit dem wir es hier zu tun haben, hat einen Namen; es ist – der ganz normale Wahnsinn. Modellbahner kennen diese Erscheinung, ohne indes sonderlich unter ihr zu leiden; für viele – und nicht die schlechtesten – von ihnen ist dieser ganz normale Wahnsinn die Voraussetzung für modellbaumäßige Höchstleistungen, wie sie auch in diesem Buch zu sehen sind.

Warum nun also gerade der Bahnhof Laubach (Oberhessen) an der Vogelsberger Westbahn? Ganz einfach: Jeder Eisenbahnfreund, jeder Modelleisenbahner trägt irgendwo tief im Innern seinen Bahnhof Laubach mit sich herum, wie immer dieser auch in Wirklichkeit heißen mag. Es ist der Ort der frühesten oder einer besonders nachhaltigen Begegnung mit der Eisenbahn, der ihn fortan nicht mehr loslassen wird. Und da alle Modellbahner verrückt nach Eisenbahnen und von daher verwandte Seelen sind, fiel es dem Inititiator des Projekts „Vogelsberger Westbahn" – nun, nicht gerade in den Schoß, aber auch nicht übermäßig schwer, sieben renommierte Hobbyfreunde für dieses Vorhaben zu begeistern.

Das Renommee allein, erworben durch zahlreiche MIBA-Veröffentlichungen unterschiedlichster Thematik, hätte indes für ein solches Projekt nicht gereicht. Hinzu kam das gemeinsame Wissen um den gemeinsamen ganz normalen Wahnsinn – als Motivationsverstärker ebenso notwendige Voraussetzung wie unausbleibliche Folge zahlreicher kollektiver Arbeits-Wochenenden am Westbahn-Standort und ungezählter Bastelstunden am Heimatort des jeweils zuständigen Spezialisten. Und wenn die einzelnen Segmente der entstehenden Anlage von Fulda nach Meckenheim oder von Düsseldorf nach Rodgau zur Weiterbearbeitung unterwegs waren, dann zerrte dieser Teilstück-Tourismus ebenso an den Nerven aller Beteiligten wie der ständige Termindruck der laufenden MIBA-Serie. Fortwährend „just in time" betrieben, kann auch das schönste Hobby der Welt schnell zum Fluch werden; daß dennoch kein Westbahner darüber wahnsinnig wurde, beweist trefflich die eingangs aufgestellte Behauptung: Wir waren es eben schon, jeder auf seine ganz spezielle und alle auf eine gemeinsame Weise.

Das hat sich beim gemeinsamen Bau und Betrieb der Vogelsberger Westbahn höchst vielfältig gezeigt, nicht zuletzt in jenen permanenten Ausbrüchen kollektiver Heiterkeit, denen sich nicht nur der Name „Comedian Hanullists", sondern wohl auch die engagierte Resonanz auf die MIBA-Serie verdankt.

Wir haben trotz allem Streß mindestens genausoviel gelacht wie geschafft; und wenn sich unsere Bau- und Bastelfreude und der Spaß am gemeinsamen Betriebsspiel auch nur zu einem kleinen Teil auf die Leserinnen und Leser überträgt, hat dieses Buch sein eigentliches Ziel erreicht.

Der Dank des Chronisten, der diese und manch andere Rolle während des Westbahn-Baus nicht nur gerne, sondern hoffentlich auch überzeugend gespielt hat, gilt außer den hier in Wort und Bild vertretenen „Comedian Hanullists" auch Dieter Dabringhausen, Peter Flach, Peter Merte und Lars-Christian Uhlig für ihre Mitarbeit, ohne die so mancher Termin nicht zu halten gewesen wäre. Und er gilt nicht zuletzt Friedel Eggebrecht und Annette Schumacher-Eggebrecht vom Hotel „Café Göbel" in Laubach, in dessen altehrwürdigen Mauern die „Comedian Hanullists" bei den zahlreichen Arbeitstreffen stets großzügige Gastfreundschaft und verständnisvolle Geduld erfuhren.

*Michael Meinhold*

Sommer 1964: Fünf Jahre nach der Einstellung des Reisezugverkehrs zeigt sich der Bahnhof Laubach (Oberhessen) bis auf die abgebauten Ausfahrsignale noch nahezu unverändert.

## Once upon a time in the west:
# Die Strecke Hungen–Mücke

Während bereits heute morgen die ersten fahrplanmäßigen Züge von zahlreichen Passagieren zu einer Vergnügungsfahrt nach Hungen benutzt worden waren, hatte sich nachmittags eine große Menschenmenge am Bahnhof eingefunden, um den 3-Uhr-Zug zu erwarten, nach dessen Ankunft ein kleiner Festzug unter Vorantritt des Laubacher Musikvereins durch die Stadt nach dem ‚Solmser Hof' sich begab, um hier durch eine Festversammlung das freudige Ereignis zu feiern … Ein von dem Herrn Grafen am Schlusse seiner Ausführungen ausgebrachtes Hoch auf den Großherzog fand begeisterten Widerhall."

So berichtete der „Gießener Anzeiger" über die Eröffnung der Bahnlinie Hungen–Laubach am 1. Juni 1890. Vorangegangen waren die Eingaben und Petitionen lokaler „Eisenbahn-Comitees", die schon seit 1869 für eine Ergänzung bzw. Verbindung der Linien Gießen–Alsfeld–Fulda und Gießen–Hungen–Gelnhausen durch eine vom Vogelsberg südwestlich in Richtung Frankfurt/M verlaufende und damit den Verkehrs- und Warenströmen folgende Bahn plädiert hatten. Dem wurde mit der Weiterführung Hungen–Friedberg, eröffnet am 1. Oktober 1897, und mit der Verlängerung von Laubach nach Mücke Rechnung getragen, die am 1. Oktober 1903 in Betrieb ging; dadurch wurde Laubach vom End- zum Durchgangsbahnhof, was die Verlegung des Bahnsteigs von der West- auf die Ostseite erforderte.

Durch den Bahnbau wurde der zentrale Verwaltungs- und Schulort Laubach ebenso an die weite Welt angeschlossen wie die wirtschaftlich bedeutende Friedrichshütte bei Ruppertsburg. Die Eisengießerei und chemische Fabrik (übrigens die Keimzelle der Weltfirma Buderus) wurde 1890 durch ein 4,5 km langes Anschlußgleis mit der Station Villingen verbunden; 1897 wurde auch der Personenverkehr nach Ruppertsburg aufgenommen. Auch das Holz aus den ausgedehnten Waldungen und der

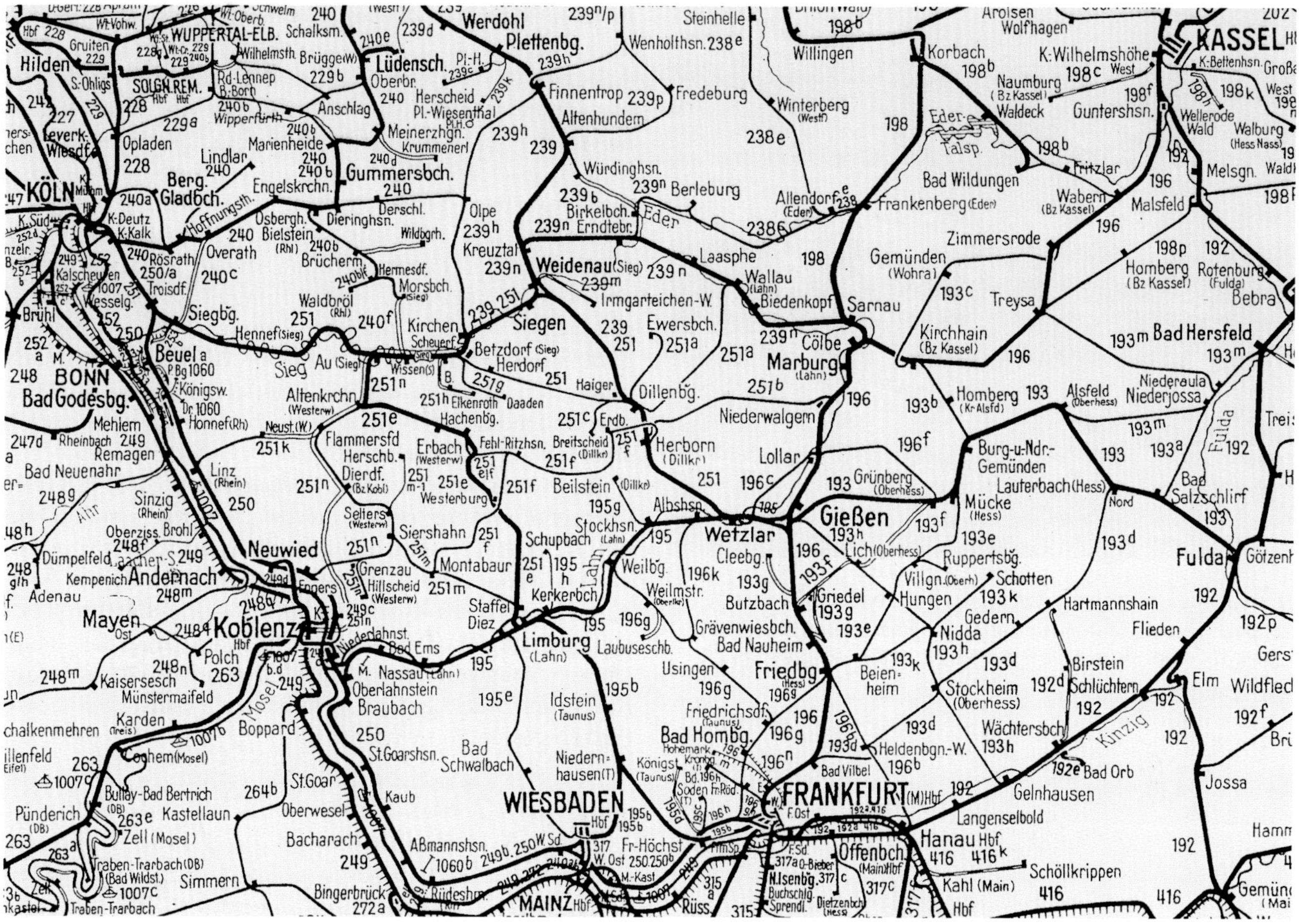

Die Strecke 193e Friedberg–Hungen–Laubach–Mücke im größeren Umfeld der Kursbuchkarte von 1958. Vor dem 2. Weltkrieg wurde der zweigleisige Ausbau der Verbindung Bad Hersfeld–Alsfeld–Mücke–Friedberg begonnen, aber nie vollendet. Auf der Modell-Westbahn wird, analog zum berühmten Wende-Eilzug Frankfurt/M–Weilburg–Limburg–Altenkirchen–Köln, ein Eilzug Frankfurt/M–Friedberg–Nidda–Hungen–Mücke–Alsfeld–Bad Hersfeld–Kassel verkehren. Rechts: Die Strecke auf der Direktionskarte Frankfurt/M von 1948.

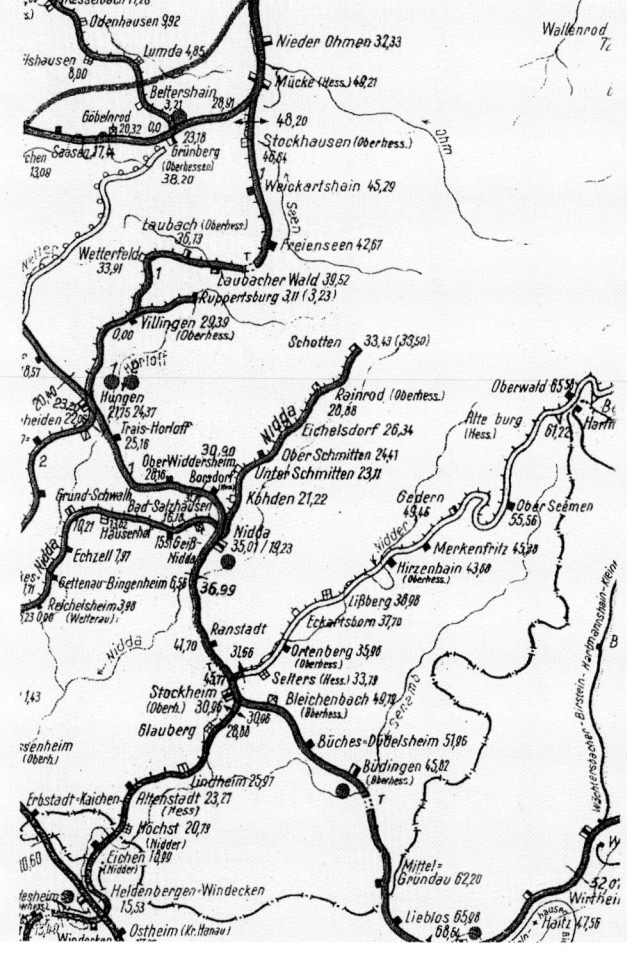

Vogelsberger Brauneisenstein konnten nun leichter abtransportiert werden. Die Grube Abendstern bei Hungen war ebenso durch Drahtseilbahn und Verladeanlage mit der Bahn verbunden wie die Gruben im Seenbachtal zwischen Freiensen und Mücke, von denen die Erzwäsche und -verladeanlage Weickartshain als bedeutendste galt.

Ende der dreißiger Jahre wurde sogar mit dem zweigleisigen Ausbau der Verbindung Friedberg–Hungen–Laubach–Mücke–Alsfeld–Hersfeld begonnen. Damit sollten im Zuge der Kriegsvorbereitungen die Linie Bebra–Frankfurt/M und die Main-Weser-Bahn entlastet werden. Das Projekt kam jedoch über die zweigleisige Trassierung einiger Abschnitte nicht mehr hinaus; durch den 196 m langen, 1938–1940 neben dem ursprünglichen eingleisigen Tunnel erbauten zweigleisigen Tunnel bei Freiensen fuhr nie ein Zug.

Ende der fünfziger Jahre zeichnete sich im Rahmen des durch den Individualverkehr eingeleiteten Neben-

Der Bahnhof Hungen um 1964. Zwischen den Strecken nach Laubach (mit ausfahrendem Güterzug) und Gießen die kleine Lokstation, die als Außenstelle des Bw Friedberg auch Züge nach Laubach bespannte.

bahnsterbens der Niedergang auch unserer Linie ab; daran vermochte auch die bereits 1952 begonnene Umstellung der dampfbespannten Reisezüge auf Schienenbusse nichts zu ändern. Die Stillegung der Eisenerzgruben im Seenbachtal und der schlechte Zustand des Oberbaus – verursacht auch durch die schweren Panzerzüge der US-Armee, die die Strecke als Umleitung nutzten – führten im Mai 1958 zur Einstellung des Eisenbahnbetriebs zwischen Freienseen und Mücke. Ein Jahr später wurde der Reisezugverkehr Hungen–Laubach–Freienseen und Hungen–Villingen–Ruppertsburg eingestellt. 1960 wurden die Gleise zwischen Mücke und Laubach sowie Ruppertsburg und Villingen abgebaut; an der Haltestelle Laubacher Wald war bis dahin noch gelegentlich Holz verladen worden.

Der Güterverkehr nach Laubach lief noch fast vier Jahrzehnte weiter; es war der DB Cargo vorbehalten, mit der Kündigung der Laubacher Gleisanschlüsse von zunächst Dexion und dann der Eisengießerei Winter (vormals Helwig) ihre Kundenfreundlichkeit unter Beweis zu stellen. Am 21. Dezember 1998 verkehrte der letzte Übergabezug von Laubach nach Hungen, wo kurz darauf durch den Rückbau der „Laubacher" Gleise vollendete Fakten geschaffen wurden.

Der Gleisplan des Bahnhofs Hungen um 1962 zeigt die interessante Anbindung der Laubacher Strecke mit dem seitab gelegenen Bahnsteig.

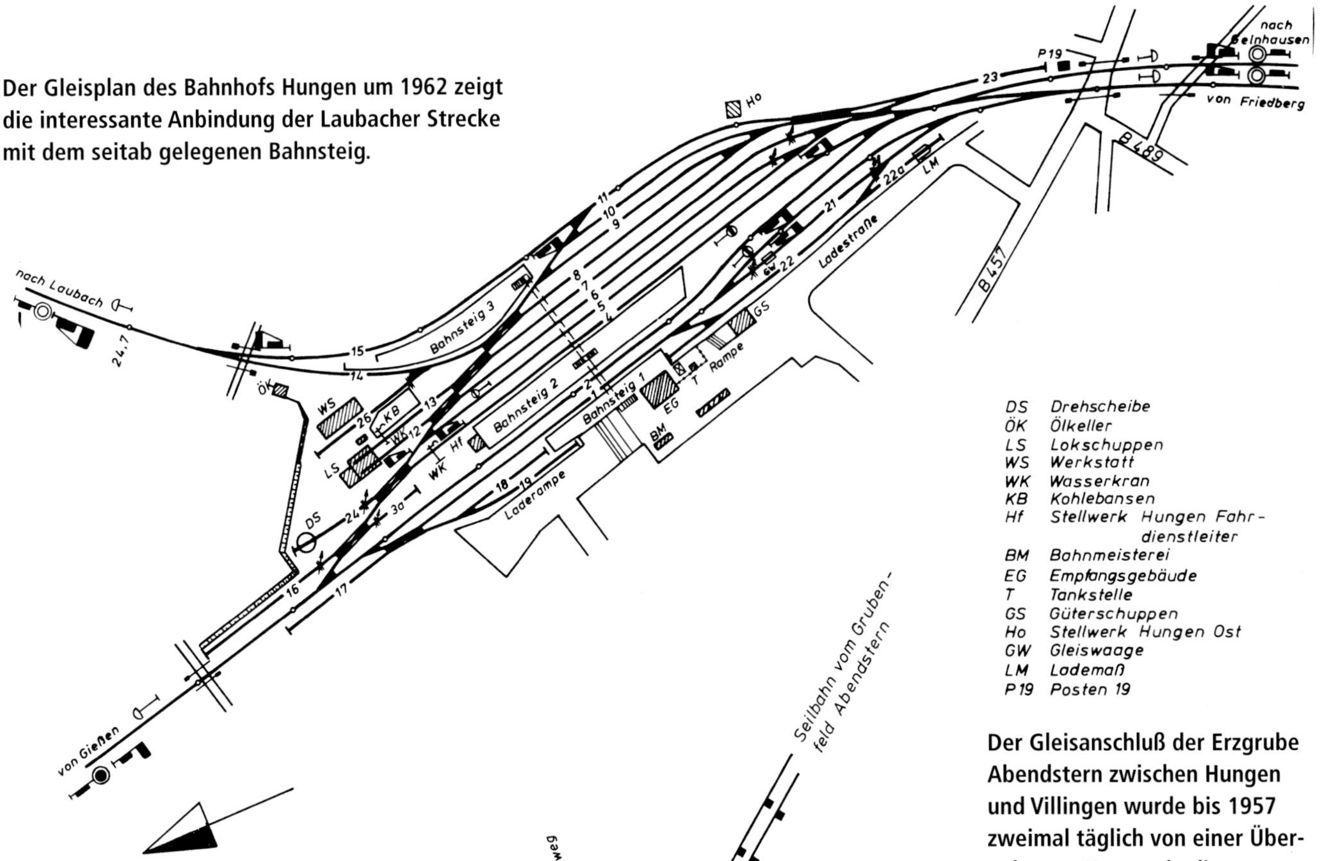

DS Drehscheibe
ÖK Ölkeller
LS Lokschuppen
WS Werkstatt
WK Wasserkran
KB Kohlebansen
Hf Stellwerk Hungen Fahrdienstleiter
BM Bahnmeisterei
EG Empfangsgebäude
T Tankstelle
GS Güterschuppen
Ho Stellwerk Hungen Ost
GW Gleiswaage
LM Lademaß
P 19 Posten 19

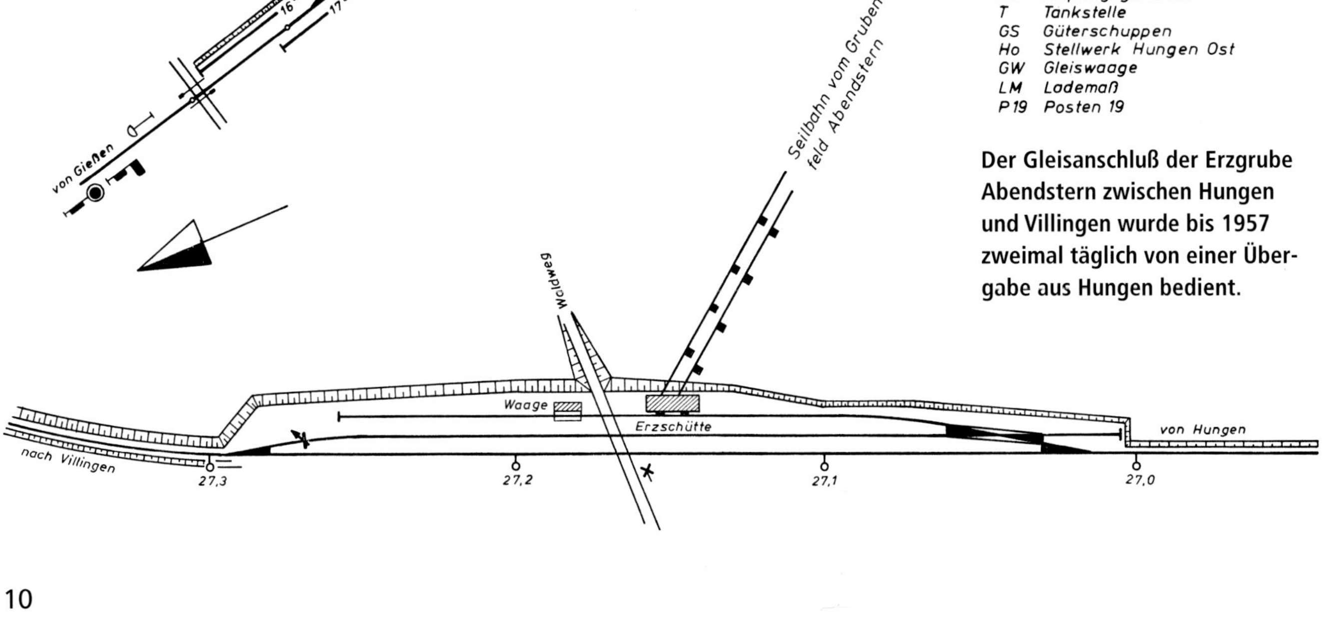

Der Gleisanschluß der Erzgrube Abendstern zwischen Hungen und Villingen wurde bis 1957 zweimal täglich von einer Übergabe aus Hungen bedient.

Im Bahnhof Villingen rangiert V 36 413 mit dem Gmp Freienseen–Laubach–Hungen, April 1959. Alle Empfangsgebäude der Strecke Hungen–Mücke sind in unterschiedlicher Architektur ausgeführt. Der Gleisplan des Abzweigbahnhofs Villingen zeigt auch die Feldbahn zu einem nahe gelegenen Sägewerk.

Von Ruppertsburg (im Hintergrund) nach Villingen ist 1960 der Abbauzug unterwegs, bespannt mit 56 527 vom Bw Friedberg. Die Friedberger 56.2 waren auf den oberhessischen Nebenbahnen „das Mädchen für alles".

Schlicht und ergreifend: Gleisplan des Endbahnhofs Ruppertsburg um 1956. Das Anschlußgleis zur Friedrichshütte wurde bereits in den dreißiger Jahren abgebaut.

*Skizze der Freienseener Tunnels*
Maßstab: ungef. 1 : 2500

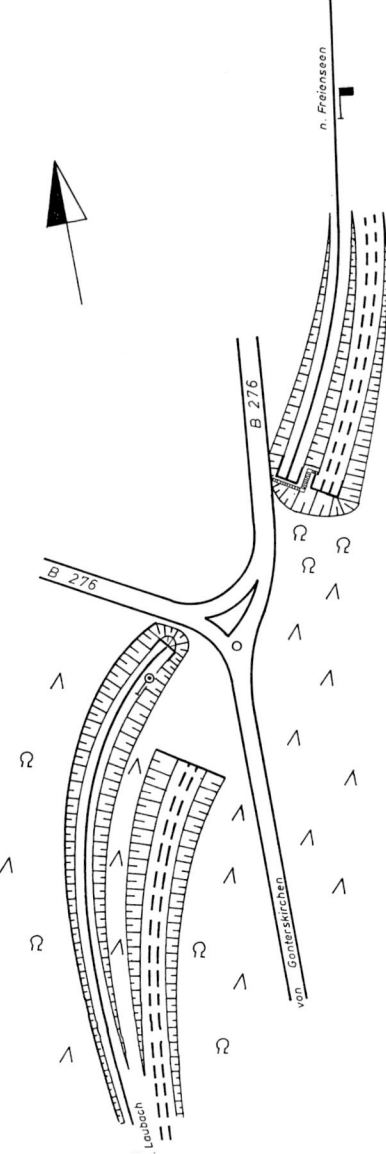

Im 133 m langen Tunnel bei Freienseen, gebaut 1903, wurde die Wasserscheide Lahn/Main unterfahren. Der parallel dazu 1937/38 gebaute zweigleisige Tunnel ging nie in Betrieb. Nach dem Abbau der Gleise zwischen Mücke und Laubach wurden 1960 die Tunnelöffnungen zugemauert; die Bilder von 1964 zeigen rechts das nördliche und unten das südliche Portal.

Aus dem am Schluß laufenden MBi-Behelfspersonenwagen des Gmp Freienseen–Laubach–Hungen entstand im April 1959 diese Aufnahme, die den Zug kurz hinter dem Freienseener Tunnel auf dem verbreiterten Trassenabschnitt zeigt. Gruben- und Faserholz waren ein typisches Ladegut in dieser waldreichen Gegend.

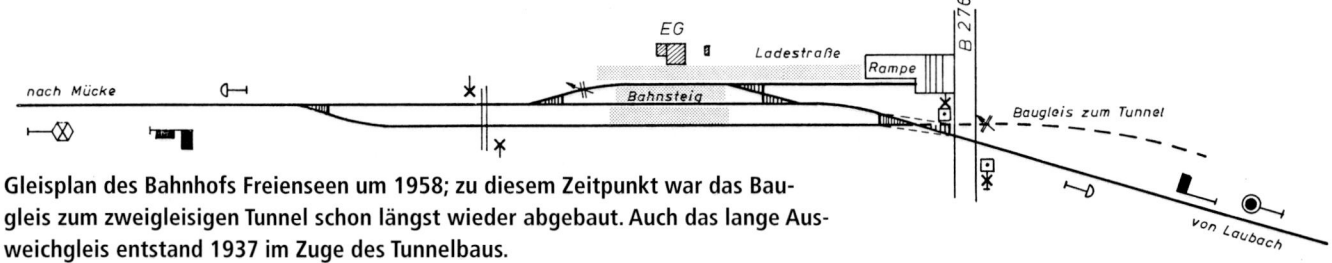

Gleisplan des Bahnhofs Freienseen um 1958; zu diesem Zeitpunkt war das Baugleis zum zweigleisigen Tunnel schon längst wieder abgebaut. Auch das lange Ausweichgleis entstand 1937 im Zuge des Tunnelbaus.

Blick über den Bahnhof Freienseen in Richtung Mücke, aufgenommen im April 1959 von der Plattform des Behelfspersonenwagens am Schluß des Gmp nach Laubach–Hungen, den wir rechts abfahrbereit sehen. Neben dem Empfangsgebäude der Bahnbus, der die Reisenden von Mücke gebracht hat. Bemerkenswertes Detail: das Schutzmäuerchen um das Signal der Weiche zum Rampengleis.

Die Gegenrichtung mit dem abfahrbereiten Gmp nach Laubach

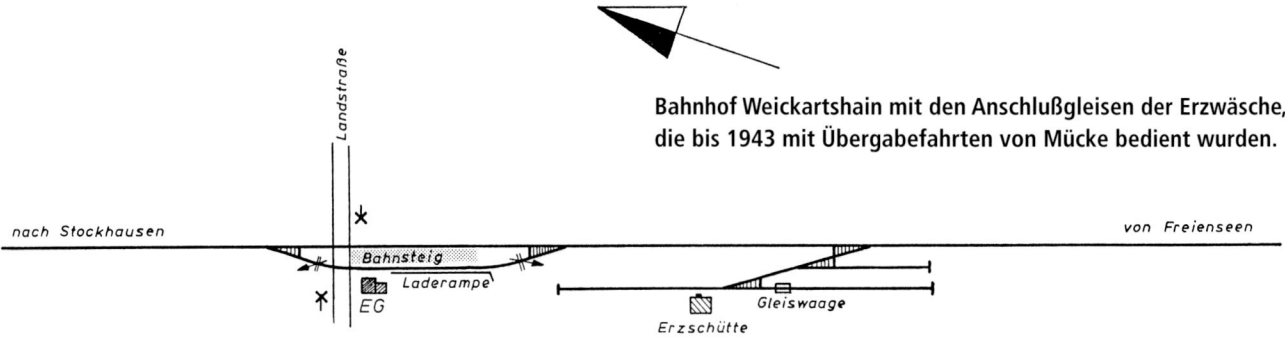

Bahnhof Weickartshain mit den Anschlußgleisen der Erzwäsche, die bis 1943 mit Übergabefahrten von Mücke bedient wurden.

Als um 1950 diese Aufnahme der Erzwäsche Weickartshain entstand, hatte der große Fachwerkbau seine Funktion schon verloren; im Hintergrund (Bildmitte) das Bahnhofsgebäude.

Das Bahnhofsgebäude von Weickartshain, aufgenommen um 1950. Der Bahnhof Weickartshain war – neben Freienseen – eine der beiden Zugmeldestellen zwischen Laubach und Mücke.

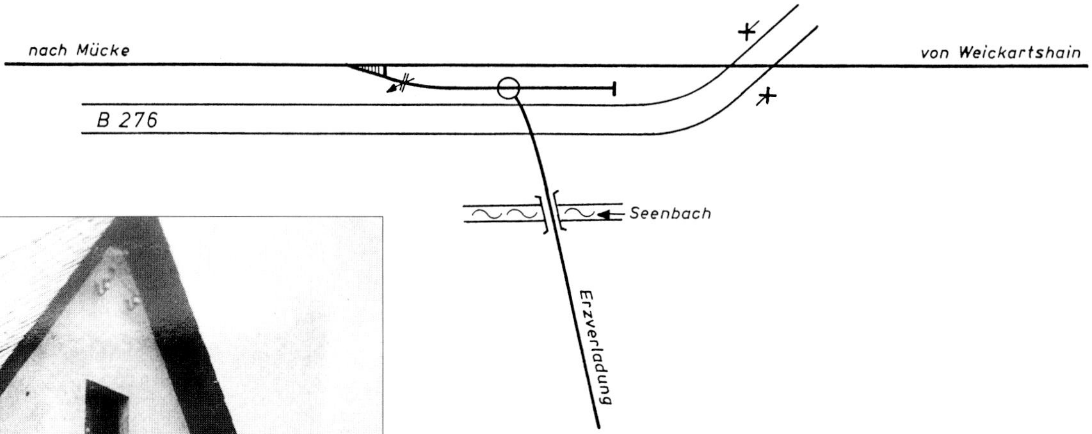

Lageplan der Haltestelle Stockhausen um 1925, als das mittels einer Waggondrehscheibe abzweigende Gleis zur Erzverladung noch lag. Auf dem Anschlußgleis wurden die Waggons mit Pferden befördert.

Das Bahnhofsgebäude Stockhausen um 1920; vor dem Eingang blickt der Eisenbahner Karl Rohm würdevoll in die Kamera. In den darauffolgenden Jahren wurde der Bahnhof Stockhausen zunächst in eine Agentur und schließlich in eine unbesetzte Haltestelle umgewandelt.

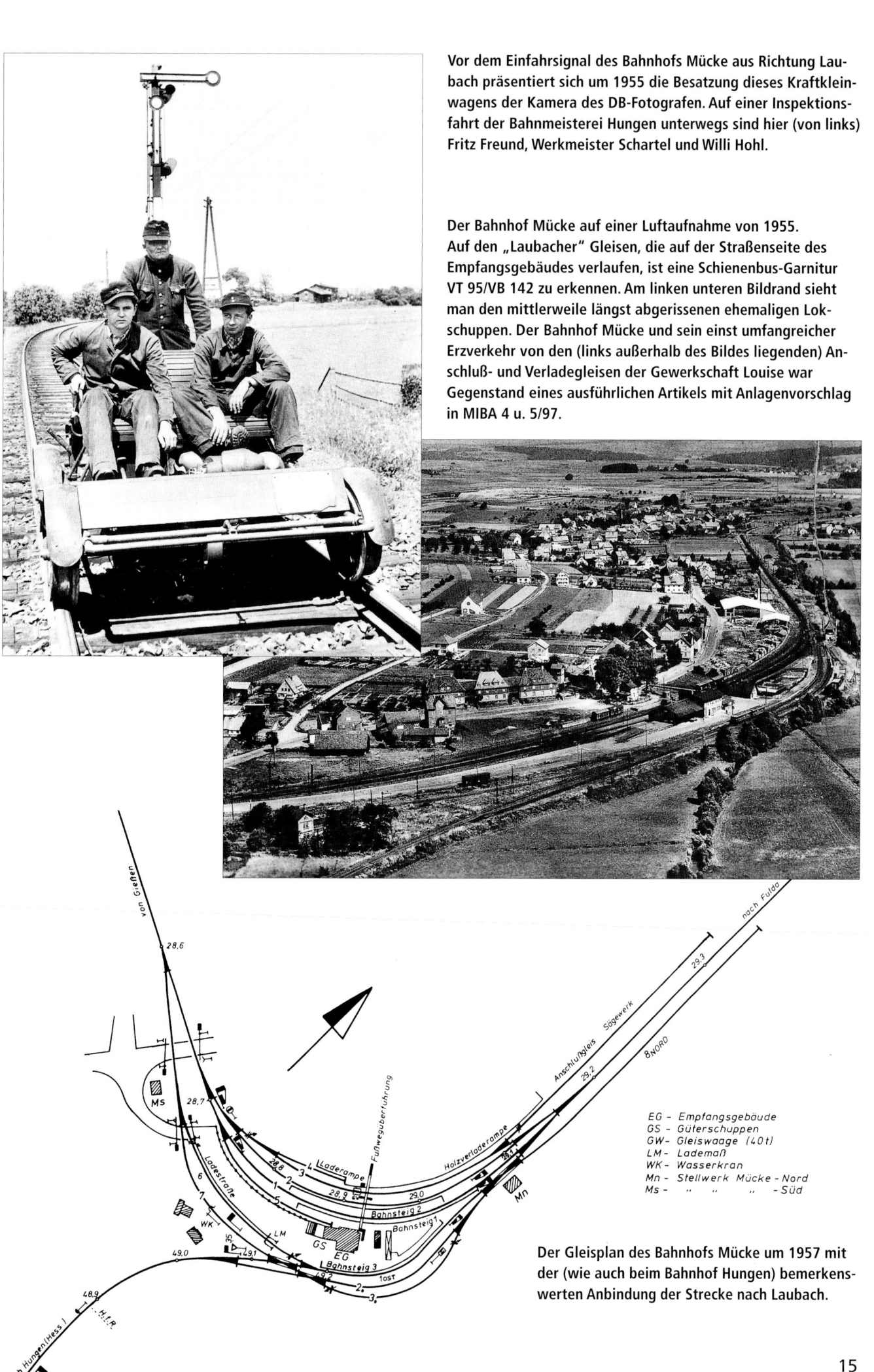

Vor dem Einfahrsignal des Bahnhofs Mücke aus Richtung Laubach präsentiert sich um 1955 die Besatzung dieses Kraftkleinwagens der Kamera des DB-Fotografen. Auf einer Inspektionsfahrt der Bahnmeisterei Hungen unterwegs sind hier (von links) Fritz Freund, Werkmeister Schartel und Willi Hohl.

Der Bahnhof Mücke auf einer Luftaufnahme von 1955. Auf den „Laubacher" Gleisen, die auf der Straßenseite des Empfangsgebäudes verlaufen, ist eine Schienenbus-Garnitur VT 95/VB 142 zu erkennen. Am linken unteren Bildrand sieht man den mittlerweile längst abgerissenen ehemaligen Lokschuppen. Der Bahnhof Mücke und sein einst umfangreicher Erzverkehr von den (links außerhalb des Bildes liegenden) Anschluß- und Verladegleisen der Gewerkschaft Louise war Gegenstand eines ausführlichen Artikels mit Anlagenvorschlag in MIBA 4 u. 5/97.

EG – Empfangsgebäude
GS – Güterschuppen
GW – Gleiswaage (40 t)
LM – Lademaß
WK – Wasserkran
Mn – Stellwerk Mücke - Nord
Ms – „        „        „  - Süd

Der Gleisplan des Bahnhofs Mücke um 1957 mit der (wie auch beim Bahnhof Hungen) bemerkenswerten Anbindung der Strecke nach Laubach.

Gleisplan der Haltestelle Laubacher Wald um 1957; noch liegen alle vier Weichen, von denen ...

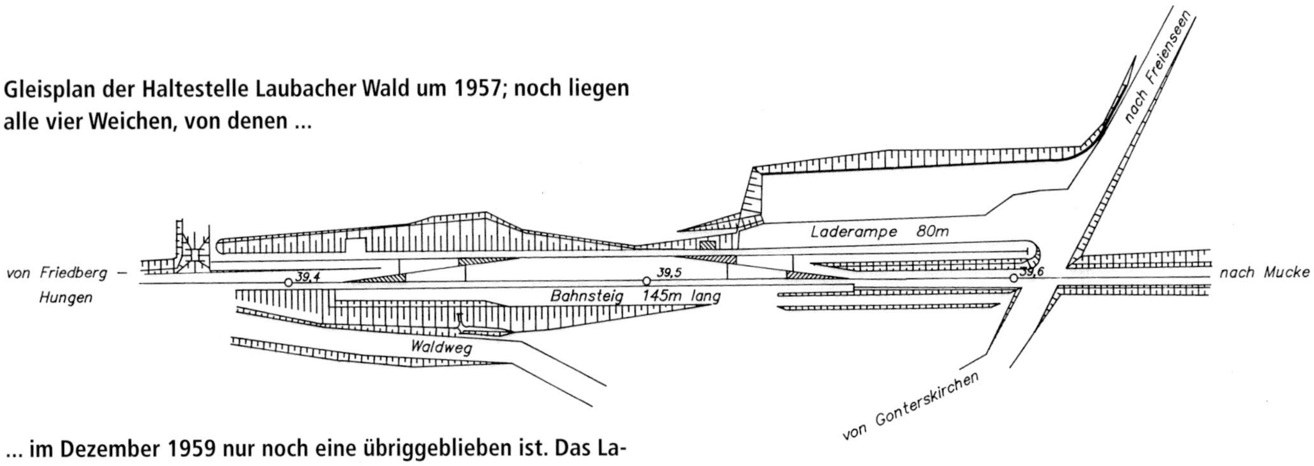

... im Dezember 1959 nur noch eine übriggeblieben ist. Das Ladegleis wird jetzt als Rangierfahrt von Laubach aus bedient. Diese DB-Skizze zeigt die betriebserschwerenden Neigungsverhältnisse: In der 1:60-Steigung zwischen Laubach und Freienseen liegt die Haltestelle in einer Neigung von 1:400, was erhöhte Vorsicht beim Rangieren bedeutet (s. auch S. 150).

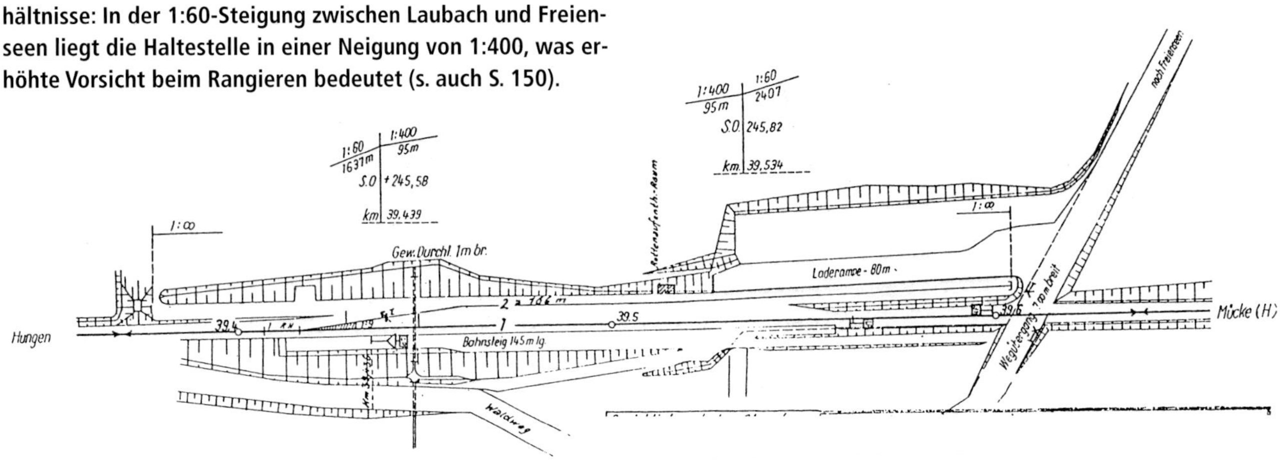

V 36 413 rangiert im April 1960 mit einem O-Wagen an der Laderampe. In der Lok Karl Ernst Ester; zwischen den Gleisen steht der Zugführer Otto Köhler aus Laubach. Wegen der oben geschilderten Neigungsverhältnisse sollte möglichst mit der Lok auf der Talseite rangiert werden; Wagen durften im Streckengleis nicht ungebremst abgestellt werden – Sicherheitsvorschriften, die auch beim Modellbetrieb berücksichtigt bzw. simuliert werden. Apropos Modell: Vergleichen Sie diese Szene einmal mit dem Bild auf S. 120!

Während des Rangiergeschäfts steht der Gmp gebremst auf dem Streckengleis; ein Reisender betrachtet den trotz seiner spartanischen Einrichtung (S. 26) zur 2. Klasse hochgestuften MBi-Behelfspersonenwagen (ex MCi). Auf dieser Aufnahme vom April 1959 sind noch alle Signale etc. vorhanden, wie sie auch ins Modell übernommen wurden.

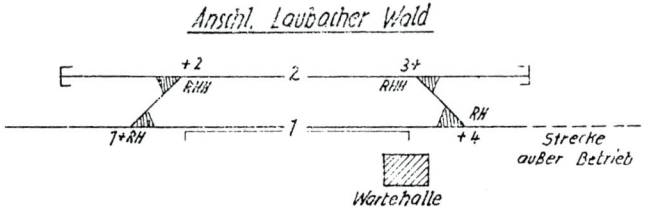

Diese DB-Skizze zeigt die Gleisanlagen nach der Einstellung des Reisezugverkehrs am 31.5.1959, aber vor dem Ausbau der drei Weichen (vgl. linke Seite). Sie gehört zu der ...

Diese seltene Aufnahme der hölzernen Wartehalle tauchte erst auf, als unser Modell (aus einem ähnlichen Marks-Bausatz) längst fertiggestellt war. Bei Gelegenheit soll es um den Giebelvorbau ergänzt werden.

D)' Bedienung des Gleisanschlusses Laubacher Wald:
Die Bedienungsfahrten zum Gleisanschluß Laubacher Wald sind als Rangierfahrten durchzuführen.

Die Fahrten enden und beginnen im Gleis 1 des Gleisanschlusses. Zur Bedienung des Ladegleises ist mit dem Streckenschlüssel die Weiche 2 oder 3 aufzuschließen, umzustellen; der 2. Schlüssel ist umzudrehen und herauszunehmen. Mit dem 2. Schlüssel können die Weichen 4 oder 1 aufgeschlossen werden.

Nach Beendigung der Bedienung sind die Weichen in umgekehrter Reihenfolge in Grundstellung zu bringen und zu verschließen. Der Streckenschlüssel ist abzuziehen und mitzunehmen.

Nachdem die Rangierabteilung den Gleisanschluß verlassen hat, dürfen im Gleis 1 keine Wagen mehr stehen.

... hier auszugsweise wiedergegebenen Betriebsvorschrift, die sinngemäß auch beim Modell-Betrieb in der Haltestelle Laubacher Wald befolgt wird, wobei über das Verschließen der bei uns gleichfalls handgestellten Weichen noch nachgedacht wird.

Das betriebsfähige, hier noch nicht endgültig ausgestaltete Diorama der Haltestelle Laubacher Wald bildete den Mittelpunkt einer Ausstellung im Jahr 1993. Wesentlich am Bau beteiligt war Bernd G. Lang, dessen nur mühsam bezähmte Heiterkeit der Preziose in seiner linken Hand gilt: Auf Wunsch des Fotografen hält er darin eine Weinert-86 …

## Haltestelle Laubacher Wald:
# Die Keimzelle der Westbahn

Im Jahr 1993 entstand das Modell der Haltestelle Laubacher Wald, das als betriebsfähiges Diorama in ein 4,70 m langes Bücherregal integriert werden sollte. Aus dessen Maßen ergaben sich auch die Abmessungen des Dioramas von 0,40 m Tiefe und 2,70 m Länge. Links davon – in Richtung Laubach – ermöglichte ein in das anschließende 1,20 m lange Regalfeld eingebauter „fiddle yard", also ein Schatten- bzw. Betriebsbahnhof, das Aufstellen kurzer Zuggarnituren. Im rechts – also in Richtung Freiensen/Mücke – anschließenden Regalfeld von 0,80 m Länge konnten die Züge auf einem weiteren „fiddle yard-

chen" bis zur Rückkehr ab- bzw. umgestellt werden. Aus 8-mm-Sperrholz und Versteifungsleisten 50 x 20 mm entstanden zwei, nach späteren Westbahn-Maßstäben eher überstabile und -gewichtige Segmentkästen von jeweils 1,35 x 0,40 m. Die Basis für Gelände und Gleise bildeten auch damals schon Styrodurplatten. Um Fahrzeuge mit Radsätzen nach NEM- und RP 25-Norm gleichermaßen problemlos einsetzen zu können, wurden (auf Faller-Korkbettungen) Peco-Gleise und -Weichen mit 1,9 mm Profilhöhe (Code 75) verlegt und mit Asoa-Kleinschlag eingeschottert.

Zwei echte Westbahn-Veteranen: Auf der Ausstellung trafen – erstmals nach langen Jahren – wieder Karl Ernst Ester und Helmut Haehnel zusammen, die damals als Lokführer, u.a. auf der V 36 413 und der 78 403, Dienst taten. Klar, daß sie einiges zu erzählen hatten; so berichtet Helmut Haehnel von den langen US-Panzerzügen, die er oft nur mit Müh und Not über die Rampe zwischen Laubach und Freienseen bekam.

Zahlreiche historische Aufnahmen, denen z.T. die Situation 35 Jahre nach dem Abbau der Strecke Mücke–Laubach gegenübergestellt war, dokumentierten die Geschichte der Vogelsberger Westbahn ebenso wie Streckenkarten, Fahrpläne oder alte Frachtbriefe.

## Zwischen Hungen und Mücke fuhr einmal die Eisenbahn

### Daran erinnerte eine Ausstellung – Wer hat noch Bilder?

LAUBACH (lf). Die Eisenbahnstrecke Hungen-Mücke stand am Wochenende im Mittelpunkt einer Ausstellung im Café Göbel. Neben dem Modell des Haltepunktes Laubacher Wald waren zahlreiche Fotos aus der Vergangenheit der Bahnlinie bis zum totalen Abbau des Teilstückes Laubach-Mücke und der Stillegung des Personenbetriebes zwischen Hungen und Laubach zu sehen.
Initiatoren der Ausstellung waren Michael Meinhold, der seine Jugend in Laubach verbrachte und heute bei Nürnberg lebt, und Peter Beyer aus Hungen. Beide sind begeisterte Eisenbahnfans. Während Peter Beyer „erblich belastet" ist, weil beide Großväter bei Reichs- und Bundesbahn beschäftigt waren, ist Michael Meinhold seit 1971 beruflich mit dem Modellbahnbau beschäftigt.
Meinhold kann sich noch schwach an „das Bähnchen" erinnern. So weiß er, daß auf dieser Strecke Anfang der 50er Jahre die überlangen US-Truppentransportzüge mit zwei riesigen Loks vorne in Höhe der damals neuen Volksschule standen, während am Ende des Zuges ein „Drücker" etwa beim Übergang zur Firma Winter stand. Ganz stolz waren die Initiatoren, daß sie zwei Bilder eines solchen Zuges bei einem Halt in Flensungen vorzeigen konnten. Das Modell des Haltepunkts Laubacher-Wald nach verschiedenen Fotos, ebenso der originalgetreu nachgebaute Güterzug.
Die Fotos zeigten die Bahnhöfe, deren Gleisbilder und Fahrpläne von einem Zug, der nach dem Krieg von Alsfeld über Laubach nach Nidda verkehrte.
Eine Bitte äußerten die beiden Aussteller: Wer noch alte Bilder von der Strecke besitzt oder besondere Erlebnisse hatte, sollte eine Nachricht im Café Göbel hinterlassen. Denn in ein oder zwei Jahren wollen sie eine noch größere Ausstellung aufziehen.

Auch in der regionalen Presse wurde über die Ausstellung berichtet, wie hier im „Gießener Anzeiger" vom 19.10.1993. Daß aus der geplanten „noch größeren Ausstellung" fünf Jahre später die „Vogelsberger Westbahn" werden würde, konnte damals freilich niemand ahnen.

Das weitgehend fertige Diorama wurde im Oktober 1993 zum 90. Jahrestag der Streckeneröffnung Laubach–Mücke zusammen mit zahlreichen historischen Fotos und Dokumenten der Öffentlichkeit präsentiert.

Zu den zahlreichen Besuchern der Ausstellung im Laubacher Café Göbel-Eggebrecht zählten auch pensionierte Eisenbahner, darunter die Lokführer von V 36 413 und 78 403, die mit ihren Erinnerungen wichtige Informationen zu Fahrzeugeinsatz und Betriebsablauf bei der Vogelsberger Westbahn lieferten.

Der DB-Lageplan vom 4.12.1959 – ein halbes Jahr nach der Einstellung des Reisezugverkehrs – zeigt den Bahnhof Laubach ohne Ein- und Ausfahrsignale und mit lediglich ortsgestellten Weichen. Zuvor waren das westliche Zungenpaar der DKW und die östliche Einfahrweiche ferngestellt. Die einstige Signalaufstellung geht aus der Bleistiftskizze rechts hervor, die der Verfasser anno 1963 nach einem Originalgleisplan der Bm Hungen fertigte; ein Ausfahrsignal an Gleis 1 in Richtung Mücke hat es allerdings nach den bisherigen Recherchen nach 1945 nicht mehr gegeben.

Vergleichs-Luftbild vom August 1998: Die östliche Einfahrt ist fast völlig zugewachsen. Es fehlen die Bahnsteighalle (abgerissen 1982), das Schuppengleis (1986) und der Lokschuppen (1967). Die DKW am westlichen Kopf ist durch zwei einfache Weichen ersetzt. Gegenüber der heutigen Eisengießerei Winter (damals Helwig) liegt die Firma Dexion mit dem 1963 gebauten Gleisanschluß.

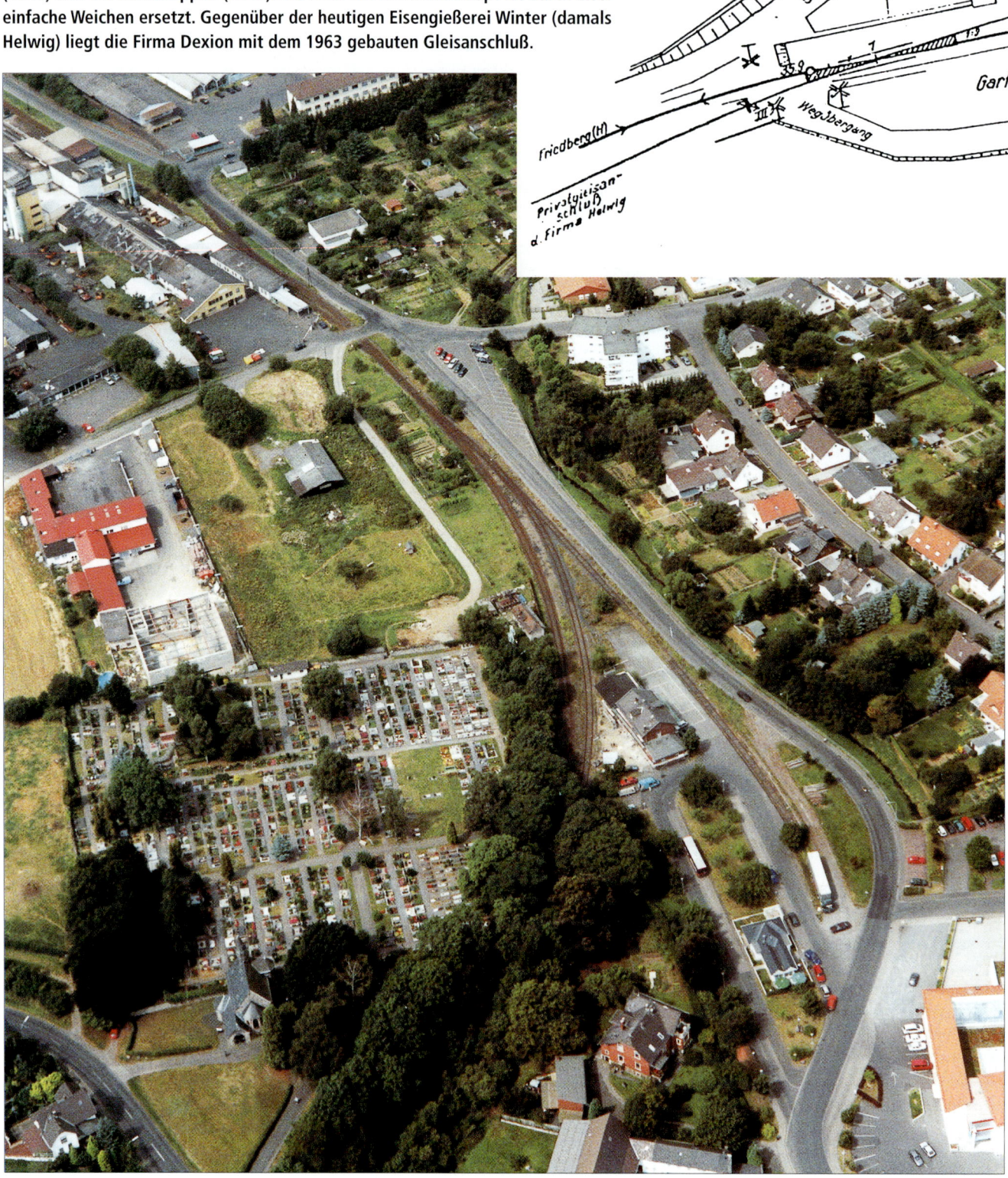

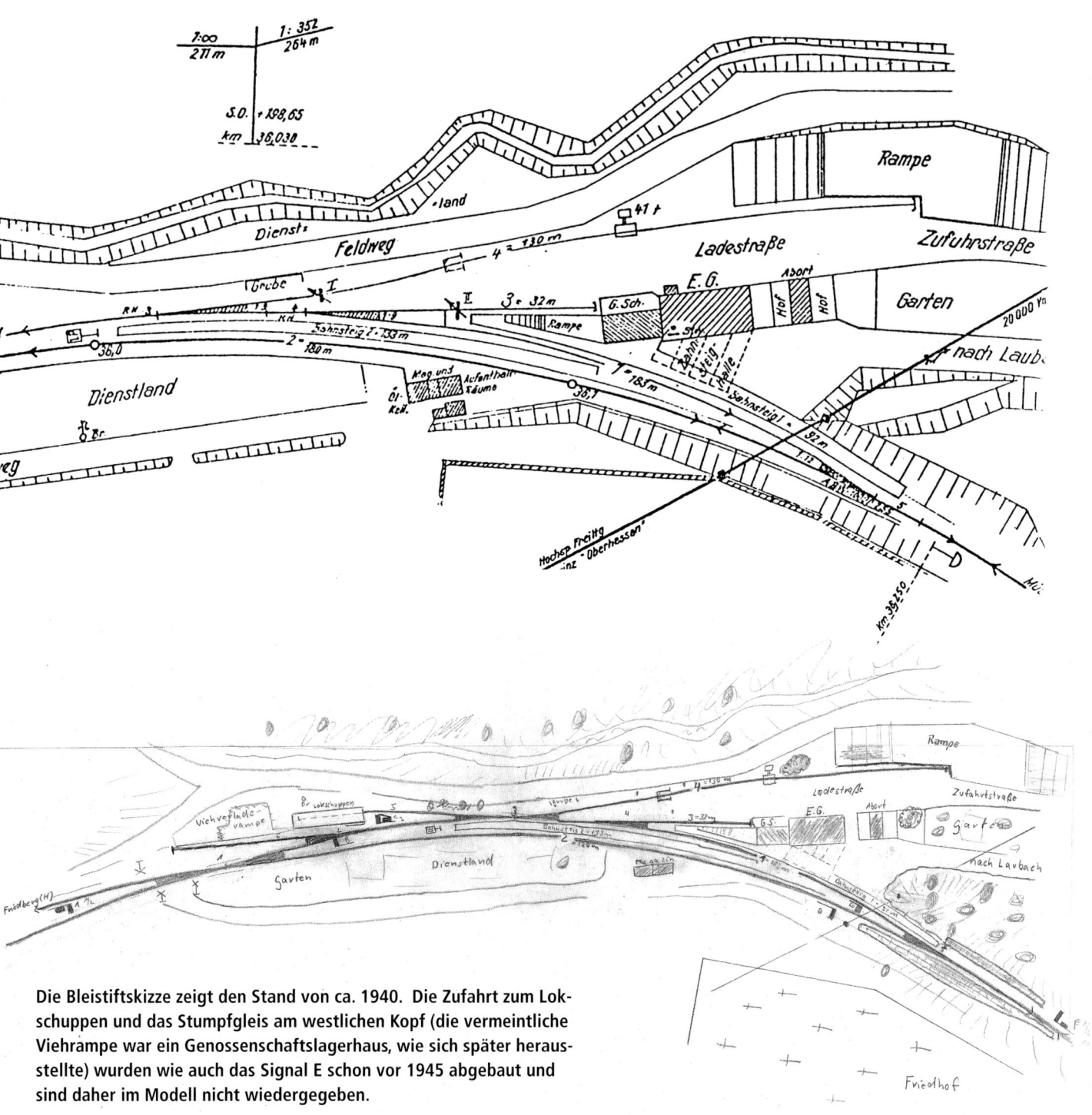

Die Bleistiftskizze zeigt den Stand von ca. 1940. Die Zufahrt zum Lokschuppen und das Stumpfgleis am westlichen Kopf (die vermeintliche Viehrampe war ein Genossenschaftslagerhaus, wie sich später herausstellte) wurden wie auch das Signal E schon vor 1945 abgebaut und sind daher im Modell nicht wiedergegeben.

## Genau im Mittelpunkt:

# Der Bahnhof Laubach (Oberhessen)

Der Bahnhof Laubach (Oberhessen) liegt nicht nur auf unserer Anlage im Mittelpunkt des Betriebsgeschehens, sondern in km 36,13 (Kilometrierung von Friedberg) auch fast genau in der Mitte der Strecke Hungen–Mücke. Von 1890 bis zur Weiterführung nach Mücke im Jahre 1903 war Laubach für die von Hungen kommenden Züge Endstation; der Bahnsteig lag damals auf der heutigen Straßen- bzw. Ladestraßenseite des Empfangsgebäudes, was sich am Ziegelmauerwerk unter den zu Fenstern umgebauten ursprünglichen Türen noch heute erkennen läßt. Auch an der parallelen Ausrichtung von Bahnhofsgebäude, Lokschuppen und Magazin zeigt sich noch deutlich die ehemalige Bahnhofsachse.

Die Trassierung erforderte beim Weiterbau nach Mücke die Verlegung der Strecke in einer Kurve auf die andere Seite, was wegen des großen Abstands zum Emp-

Die Aufnahme von 1966 läßt an der parallelen Ausrichtung von Empfangsgebäude und Magazin gut die ursprüngliche Bahnhofsachse von 1890 erkennen, als Laubach Endstation war und die Gleise nur links vom EG lagen.

Links: Blick auf Bahnsteighalle und Güterschuppen mit der beim Weiterbau 1903 abgeschrägten Rampe. Auf dieser Aufnahme von 1976 fehlt schon das Emailschild mit der Schachenmayr-Reklame, das zehn Jahre zuvor noch ebenso wie der damalige Hochbetrieb an Schuppen- und Freiladegleis zu bewundern war.

Diese Aufnahmen von 1964 – der damals 17jährige Chronist hegte erste Nachbaupläne – waren 34 Jahre später wertvolle Hilfen beim Bau von Bahnhofsgebäude und Bahnsteighalle.

Hätte man sich nur damals noch das Stationsschild gesichert – es hinge heute restauriert und blankgeputzt über der Modell-Westbahn ... Die weißen Warnanstriche der Stützpfeiler stammen noch aus kriegerischen Verdunklungs-Zeiten.

1966 war der Bahnhof immerhin noch mit einem Beamten besetzt, der seinen VW-Käfer unter der Bahnsteighalle abgestellt hatte; Reisende gab es schon seit fünf Jahren nicht mehr ...

In einem Familienalbum fand sich diese vor 1950 entstandene Aufnahme, bei der das kleine (Weichensteller- ?) Häuschen im Hintergrund bis heute Rätsel aufgibt.

Nochmals zurück ins Jahr 1966, als ein bemerkenswert reger Güterverkehr für gelegentlichen Hochbetrieb an der Ladestraße sorgte. Auch die Gleiswaage, deren Wellblechbude sich natürlich auch auf der Anlage wiederfindet, ist damals noch in Betrieb; allerdings sind hier keine Wagenladungen von der Haltestelle Laubacher Wald mehr zu verwiegen, denn hinter Laubach sind die Gleise seit sechs Jahren abgebaut.

fangsgebäude den Bau der hölzernen Bahnsteighalle mit sich brachte. Diese einmalige Konstruktion, ein typisches Merkmal des Bahnhofs Laubach, fiel 1982 einem Rangierunfall zum Opfer: Ein auf dem Vorplatz abgestellter, in das Profil von Gleis 1 ragender Bahnbus wurde von einer rangierenden Köf erfaßt und gegen den ersten Pfeiler der Bahnsteigüberdachung gedrückt, der daraufhin wegknickte; kurz darauf ließ die Bahn, ungeachtet der laufenden Denkmalschutz-Debatte, die gesamte Halle abreißen.

Doch zurück in die Jahre 1949–1959, der „Spielzeit" unserer Anlage und der letzten Blütezeit des Bahnhofs Laubach (Oberhessen). Hier finden die meisten Kreuzungen der zwischen Hungen und Mücke (ab 1958 nur noch Freienseen) verkehrenden Züge statt; zeitweise ist Laubach auch Zugleitbahnhof des 1954 auf dieser Strecke eingeführten „Vereinfachten Nebenbahnbetriebes" (BND). Zwei zweiflügelige, ungekuppelte Einfahrsignale regeln die Einfahrten aus Richtung Hungen und Mücke; Gleis 2 gilt dabei als durchgehendes Hauptgleis, so daß die Einfahrt von Mücke her in Gleis 1 auf „zwei Flügel" und in Gleis 2 auf Hp 1 erfolgt, obwohl dabei die Bogenweiche in abzweigender Stellung befahren wird.

In Richtung Mücke steht lediglich an Gleis 2 ein einflügeliges Ausfahrsignal, während der stärkere Verkehr in Richtung Hungen Ausfahrsignale an beiden Gleisen erfordert. Die Signale werden von einer Hebelbank im Empfangsgebäude („Lf") über Drahtzugleitungen ferngestellt, ebenso die westliche Hälfte der Einfahr-Doppelkreuzweiche (DKW) aus Richtung Hungen und die Einfahrweiche aus Richtung Mücke; die östliche Hälfte der DKW und die zu den Ladegleisen führenden Weichen sind ortsgestellt. (Diese Angaben gingen aus den zur Verfügung stehenden Plänen und Fotos nicht bzw. nicht

Und wieder ein Fund aus dem Familienalbum: In den dreißiger Jahren wird hier in Laubach Flachs in einen „Stuttgart"-Rungenwagen der Verbandsbauart verladen, wobei der stattliche Herr links im Bild – gleichsam Preisers „Vater Krause"-Dickerchen in 1:1 – schon mal den baldigen Abschluß der Arbeit begießt.

Das im Lageplan als „Magazin" bezeichnete Gebäude diente nach Aussage ehemaliger Eisenbahner in den fünfziger Jahren vor allem als Geräteschuppen und als Aufenthaltsraum für die Rotte der Bahnmeisterei Hungen, worauf auch die Emailtafel an der Tür hindeutet.

zweifelsfrei hervor und basieren auf den Aussagen von ehemaligen Eisenbahnern).

Im Güterverkehr werden Stückgut am Schuppen und am Freiladegleis vorwiegend Kohle, Heizöl, Düngemittel, Saatgut etc. für die örtlichen Händler bzw. Genossenschaften zugestellt, ebenso Langholz für ein in Bahnhofsnähe liegendes Sägewerk sowie Traktoren, Landmaschinen etc. für den Landmaschinenhandel Henner Helwig. Als zu Beginn der fünfziger Jahre die DB auf dem Hoherodskopf die großen Richtfunkmasten für ihr Basa-Netz errichten läßt, wird das Baumaterial z.T. mit der Bahn nach Laubach und per Lkw weitertransportiert. Die Eisengießerei Helwig bezieht über ihr Anschlußgleis u.a. Spezialschrott, Masseln (Roheisenbarren), Kalk und Formsand. Zum Versand kommen Holz aus den umliegenden Waldungen, landwirtschaftliche Erzeugnisse wie Kartoffeln, Zuckerrüben, Obst und Molkereiprodukte aus der nahe gelegenen Molkerei Wetterfeld; auch das Sägewerk am Bahnhof verschickt Schnittholz etc. mit der Bahn, und aus einem Imprägnierwerk gehen Schwellen oder Freileitungsmasten per Bahn zu den Empfängern.

Mitunter sind, vor allem in den frühen fünfziger Jahren vor der Abwanderung auf den Lkw, die Güterzüge so lang, daß bei Kreuzungen mit Reisezügen höchst umständlich rangiert werden muß; um den Bahnübergang beim Gleisanschluß Helwig am westlichen Bahnhofskopf freizuhalten, wird dann auch schon mal – entgegen den Vorschriften – ein Teil des Zuges auf der freien Strecke in Richtung Hungen abgestellt ...

Viel Betrieb also für einen kleinen Bahnhof, zumal hier auch die von der Haltestelle Laubacher Wald kommenden Wagenladungen gewogen werden müssen; wie wir diesen Betrieb ins Modell umgesetzt haben, wird noch zu lesen sein.

V 36 413 hat im April 1959 den Stückgutwagen vom Schuppengleis geholt und ihn an die Spitze des Gmp gestellt, dessen Schluß …

… wir auf dieser Aufnahme sehen. Am MBi steht Johannes Kroitzsch, dem wir die wertvollen Betriebsaufnahmen von 1959 verdanken. Rechts hinter dem MBi sind Fundamentreste des Gebäudes von S. 23 unten rechts zu erkennen.

Rar sind heute Farbaufaufnahmen aus der Epoche III. Auf diesem Bild von 1966 soll unser Augenmerk neben der roten Köf II, die ab Juni 1959 die Nachfolge der V 36 413 antritt, dem prachtvollen Emailschild am Güterschuppen gelten. Noch heute kann sich der Chronist grün und blau ärgern, daß er es damals nicht „sichergestellt" hat; immerhin ziert es heute im Miniaturformat den Modell-Güterschuppen.

Im mittäglichen Gmp waren in diesem MBi vor allem Fahrschüler aus den Laubacher Schulen unterwegs, die sich heute noch gut an den „besonderen Komfort" des Behelfspersonenwagens erinnern. Auf Eigenheizung durch den „Kanonenofen" war man in der kalten Jahreszeit auch angewiesen, denn die Güterwagen hatten keine Heizleitung und die V 36 413 keinen Heizkessel.

Aus und vorbei: Mit diesem Anschlag verkündet die BD Frankfurt/M die Einstellung des Reisezugverkehrs.

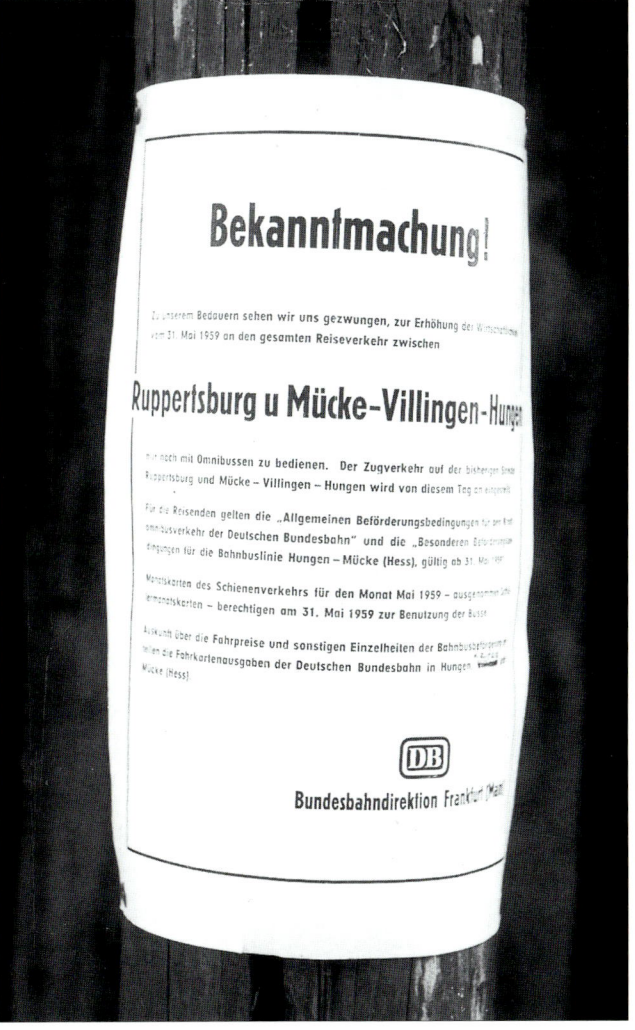

1959: Mit lautem Geknatter nimmt der Schienenbus die Steigung hinter der Straßenbrücke in Angriff.

Die Aufnahme oben aus einem Winterjahr vor 1960 zeigt die Kurve zwischen dem Bahnhof Laubach und der „Villa", die im Hintergrund zu erkennen ist. Heute verläuft auf der ehemaligen Trasse eine Fahrstraße (links), und auch die Villa hat durch diverse Anbauten ihr Aussehen verändert.

Ein rares Bild aus den frühen dreißiger Jahren: Als „Einfahrsignal" sehen wir hier – neben der in Richtung Mücke fahrenden 74.4 – eine bewegliche Sh-2-Tafel, bei der eine rote Laterne „Halt" signalisieren kann. Im Hintergrund die Straßenbrücke, rechts gewaltige Bäume auf dem Festplatz „Helle".

„Tender voran" rollt um 1952 eine Friedberger 78 in der großen Kurve (vgl. Aufnahme links) auf das Einfahrsignal von Laubach zu, das links außerhalb des Bildes steht. Im Zug sind Einheits-Personenwagen der Ganzstahl-Bauart („Donnerbüchsen") zu erkennen.

In den frühen fünfziger Jahren dient die Strecke Hungen–Mücke der BD Frankfurt/M als Pilotobjekt für diverse Neuerungen. Neben den Einsätzen der ersten Schienenbusse betrifft dies auch die Sicherung von Bahnübergängen durch Blinklicht-Anlagen. Auf diesem DB-Foto ist der Übergang der heutigen B 276 über die Bahnstrecke Laubach–Laubacher Wald unterhalb der Ringelshöhe zu sehen.

LAUBACH

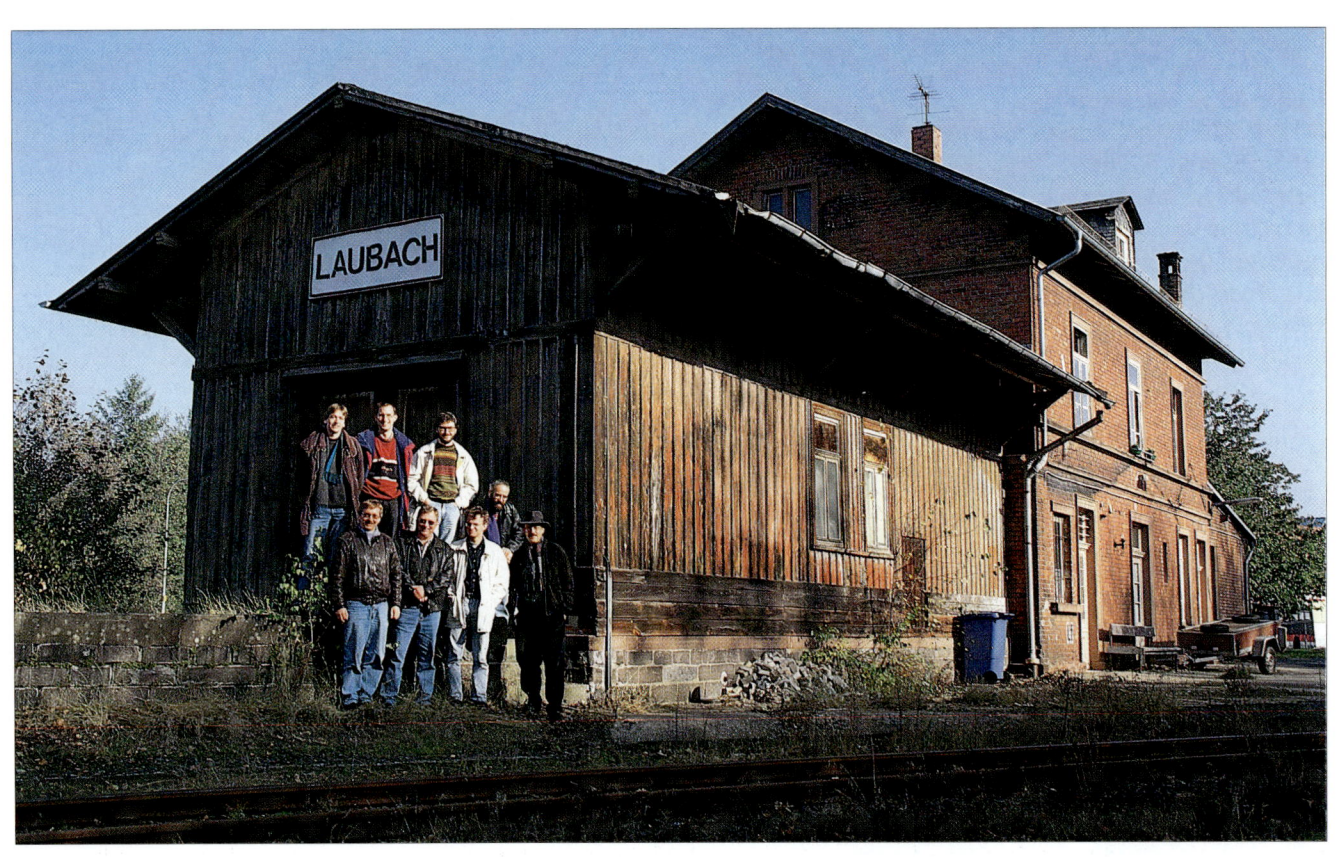

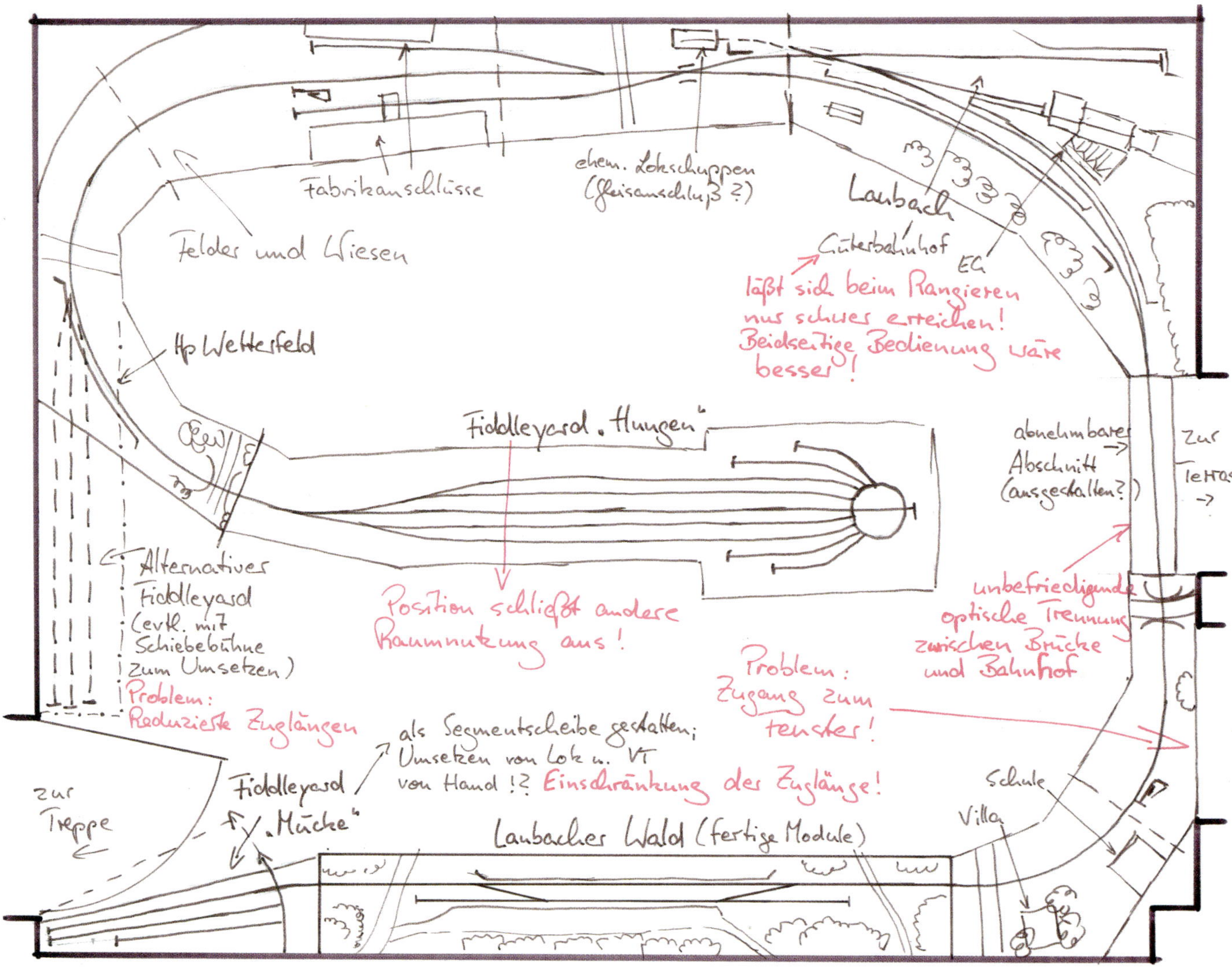
Fabrikanschlüsse
ehem. Lokschuppen (Gleisanschluß ?)
Felder und Wiesen
Laubach
Güterbahnhof
EG
läßt sich beim Rangieren nur schwer erreichen! Beidseitige Bedienung wäre besser!
Hp Wetterfeld
Fiddleyard „Hungen"
abnehmbarer Abschnitt (ausgestalten?)
zur Terrasse
Alternativer Fiddleyard (evtl. mit Schiebebühne zum Umsetzen)
Problem: Reduzierte Zuglängen
Position schließt andere Raumnutzung aus!
unbefriedigende optische Trennung zwischen Brücke und Bahnhof
Problem: Zugang zum Fenster!
als Segmentscheibe gestalten; Umsetzen von Lok u. VT von Hand !? Einschränkung der Zuglänge!
zur Treppe
Fiddleyard „Mücke"
Laubacher Wald (fertige Module)
Schule
Villa

## Thomas und die Plan-Wirtschaft:
# Der lange Weg vom Plan zur Bahn

Ein Geständnis vorab: Mit so trommelwirbelnder Dramatik wie in MIBA 1/98 geschildert, hat sich die Startphase des Westbahn-Projekts natürlich nicht abgespielt. Hier haben die „Comedian Hanullists" und der Chronist im Interesse der Dramaturgie etwas übertrieben. In der Wirklichkeit verlief die „Stunde Null" erheblich nüchterner, und dies im Wortsinne …

Wahr ist indes, daß die bereits 1993 als betriebsfähiges Diorama gebaute Haltestelle Laubacher Wald vom Chronisten mit einigen befreundeten Modellbahnern, darunter auch spätere „Comedian Hanullists", immer wieder einmal „bespielt" wurde, was nach einiger Zeit angesichts des doch sehr begrenzten Betriebs in der Tat zu gewissen Ermüdungserscheinungen führte. Als dann nach einem Wohnungswechsel der spätere Anlagenraum zur Verfügung stand, war eines sofort klar: Jetzt wird – mit der Haltestelle Laubacher Wald als Keimzelle – weitergebaut!

Daß dabei der Bahnhof Laubach eine zentrale Rolle spielen sollte, stand von vornherein fest, nicht jedoch dessen genaue Position innerhalb des 5,00 x 3,90 m großen Raumes, der durch die Lage von Eingangs- und Terrassentür ohnehin nur bestimmte Konfigurationen zuließ. Der bei jeder Anlagenplanung unvermeidliche, aber

**November 1997:** Vor dem Güterschuppen des ehemaligen Bahnhofs von Laubach warten die „Comedian Hanullists" nach einer Tatort-Besichtigung auf das Surren des Selbstauslösers, um sich anschließend an die Planung der Anlage zu machen. Unten sehen wir die zwei wesentlichen – im Haupttext ausführlich kommentierten – Zwischenentwürfe auf dem Weg zur endgültigen Ausführung der „Vogelsberger Westbahn".

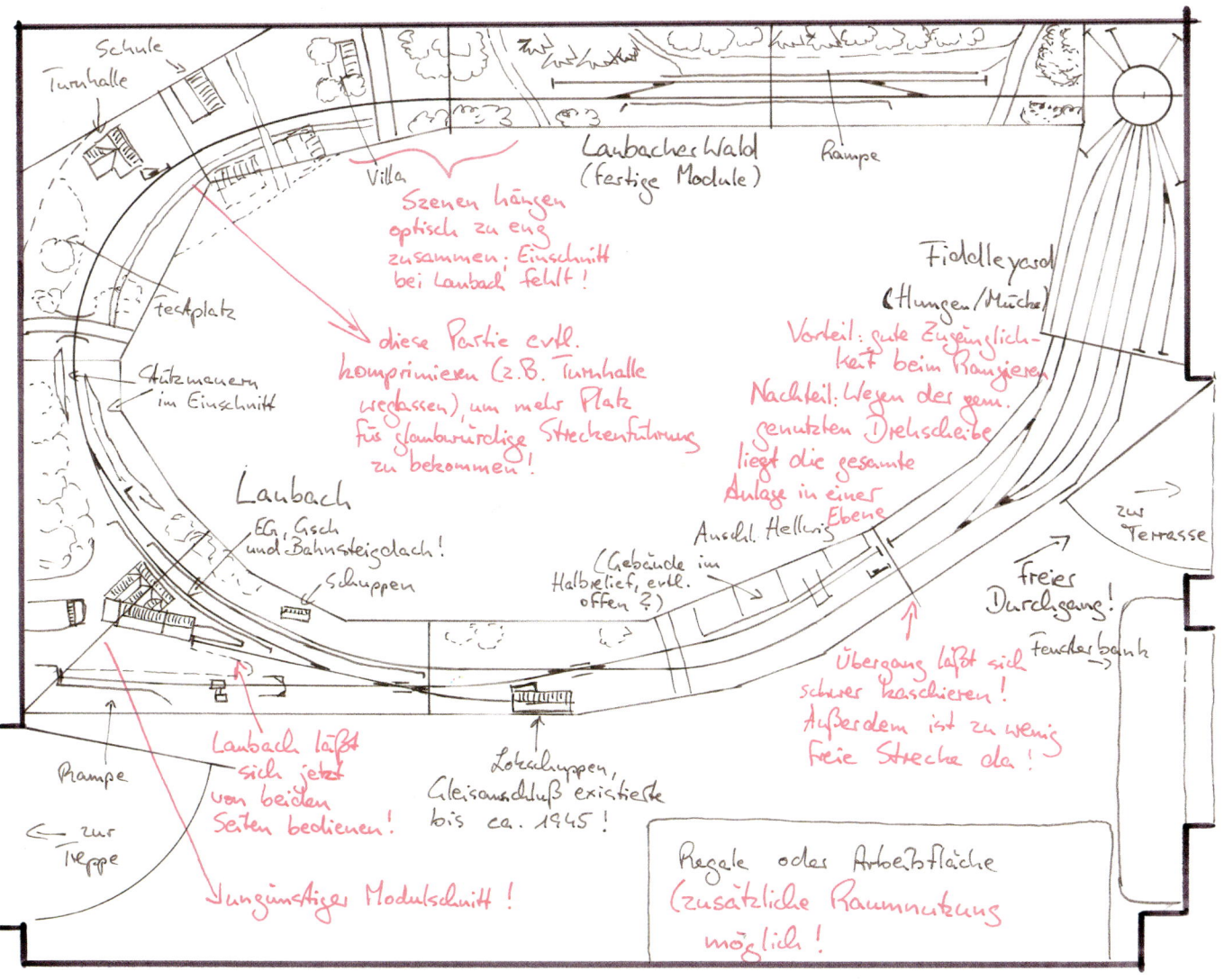

nicht unwillkommene Papierkrieg, d.h. das Skizzieren unzähliger Entwürfe und Alternativen mit entsprechendem Papierverbrauch, fand natürlich auch bei uns statt – unter folgenden Rahmenbedingungen:

1. Aufbau in transportablen Segmenten – aus grundsätzlichen Überlegungen und weil nur so ein Weiterbearbeiten der Rohsegmente bei den für Gleis- und Geländebau zuständigen „Comedian Hanullists" möglich war.
2. Bedienerfreundliche (und vom Teilstück Laubacher Wald her gewohnte und bewährte) Schienenhöhe von im Mittel 1300 mm über Fußboden.
3. Darstellung des Bahnhofs Laubach mit dem Originalgleisplan der frühen Epoche III – aus Platzgründen freilich nicht genau im Maßstab 1:87, aber doch mit möglichst maßstäblichen Gleislängen zur Abwicklung des seinerzeitigen Original-Betriebs.
4. Anordnung eines größeren „fiddle yard" bzw. Betriebsbahnhofes auf der Hungener Seite als Ausgangspunkt der Züge; minimale Abstell- bzw. Wendemöglichkeit hinter Laubacher Wald in Richtung Mücke.

Im ersten Zwischenentwurf war die Strecke komplett an den Wänden entlanggeführt, mit einem offenen Betriebsbahnhof auf der Hungener Seite, optional auch zungenartig in die Mitte des Raums zu verlegen, und einem winzigen Schwenk-fiddle yard hinter Laubacher Wald. Allerdings wurden die Vorteile – gute Zugänglichkeit und Bewegungsfreiheit beim Mehr-Mann-Betrieb – in der Diskussion doch von den Nachteilen überwogen: erschwerter Zugang zur Terrassentür, starre Kurvenführung und nur einseitige Einseh- und Bedienbarkeit des Bahnhofs Laubach.

Der nächste Zwischenentwurf schien diese Nachteile zu umgehen: freier Zugang zur Terrassentür, elegante Kurvenführung, Bahnhof Laubach beidseitig einseh- und bedienbar; Innenraum zwar nur mittels „duck under" zu erreichen, dafür aber freie Wandfläche für anderweitige Nutzung. Gut gefiel auch der offene Betriebsbahnhof; die Drehscheibe als platzsparender Weichenersatz könnte zugleich zum Wenden kompletter VT 95/VB 142-Garnituren dienen, um das Umsetzen des Motorwagens zu vermeiden und zugleich immer mit dem Triebwagenführer voran auf die Anlage zu fahren. Für die lokbespannten Züge – nach dem letzten Original-Fahrplan von 1958/59 ohnehin nur der Früh-Personenzug Hungen–Freiensen–Hungen und der nachmittägliche Gmp – wurde folgende, durchaus auf realen Gegebenheiten fußende Fiktion angenommen:

Wegen des schlechten Oberbauzustands und eines Brückenschadens darf die Strecke hinter Laubacher Wald nur von leichten Schienenbus-Garnituren befahren werden, während lokbespannte Züge „planmäßig außerplanmäßig" in der Haltestelle Laubacher Wald wenden müssen. Diese betrieblich durchaus plausible Lösung fand indes wegen der Anordnung des „fiddle yard" keinen Anklang: praktisch, aber platzfressend – Platz, den man lieber für mehr Strecke nutzen könnte. Außerdem schien die Gestaltung des Übergangs vom offenen Betriebsbahnhof in Richtung Laubach mangels Tarnmöglichkeit durch eine – realiter hier nicht vorhandene – Brücke oder eines Einschnitts mehr als heikel.

Abhilfe versprach daher nur eine Verbannung des Betriebsbahnhofs ins Schattenreich, sprich: unter die Haltestelle Laubacher Wald. Deren Segmentkästen reichten zwar bis 97 mm unter die Schienenoberkante; eine genaue Berechnung ergab jedoch, daß die freien Streckenlängen gerade eben reichen würden, um – bei max. 3 % Neigung inkl. der notwendigen Ausrundungen – bis zur ersten Weiche im Schatten- bzw. Betriebsbahnhof das erforderliche Niveau zu erreichen, das einen lichten Abstand von 100 mm zwischen Schienenoberkante und Unterkante Segmentkästen vorsah.

Die Aufstellgleise für den Gmp oder einen Ng wurden nach vorne gezogen, um diese Züge richtig, mit Wagenkarten etc., bilden und auflösen zu können – d.h. durch das Einsetzen oder Herausnehmen der Wagen nach bzw. von oben.

Ebenfalls vorne im unmittelbaren Einseh- bzw. Zugriffsbereich wurden Ein- und Ausfahrgleis sowie das Umsetzgleis vorgesehen; zur Erhöhung der Nutzlänge wurden die Verbindungsweiche und der Gleisstutzen dahinter beim Endausbau so weit wie möglich unter das Kurvensegment verlegt.

Damit lag die grundsätzliche Konfiguration des Betriebsbahnhofs Hungen fest, in dem eine Drehscheibe sowohl das Wenden der Schienenbus-Garnituren wie auch das Verteilen der Triebfahrzeuge auf die Abstellgleise ermöglicht.

Der ursprünglich vorgesehene Mini-Abstellbahnhof hinter der Haltestelle Laubacher Wald wurde unter Annahme der erwähnten Fiktion auf eine handbetriebene Schienenbus-Drehscheibe (Peco) reduziert; kurz vor Redaktionsschluß dieses Buches wurde sie übrigens aus Gründen der Betriebssicherheit gegen eine Roco-Drehscheibe ausgetauscht, wobei ein kurzer Gleisstutzen das Abstellen eines Solo-VT 95 ermöglicht.

Dieser vorerst endgültige und in MIBA 1/98 veröffentlichte Plan der „Vogelsberger Westbahn" erfuhr beim Bau noch einige Änderungen: Der ohnehin zu dicht am Bahnhof Laubach gelegene Hp. Wetterfeld entfiel zugunsten eines den Übergang ins „Schattenreich" besser tarnenden, dicht bewachsenen Einschnitts. Der Betriebsbahnhof wurde weiter komprimiert und um zwei lange Abstellgleise ergänzt. Die Option einer – mittels Wanddurchbruch zur Terrasse – anzuschließenden Verbindungswendel zwischen Laubacher Wald und dem (dadurch die Funktionen von Hungen und Mücke zugleich übernehmenden) Betriebsbahnhof blieb gleismäßig erhalten, wurde aber aus Zeitgründen bislang noch nicht umgesetzt.

Eine eher optische bzw. gestalterische Änderung ist der Wegfall der Gebäude an der Innenseite der Kurve zwischen Straßenbrücke und Bahnübergang; sie hätten den Blick auf die Strecke verstellt und wären ohnehin nur von der Rückseite her zu sehen gewesen.

Daß die endgültige Aufstellung der Signale und die Orts- und Fernstellung der Weichen nunmehr dem letzten Stand der „Westbahn-Forschung" entspricht, liegt auf der Hand. Und wenn nochmals „neueste Erkenntnisse" auftauchen sollten? Dann wird eben umgebaut – was denn sonst?

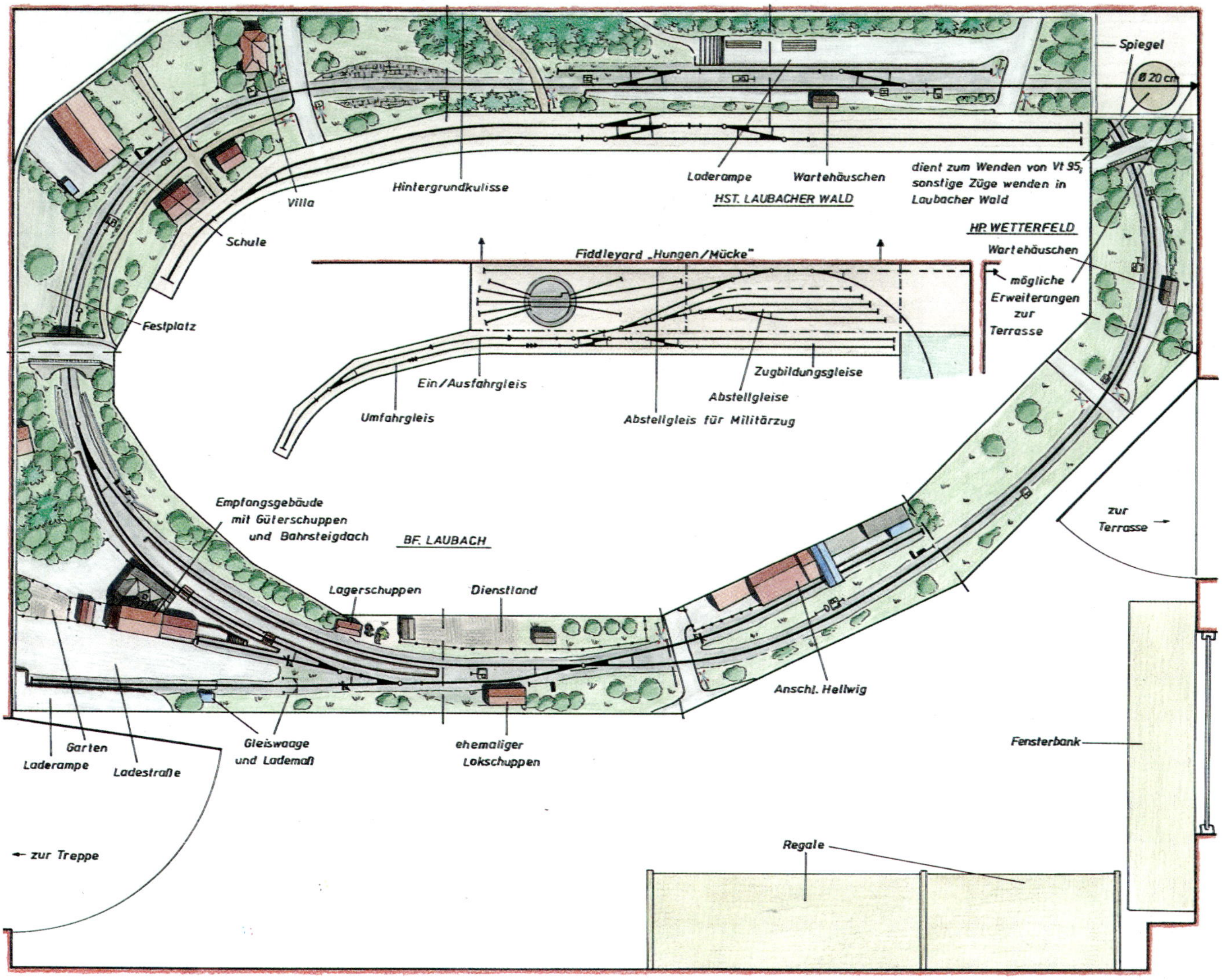

Dieser „vorläufige amtliche Endentwurf" wurde im Prinzip auch beibehalten – mit einigen Abänderungen bei der tatsächlich gebauten Anlage (siehe nächste Doppelseite). Abgesehen von der etwas anderen Segmentteilung – die zum Auto-Transport erforderlich war – finden wir hier noch den Haltepunkt Wetterfeld, eine andere Signalaufstellung, die Häuser an der Innenseite der Kurve zwischen Laubach und Laubacher Wald und den Spiegel als Anlagenabschluß vor der Drehscheibe. Der wesentliche Unterschied liegt jedoch im hier noch sparsamer ausgeführten Gleisplan des Betriebsbahnhofs Hungen/Mücke. Die Regale wurden mittlerweile bis dicht vor die Eingangstür verlängert, ohne den Betrieb in irgendeiner Weise zu behindern.

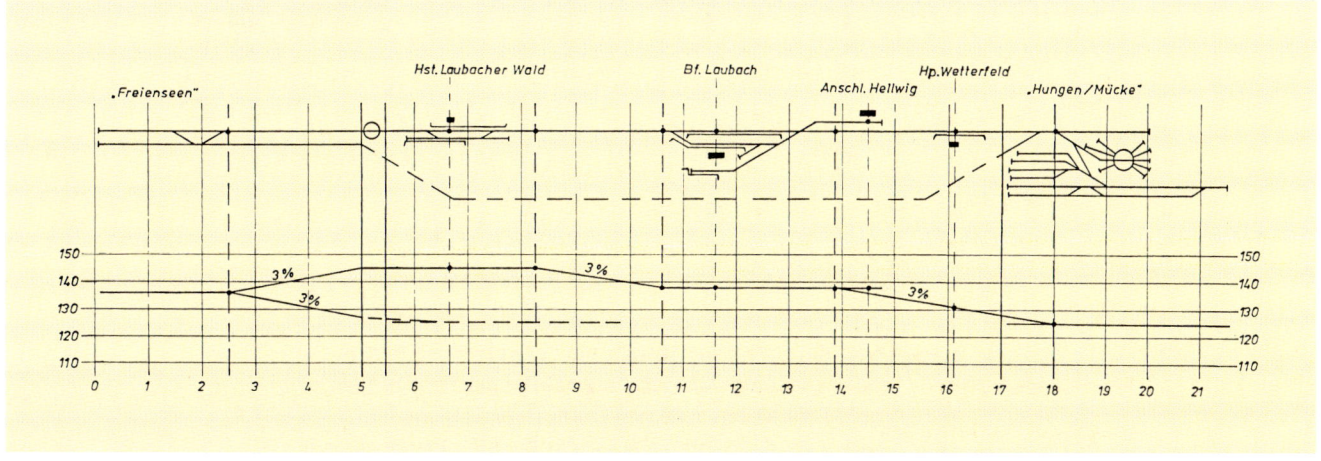

Die Skizze zeigt neben dem Strecken- und Bahnhofsschema die Höhenstaffelung der Trasse, die zum Unterfahren der Haltestelle Laubacher Wald mit max. 3 % Neigung inkl. der erforderlichen Ausrundungen auskommt. Links von der Drehscheibe hinter Laubacher Wald ist bereits die Wendel zum Betriebsbahnhof skizziert.

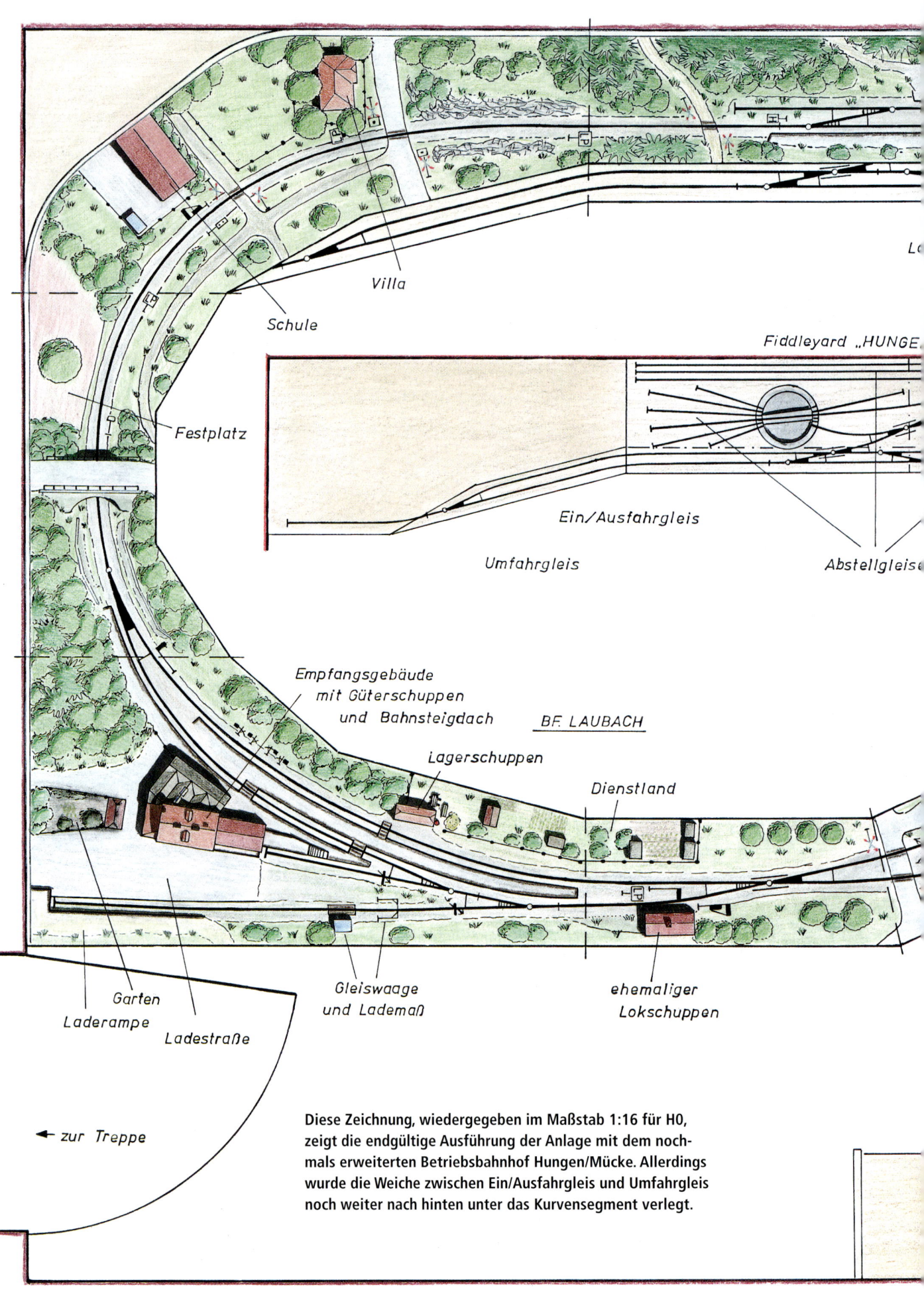

Wartehäuschen

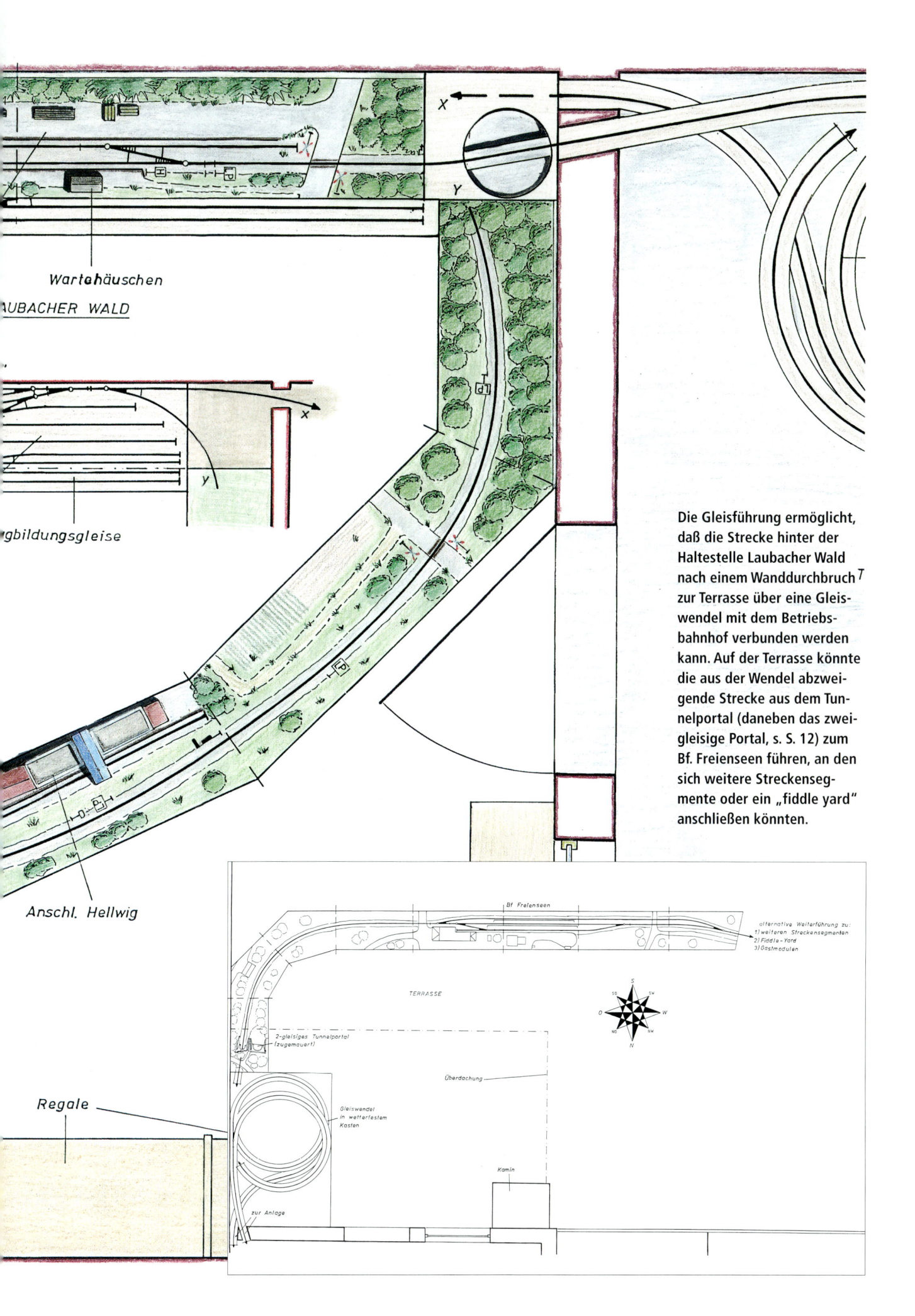

LAUBACHER WALD

gbildungsgleise

Anschl. Hellwig

Regale

Die Gleisführung ermöglicht, daß die Strecke hinter der Haltestelle Laubacher Wald nach einem Wanddurchbruch[7] zur Terrasse über eine Gleiswendel mit dem Betriebsbahnhof verbunden werden kann. Auf der Terrasse könnte die aus der Wendel abzweigende Strecke aus dem Tunnelportal (daneben das zweigleisige Portal, s. S. 12) zum Bf. Freienseen führen, an den sich weitere Streckensegmente oder ein „fiddle yard" anschließen könnten.

Doppelbödige Segmentkästen auf einem Netz aus Stahlprofilen bilden den Unterbau der Anlage. Vorn die Auflage für den Betriebsbahnhof und die Haltestelle Laubacher Wald.

## Jan fängt von ganz unten an:
# Stahlnetz und doppelter Boden

Auf einen Unterbau aus vernetzten Stahlprofilen mit doppelbödigen Segmentkästen aus Pappelsperrholz hatten wir uns schon in der Planungsphase geeinigt. Daß die Anlage nicht „am Stück", sondern aufgeteilt in einzelne Segmente gebaut werden sollte, lag angesichts der erforderlichen Transportfähigkeit auf der Hand. Und wo immer möglich, sollte die Anlage auf einer an den Wänden befestigten Stahlprofil-Konstruktion aufliegen, damit sich die beim Mehrmann-Betrieb unvermeidlichen Schwankungen des Fußbodens nicht auf die Anlage übertragen.

In unserem Fall lag es nahe – und dies im wahrsten Sinne des Wortes –, dafür Dexion-Stahlprofile zu verwenden: Die deutsche Zentrale der weltweit auf dem Gebiet

Zuallererst wird genau 1200 mm über Fußboden – unterstützt durch eine Wasserwaage mit Laseranzeige – die Grundlinie für die waagerechten Winkelprofile angezeichnet. Links von Jan ruht der Wald, der Laubacher natürlich, einstweilen provisorisch auf zwei Böcken.

Ein Dexion-Winkelprofil wird mit der Dexion-Profilschere millimetergenau abgelängt.

Fast 15 mm Luft zwischen der unebenen Wand und dem Winkelprofil: Ein Holzbrettchen sorgt für stabile Unterfütterung.

Feinjustierung am Unterbau für Betriebsbahnhof und die darüberliegende Haltestelle Laubacher Wald – durch die Profilbauweise mit Diagonalversteifungen ebenso exakt wie stabil.

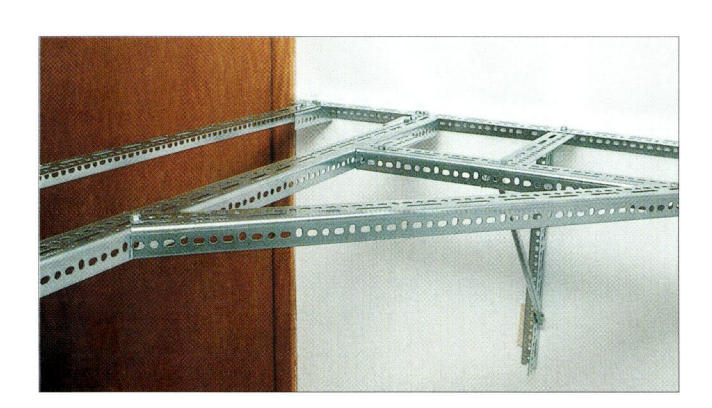

Die an der Wand befestigte Stahlprofil-Auflage für das Kurven-Segment des Bahnhofs Laubach (mit einer Diagonalverstrebung im Vordergrund) reicht exakt bis an den Türrahmen. Nach links bzw. vorne schließt sich …

… als Auflage für das folgende Bahnhofs-Segment (mit DKW und Lokschuppen) dieser auf dem Boden stehende Profil-Unterbau an, dessen Diagonalverstrebungen absolute Stabiltät gewährleisten.

Ständiges Nachmessen an den auf 5:1 vergrößerten Planzeichnungen ist für einen exakten Zuschnitt der Segmentkästen unerläßlich.

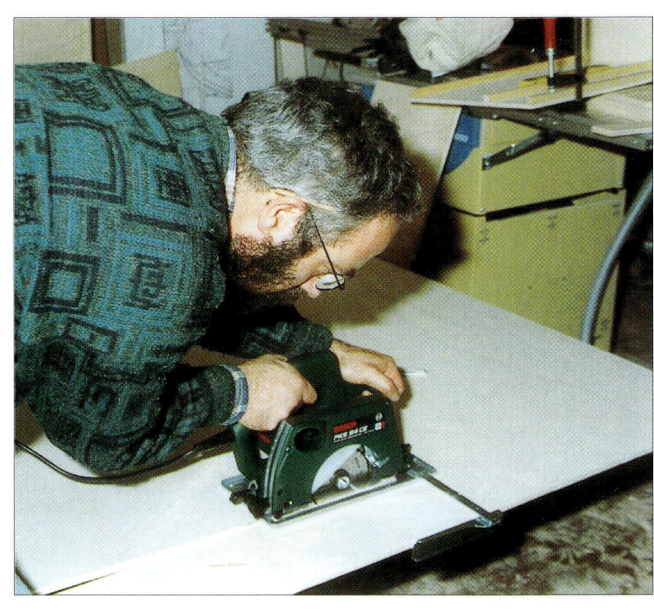

Zur Erzielung absolut glatter Kanten werden die Platten mit der Kreissäge geschnitten; der seitliche Anschlag gewährleistet die Maßhaltigkeit.

der Lager- und Fördertechnik tätigen Firma Dexion befindet sich seit 1962 in der gleichnamigen Straße am Bahnhof Laubach (Oberhessen)! Die Verwendung von Dexion-Profilen im Modellbahn-Bereich ist für langjährige MIBA-Leser übrigens nichts Neues: Bereits in MIBA 2/1973 hatte Dr. Rolf Brüning seinen daraus konstruierten Anlagen-Unterbau vorgestellt, und in den Folgejahren war seine Idee immer wieder aufgegriffen worden – kein Wunder angesichts der einfachen Montage der gelochten Profile. Und in der Tat:

Nicht einmal fünf Stunden benötigten zwei „Comedian Hanullists", dann war der komplette, absolut verwindungs- und verzugsfreie Unterbau aus den 2 mm starken, höchst sinnvoll gelochten Stahlblech-Winkelprofilen

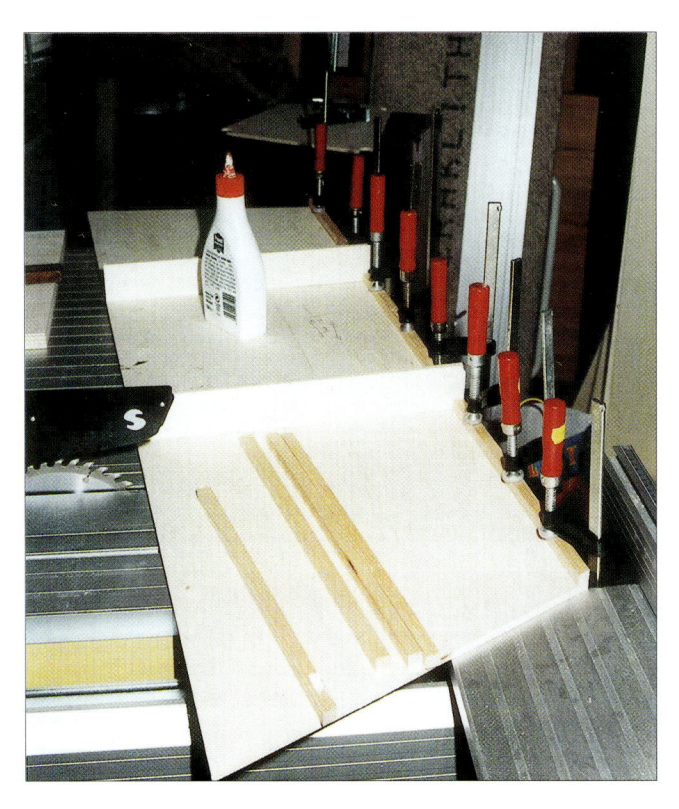

Bodenplatte eines Segmentkastens aus 8-mm-Sperrholz mit Zwischenspanten und Verstärkungsleisten 15 x 15 mm. Während der Leim abbindet …

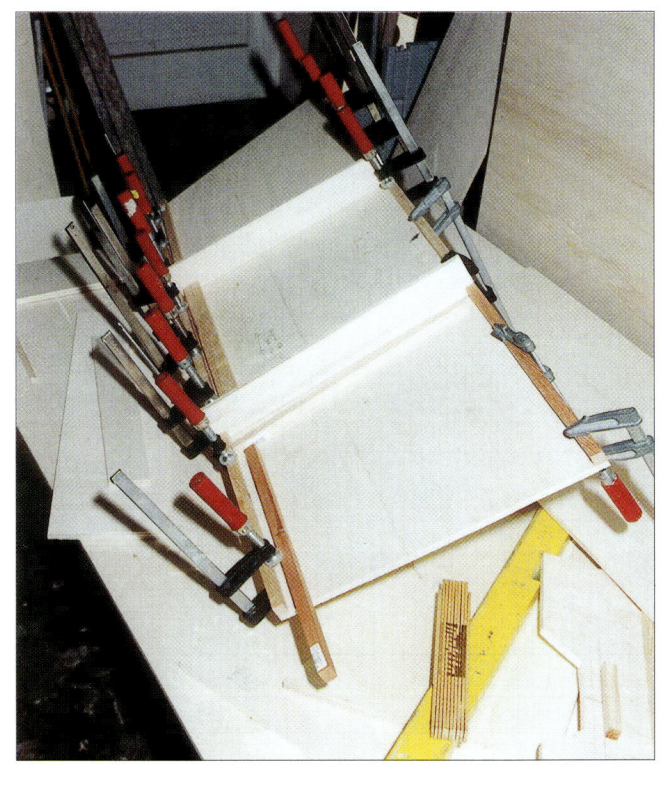

… ist die Fixierung mit Schraubzwingen unerläßlich, die man daher gleich dutzendfach in verschiedenen Größen vorhalten sollte.

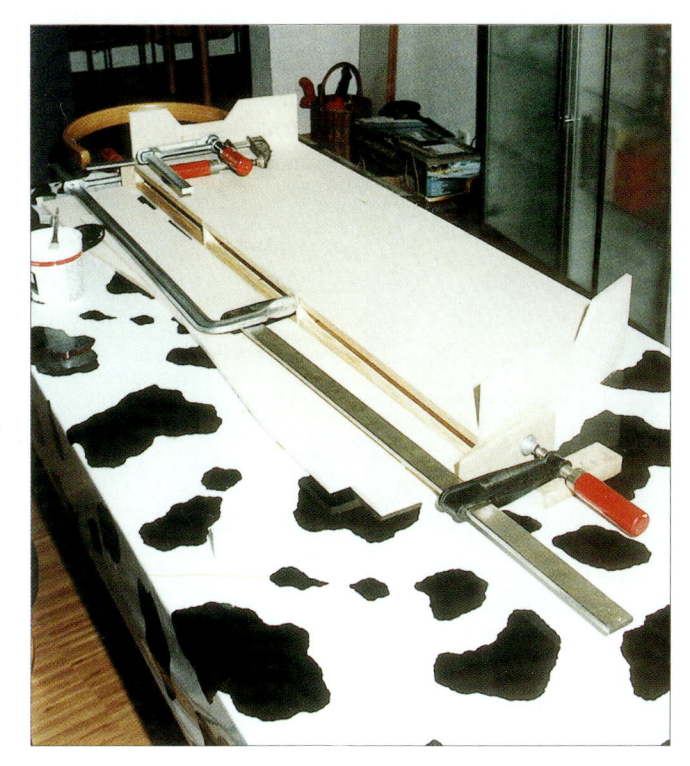

Endmontage der Segmentkästen auf dem wachstuchgeschützten Eßzimmertisch, der durch eine untergespannte Leiter in absoluter Planlage gehalten wird.

Lange Segmentkästen werden von zwei großen Schraubzwingen in die Zange genommen.

Auch bei der exakten Verbindung der Trassenbrettchen sind Schraubzwingen unerläßlich. Währenddessen ruhen die Segmente auf zwei Bierzelt-Bänken.

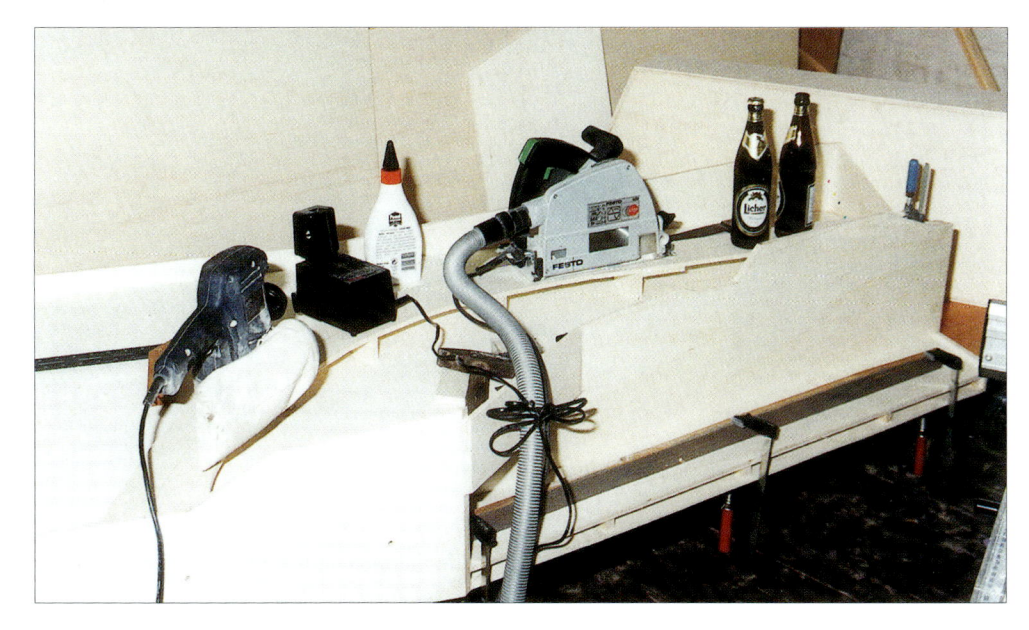

Die Trassenbrettchen werden auf die Trassenstützen geleimt und bis zum Abbinden des Leims möglichst „gewichtig" beschwert.

„Ganz schön geleimt" werden hier die Bodenplatten samt Versteifungsleisten vor dem Ansetzen der Seitenwände.

von Dexion erstellt. In der Tat ein kinderleichtes Vergnügen – wie damals mit dem Metallbaukasten! Die horizontalen und vertikalen Träger wurden aus dem Systemprofil 225 (Kantenlänge 4 x 6 cm), die Diagonal-Versteifungen aus 3,5 x 1,5-cm-Profilen erstellt; alle Profile wurden mit der Dexion-Profilschere millimetergenau abgelängt und – ggf. mit Versteifungswinkeln und Bodenplatten – mit 8x8-Sechskantschrauben und -muttern verbunden.

Pappelsperrholz in 10 bzw. 8 mm Stärke bildet das Material für die Segmentkästen. Das ist zwar nicht das billigste, aber für unsere Zwecke leichteste Sperrholz; es ist verzugsfrei und weist auch nicht die „Dellen" auf, auf die man bei billigeren Sperrholzarten wie z.B. Limba immer wieder stößt. Wenn man die Segmente darüber hinaus, wie im Falle der Vogelsberger Westbahn, als sogenannten „Geigenkasten" oder Hohlkasten mit doppeltem Boden bzw. doppelter Grundplatte baut, ist die Stabilität – exaktes Arbeiten vorausgesetzt – kaum zu übertreffen.

Exaktes Arbeiten setzt freilich zunächst genaues Planen voraus, auch im Interesse eines ökonomischen Zuschnitts ohne unnötigen Verschnitt. So wurden die Planzeichnungen auf 1:5 vergrößert und davon die Schnittlinien auf die Sperrholzplatten übertragen. Außerdem

Und immer wieder Schraubzwingen: Hier werden die aufgeleimten Seitenwände des Straßenbrücken-Segments bis zum Abbinden des Leims angepreßt.

Peter Flach bringt in den Bodenplatten der fertigen Segmentkästen Bohrungen an und sägt von diesen aus mit der Stichsäge die Ausschnitte heraus, die ebenso der Gewichtsverminderung wie zur Montage von Weichen- und Signalantrieben etc. dienen.

Ein fertiger Segmentkasten mit den Ausschnitten in der Bodenplatte von unten gesehen.

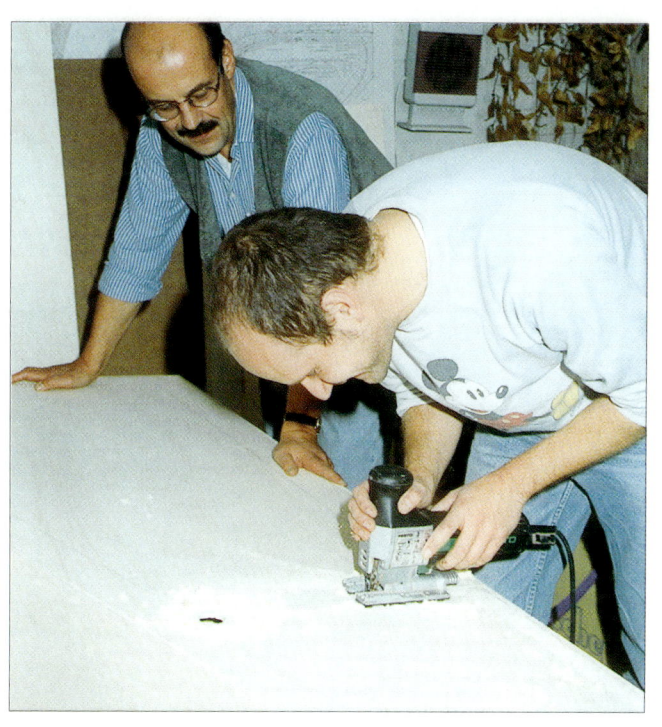

braucht man das richtige Werkzeug, wobei für solche Arbeiten eine scharfe Handkreissäge – eine Regelelektronik kann nicht schaden – unerläßlich ist.

Aus den beiden unterschiedlich starken Platten wurden die Boden- und Deckplatte eines Segments mit größtmöglicher Präzision herausgesägt, um deckungsgleiche Platten zu erhalten. Sie wurden an den Außenkanten der jeweiligen Innenseite zunächst mit aufgeleimten Quadratleisten von 15 x 15 mm verstärkt und dann mit Zwischenspanten, ebenfalls aus 8-mm-Sperrholz, verbunden und bildeten die Basis des Segmentkastens. Man benötigt bei dieser Bauweise keine einzige Schraube und keinen Nagel, nur Leim, Schraubzwingen – aber davon jede Menge, möglichst in unterschiedliche Größen – und allenfalls mal ein paar Drahtstifte, um die Teile beim Aushärten des Leims zu fixieren.

Weiter ging es mit dem Anleimen der Seitenwände, wie auch die Stirnwände aus 10-mm-Sperrholzplatten geschnitten. Sie machen den Hohlkasten verwindungssteif und wurden vor den Stirnwänden montiert, damit die Stoßkanten auf den später verdeckten Stirnseiten und nicht auf den sichtbaren Seitenflächen liegen. Wer genau hinsieht, wird bemerken, daß es der Chronist genau umgekehrt gemacht hatte, als er einige Jahre früher die Segmentkästen für die Haltestelle Laubacher Wald gebaut hatte ...

In den Bodenplatten der fertigen Segmentkästen wurden mit der Stichsäge Ausschnitte angebracht, die ebenso der Gewichtsverminderung wie zur Montage von Weichen- oder Signalantrieben dienen. Man macht sie natürlich so groß wie möglich, aber mindestens 8 cm vom Rand bzw. voneinander entfernt. 10 cm Abstand bewirken eine noch größere Stabilität; hier sind es nur 8 cm, da unsere Westbahn-Segmente im Gegensatz zu Fremo- oder ähnlichen Mobil-Modulen ja nicht allzu oft bewegt werden; da konnte durch größere Ausschnitte das Innenleben noch besser zugänglich gemacht werden.

Mit der Wasserwaage wird die exakte Position des Segments mit dem Eisengießerei-Anschluß und des anschließenden Streckensegments überprüft, das schräg vor der Terrassentür liegt.

Aus 10-mm-Sperrholz wurden Trassenbrettchen und -stützen zurechtgesägt, wobei wir die neigungswechselnden Trassen direkt aus der oberen Grundplatte sägten, um einen fließenden Übergang in die Steigung bzw. das Gefälle zu gewährleisten. Nach ersten Stellproben und einigen Anpassungsarbeiten wurden die Segmente erstmals mit Flügelschrauben und -muttern verbunden; exakt kongruente Bohrungen waren durch das gleichzeitige Durchbohren der jeweils zusammengehörigen Stirnwände gewährleistet.

Daß die Erfahrungen beim Bau zahlreicher Fremodule hier den Aktivisten besonders zugute kamen, liegt auf der Hand; praktische Hinweise zum Modulbau finden sich übrigens in der Broschüre „Modellbahn-Module bauen" (Mitverfassser: „Comedian Hanullist" Burkhard Rieche) und in MIBA-Spezial 26 „Module und Segmente", in dem Prinzip und Praxis von modular bzw. in Segmenten aufgebauten Anlagen erschöpfend behandelt werden.

Auch der Zollstock ist unerläßlich: Jan überprüft den Übergang vom langen Streckensegment auf das Teilstück mit dem Übergang in den Betriebsbahnhof, der später unter den Segmentkästen der Haltestelle liegen wird. Diese wird provisorisch aufgesetzt ...

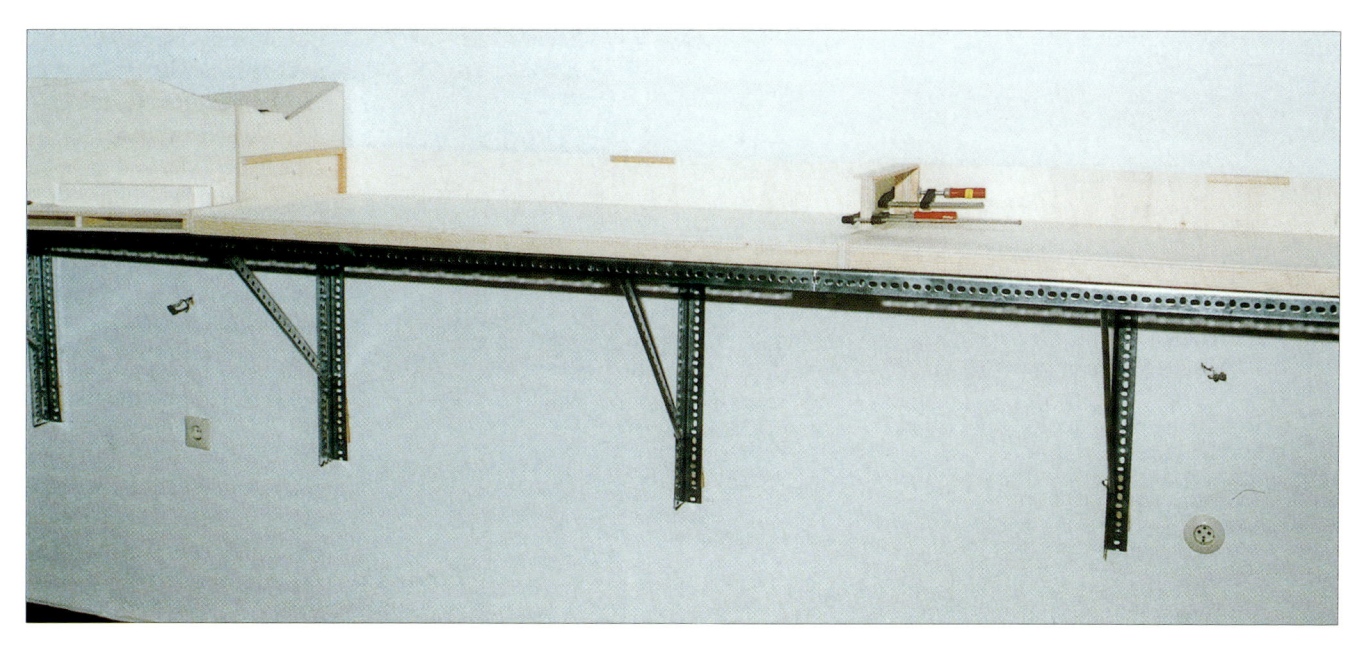

… und dann zum Weiterbau wieder abgenommen, wodurch hier die Auflageflächen für den Laubacher Wald gut zu erkennen sind.

„Zuu-gleich!": Ein mehrmaliges Auf- und Absetzen der Haltestellen-Segmente ist zur Feinjustierung unerläßlich. Wenn alles paßt …

… kann die endgültige Fixierung durch Flügelschrauben erfolgen. Während der Bauphase übernehmen zwei der allgegenwärtigen Schraubzwingen diesen Dienst.

Herzstücke in der Tätigkeit des Gleisbautrupps: die neuen Herzstücke für die beiden schlanken Einfahrweichen in der DKW und der Bogenweiche. Hier zum Vergleich das Original-Herzstück der Roco-DKW (links) und daneben die aus Peco-Profilen hergestellte Umbauversion.

Der Aufwand zur Herstellung einer geometrisch passenden Bogenweiche wird durch eine gleichmäßige und elegante Gleislage ohne „Knicke" belohnt.

## Ludwigs Lust am feinen Fummeln:

# Gleise, Weichen, Antriebs-Arbeit

Die Frage des zu verwendenden Gleismaterials „von der Stange" war Gegenstand längerer Diskussionen, denn es galt folgende Forderungen unter einen Hut zu bringen: uneingeschränkte NEM- und RP 25-Mischnutzung bei schlanker Weichengeometrie und nebenbahngerecht zierlichen Schienenprofilen. Der völlige Selbstbau der Gleise im sichtbaren Bereich war allein aus Zeitgründen von vornherein ausgeschlossen worden, obwohl im Programm von Hobby-Ecke Schumacher alle erforderlichen geometrischen Formen vorhanden gewesen wären.

Die Geometrie der Doppelkreuzungsweiche (DKW) sprach für das Roco-Line-Gleis, die universelle Nutzung mit RP-25- und NEM-Radsätzen sowie die schlanken Profile dagegen für das Code-75-Gleis von Peco. Die passende Innenbogenweiche (IBW) in der Einfahrt aus Mücke ist in keinem Katalog zu finden, denn die ansonsten sehr elegante Bogenweiche von Peco schied aus, weil der Abzweigradius mit 76 cm doch deutlich unter dem geforderten Maß von einem Meter im sichtbaren Bereich liegt. Da in Roco-Line-Weichenschwellen eingeschobenes Peco-Code-75-Schienenprofil mit NEM-Radsätzen ohne „Rattern" der Spurkränze auf den Kleineisen zu befahren ist, haben wir uns für das Peco-Gleis entschieden. DKW und IBW sollten aus Roco-Schwellenrosten mit Peco-Code-75-Profilen entstehen. Außer in diesen beiden Sonderfällen und im Falle der Roco-Drehscheiben wurde also ausschließlich Peco-Code-75-Gleismaterial verbaut.

Als Unterbau diente eine 10-mm- Styrodurplatte, die beidseitig mit Zementschlämme beschichtet und als Flie-senverlegeplatte im Baumarkt erhältlich ist. Dank der Beschichtung können die Gleise mit Kraftkleber wie z.B. Uhu-Kraft verklebt werden, ohne daß sich hierbei der Hartschaum auflöst. Im Bereich außerhalb des Schotters lassen sich die Vertiefungen für die Randwege oder Seitengräben problemlos herausarbeiten.

Die engen Bögen der Vogelsberger Westbahn durften natürlich nicht ohne Überhöhung bleiben. Da aber keine exakten Angaben hierzu vorlagen, wurde die Überhöhung auf 50 mm beim Vorbild geschätzt, was einem Drittel des seinerzeit erlaubten Maximalwertes von 150 mm entspricht. Durch Unterkleben eines 1 mm dicken Polystyrolstreifens unter die Schwellenaußenseite ergibt sich eine Überhöhung von ca. 0,5 mm, da die Schwellen etwa doppelt so lang sind, wie der Schienenabstand breit ist.

Im Bereich des Übergangsbogens von der Geraden in den Bogen wird die Überhöhung durch Unterlegen verschieden starker Streifen langsam angehoben. Da auf den Vorbildfotos bei Gleis 2 in Laubach ebenfalls eine leichte Überhöhung auszumachen ist, wurde hier ein 0,4-mm-Streifen untergelegt. Inwieweit diese Überhöhung dazu gedient hat, um Richtung Mücke durchfahrenden (Militär-)Zügen eine etwas höhere Geschwindigkeit als Schwung für die anschließende Rampe zu ermöglichen, ist nicht belegt (sondern lediglich eine Interpretation des Westbahn-Bauleiters). Der Übergang von 0,4 mm auf 1,0 mm findet übrigens im Bereich der Einfahrweiche statt. Weil der 1-mm-Streifen auf der Bogenaußenseite durchgezogen wurde, ergibt sich durch die längeren Weichenschwellen im abzweigenden Strang automatisch die passende Höhe für den 0,4-mm-Streifen.

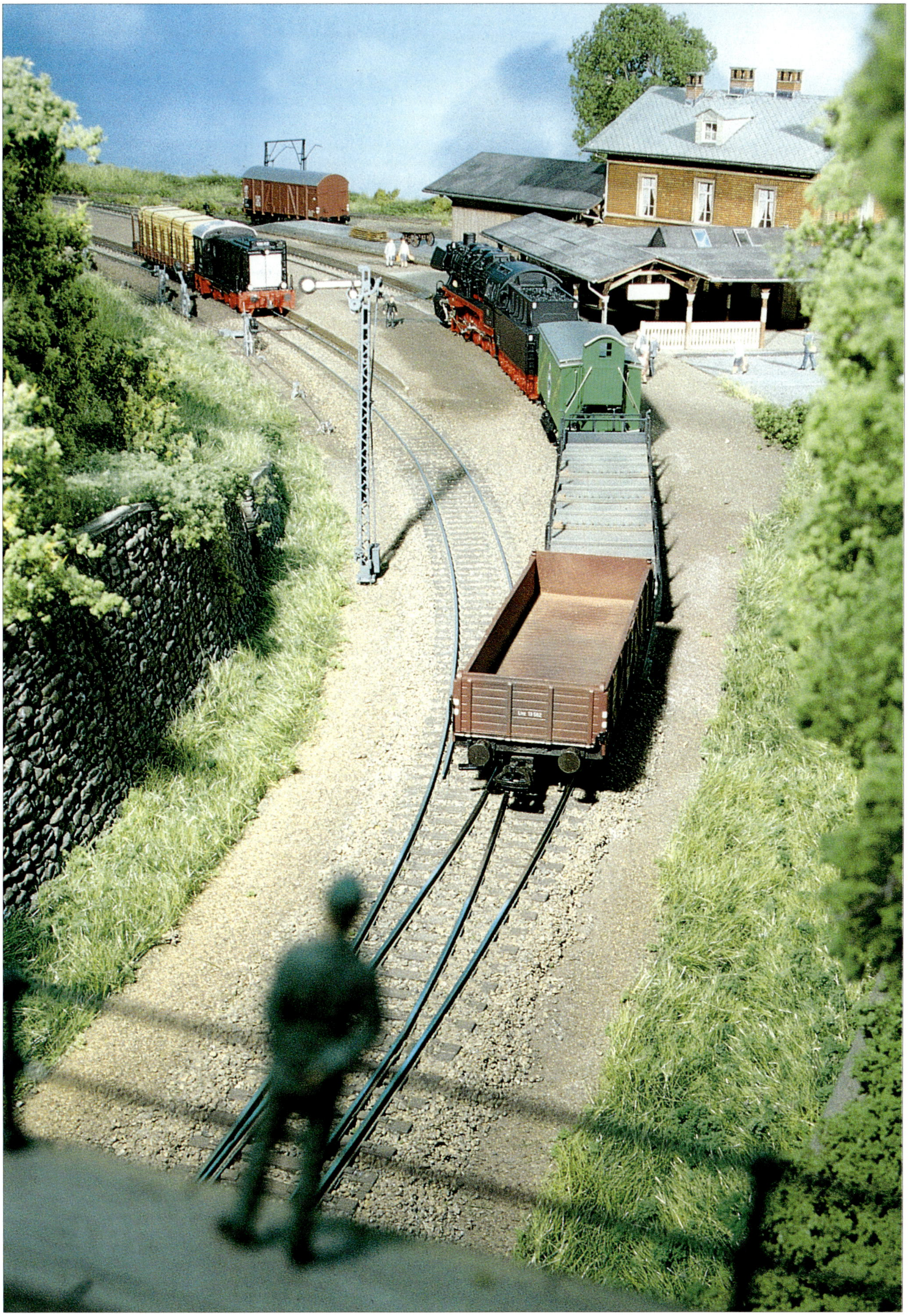

Damit die Herzstückschienen sauber und leicht verlötet werden können, werden sie auf einen Messingstreifen gelötet, der in einer 0,5 mm tiefen Aussparung im Schwellenrost liegt und später nicht mehr zu sehen ist.

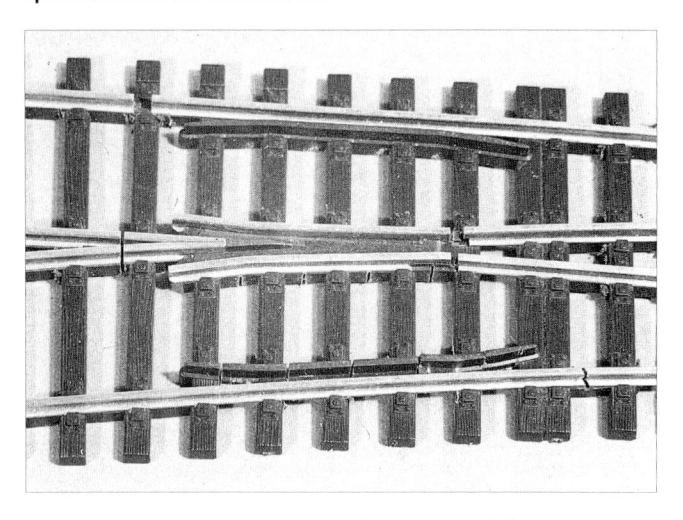

Um die Roco-Weiche so stark wie hier erforderlich verbiegen zu können, müssen nicht nur die Verbindungsstege der Schwellen aufgetrennt, sondern auch die Schienenprofile an mehreren Stellen geschnitten werden, was an den entstehenden Lücken mehr als deutlich wird.

Die Kunststoffradlenker werden durch Schienenprofile ersetzt, die aber erst nach Einbau und erfolgreicher Probefahrt eingebaut werden und bei exakt eingestelltem Radsatzinnenmaß (14,3–14,4 mm) eigentlich nur eine Attrappenfunktion haben.

# Neues Profil

Bevor die Peco-Profile eingeklebt werden können, ist das vorsichtige Entfernen der Roco-Profile angesagt. Dies geschieht unter Entfernen sämtlicher Lötbrücken und Kunststoffvergüsse im Bereich des Schienenfußes am einfachsten von außen, also vom Weichenende in Richtung Herzstück. Bohrzwerg und Skalpell sollten hierbei vorsichtig eingesetzt werden, um die Kleineisenimitationen nicht zu beschädigen. Wenn die Profile zuvor mit dem Lötkolben leicht (!) angewärmt werden, lassen sie sich deutlich leichter durch die Kleineisen ziehen, da hierdurch der Schwellenkunststoff geschmeidiger wird.

Die Zwischenschienen, die bei der DKW zum Doppelherzstück in Weichenmitte und bei der EW zu den Zungen führen, sind mit diesen auf darunterliegenden Blechen punktverschweißt. Diese Verbindung läßt sich durch leichte Hammerschläge auf das Schienenende in Richtung Herzstück relativ einfach trennen. Aus Stabilitätsgründen sollten die außen durchlaufenden Backenschienen erst entfernt werden, wenn Herzstück, Flügel- und Zwischenschienen bereits neu eingebaut worden sind. Die Zwischenschienen werden bei der DKW an einem Ende als Spitze für das Doppelherzstück und am anderen Ende als Flügelschiene ausgebildet. Vor dem Abwinkeln wird der Schienenfuß an dieser Stelle einseitig eingeschnitten, so daß sich ein sauberer Knick ergibt.

Bei der IBW wird die Trennung zwischen Zwischenschiene und Zunge möglichst weit in Richtung Zungengelenk verschoben. Hierdurch lenkt das hinter dem Gelenk überstehende Ende der Zunge im abliegenden Zustand viel weniger als vorher zur „falschen" Seite aus, was für die Optik sehr wohltuend ist. Die Herzstückspitzen werden unter mehrmaligen Ausprobieren der Paßgenauigkeit mittels Trennscheibe und Feile angeschliffen. Wenn alles paßt, werden Herzstückspitzen und Flügelschienen unter dem Herzstück auf einem Messingblechstreifen so miteinander verlötet, daß hierdurch die Herzstückrillen nicht mit Lötzinn vollaufen. Die Zwischenschienen werden am anderen Ende auf den vorhandenen Blechen verlötet. Zur Herzstückisolierung müssen die Zwischenschienen später noch getrennt werden, was aus Stabilitätsgründen aber erst nach dem Einbau erfolgen sollte.

Ähnlich wie beim Vorbild lassen sich schlanke Modell-Bogenweichen aus „verbogenen" einfachen Weichen herstellen. Es sind lediglich die Kunststoffstege unter den Schienenprofilen durchzutrennen, so daß eine Art flexible Weiche entsteht. Bei der hier gezeigten IBW sind die Grenzen der Biegbarkeit eigentlich überschritten, was an den Lücken sichtbar wird, die an den Isolierstellen entstehen. Da die Profile aber ohnehin gewechselt werden sollen, ist dies nicht weiter störend. Kritisch ist der Herzstückbereich, wenn die Radlenker aus Kunststoff fest mit dem Schwellenrost verbunden sind. Die Radlenker werden daher durch Schienenprofile ersetzt, was zudem der Optik zugute kommt. Sie werden übrigens erst ganz zum Schluß eingebaut – wenn die Weiche nämlich auch ohne Radlenker vorsichtig befahrbar ist, ist dies die Garantie dafür, daß die Geometrie wirklich paßt.

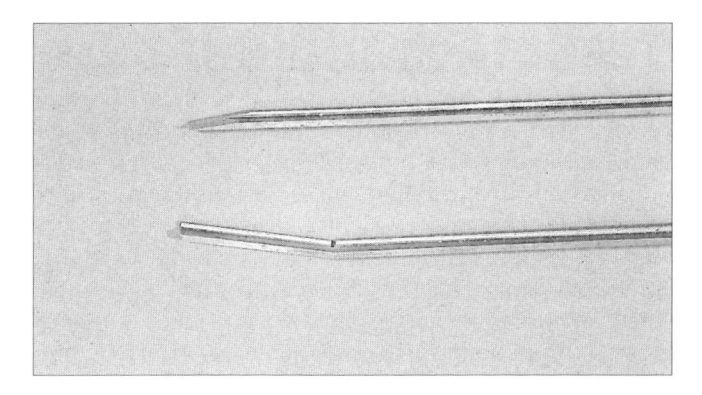

Die Zwischenschienen der DKW werden an einem Ende als Spitze für das Doppelherzstück und am anderen Ende als Flügelschiene für das einfache Herzstück ausgebildet. Zum exakten Abwinkeln wird der Schienenfuß einseitig leicht eingeschnitten.

Die neuen Weichenzungen entstehen aus längs eingeschnittenen Schienenprofilen, wobei an der Zungenspitze der Steg einseitig auf den Fuß gelötet wird, damit sich das typische L-Profil ergibt. Links die Zunge nach dem Verlöten und rechts nach dem anschließenden Schleifen.

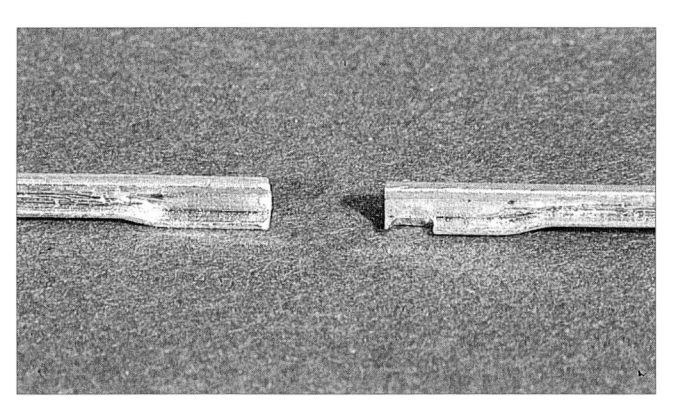

Die Aussparung für das Original-Zungengelenk von Roco wird aus optischen Gründen möglichst weit zum Zungenende hin verschoben. Zunge und Gelenk lassen sich leicht miteinander verlöten, was aus Gründen der Stabiltät und der Stromzuführung dem Verkleben vorzuziehen ist.

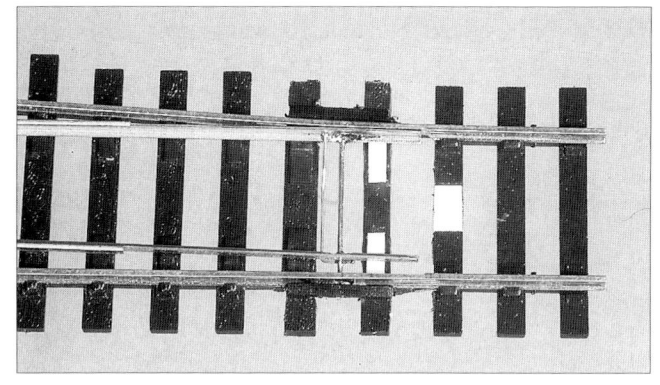

Die Zungen der Peco-Weichen bleiben unverändert. Nach Entfernen des Stellmechanismus und Einlöten der neuen Stellstange müssen lediglich die Schwellen wieder ergänzt werden.

# Weichenzungen

Wenn alle Schienenprofile durch Code 75 ersetzt werden, fällt bei der IBW die Optik der Roco-Zungen, anders als bei der DKW, wo es durch die Doppelherzstücke und die acht Zungen optisch ganz schön durcheinandergeht, doch sehr störend ins Auge. Das Fazit war daher: Wenn die Zungen ohnehin neu gemacht werden müssen, dann aber auch richtig. Richtig heißt hierbei, daß die Zungen am Ende vom normalen Schienenprofil auf ein deutlich niedrigeres Zungenprofil übergehen und daß die Zungenspitze einen nahezu L-förmigen Querschnitt hat. Die Herstellung dieser Zungenform aus einem Schienenprofil ist einfach zu realisieren und kostet lediglich eine ordentliche Portion Zeit. Zunächst wird das Schienenprofil unmittelbar über dem Schienenfuß in der Länge für beide Zungen mit der Trennscheibe der Länge nach bis zu dem Punkt vom Übergang zum Regelprofil aufgeschnitten. Anschließend wird an beiden Schnittenden der Schienenfuß mit einer Flachzange an den verbliebenen Rest des Steges gedrückt, der geschwungene Übergang ergibt sich dabei von alleine. Durch die Knicke im Schienenfuß ist dieser kürzer geworden als der Schienenkopf, so daß sich letzterer nach außen biegt und schon sehr schön für eine gebogene Zunge paßt. In der Mitte des Schnittes, dort wo also die zwei Zungenspitzen aneinanderstoßen, wird der Kopf gegenüber dem Fuß mittels kleiner Stifte so ausgerichtet, daß er einseitig zum Fuß liegt. Das spätere L-Profil ist jetzt schon im Ansatz erkennbar und die gebogene Zunge kann bereits verlötet werden. Anschließend wird die zweite Zunge gerade ausgerichtet und verlötet, in der Mitte durchgeschnitten und die beiden Rohzungen liegen auf dem Basteltisch. Nun ist wieder intensives Schleifen angesagt, so daß sich zur Zungenspitze fast von alleine immer stärker das markante L-Profil ergibt. Dadurch, daß das Zungenprofil deutlich niedriger ist, lassen sich nun auch sehr leicht die Gleitplatten mittels kleiner, am besten schwarzer Kunststoffstreifen nachbilden. Werden diese auf der Seite des Schienenfußes leicht angeschrägt, wird hierdurch, wie beim Vorbild, die Backenschiene auch auf der Innenseite fixiert.

# Stellmechaniken

Das Prinzip der Stellschwelle ist bei der Roco-Weiche für ein Großserienprodukt gut gelöst. Deshalb wurde sie bei der DKW auch beibehalten und die beim Vorbild vorhandenen Stellstangen lediglich als Attrappen hergestellt. In Verbindung mit den neuen Zungen sollte die Innenbogenweiche aber einen „richtigen" Antrieb bekommen. Auch hier wird eine Stellschwelle verwendet, nur liegt diese im Gegensatz zur Roco-Weiche nicht im, sondern unter dem Schwellenrost.

Die Oberseite der Stellschwelle aus kupferkaschiertem Pertinax bildet optisch den Boden des Schwellenfaches, in dem die Vorbildstellstangen liegen. Damit die Zungen nicht unnötig weit von der Backenschiene abliegen, müssen sie gegeneinander isoliert werden, denn sonst gibt es einen fulminanten Kurzschluß, wenn die Radrückseite die abliegende Zunge berührt. Hinter der Zungenspitze, die vorbildgerecht etwas weiter abliegt, wird zwar die Zunge beim Befahren berührt – mechanisch und optisch läuft das Ganze allerdings einwandfrei.

Die eigentliche Stellstange des Vorbildes wurde lediglich als Attrappe ohne kurzschließende Verbindung aus einem rechtwinklig geklopften 0,5-mm-Draht zwischen die Zungen eingesetzt. Die beim Vorbild oft in der Mitte vorhandene Verdickung, in der die Stellstange elektrisch getrennt ist, wurde nicht nachgebildet, da es einen solchen Luxus in Laubach nicht gab. Die Zungen selbst sind mit je einem kurzen in Richtung Backenschienen abgewinkelten 0,3-mm-Messingdraht mit der Stellschwelle verbunden. Diese kurzen, kaum sichtbaren Drähte übernehmen die eigentliche Stellfunktion. Die Riegelstangen bestehen ebenfalls aus 0,3-mm-Draht und werden so in Zungenfuß und Stellschwelle eingesetzt, daß sie von der Optik auf der einen Seite die Verbindung zum Klammerspitzenverschluß und auf der anderen Seite die zweite Stange zum Riegelschloß darstellen.

Bei der Montage des ganzen Stellstangenwirrwarrs muß lediglich darauf geachtet werden, daß keine kurzschließenden Metallbrücken zwischen den Zungen entstehen, was durch entsprechendes Abschleifen der Kupferschicht auf der Pertinaxplatte rund um die einzelnen Lötpunkte aber kein Problem ist. Der vom Antrieb kommende Stelldraht steckt wiederum bündig von unten in einem Loch in der Stellschwelle. Bei den beiden im Bahnhof Laubach eingebauten großen Peco-Weichen wurde die Stellmechanik ebenfalls überarbeitet.

Im Gegensatz zur IBW fällt aber der hierfür erforderliche Aufwand überhaupt nicht ins Gewicht, der optische Gewinn dafür um so mehr. Die Peco-Antriebstechnik bietet für „normale" Modellbahnhöfe oder auch Schattenbahnhöfe unschlagbare Vorteile; die Weiche wird, ob mit oder ohne Antrieb, einfach eingebaut – fertig. In dioramenmäßig ausgestalteter Umgebung fällt die konstruktionsbedingt etwas klobige Umstellmechanik aber doch etwas unangenehm ins Auge.

Die breite Kunststoff-Stellstange läßt sich samt Mechanik problemlos entfernen. Zum Vorschein kommt je eine an die Zungen nach unten ausgeprägte kleine Öse,

**Zur Stabilisierung des Stellstangenbereichs wurde der Schwellenrost von unten mit einer Platte unterklebt, die auch gleichzeitig der Führung der neuen Stellschwelle dient; hierfür muß der Unterbau eine entsprechende Aussparung erhalten.**

**Die weißen Kunststoffstreifen dienen der Herstellung der Überhöhung und liegen im Bereich der Bogenaußenseite unter den Schwellenköpfen. Die neuen „Gleitstuhlplatten" aus Kunststoffstreifen werden erst nach dem Weicheneinbau aufgeklebt, da so die Schienenprofile vorher noch exakt ausjustiert werden können.**

**Der neue Stelldraht der Peco-Weichen wird in vorhandene Ösen unter dem Schienenfuß eingelötet. Die rechts sichtbare kleine Bohrung nimmt später die Antriebsstange für das Umstellgewicht auf. Zur Kurzschlußvermeidung sollten unter die Schienenprofile dünne Kunststoffstreifen geklebt werden.**

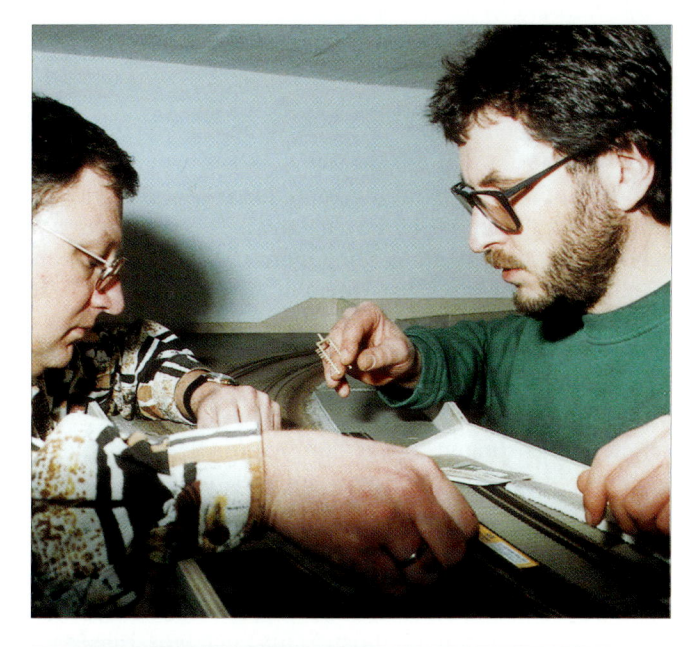

Ludwig erläutert Horst, wie mittels Pertinax-Schwellen und Weinert-Kleineisen saubere und dauerhaft stabile Gleisübergänge an den Segmentkanten hergestellt werden. Im Bereich der Segmentkanten werden die Schienenprofile mit aufgeschobenen Weinert-Kleineisen auf Schwellen aus kupferkaschierten Pertinaxplatten aufgelötet, die vorher aus einer Platte ausgefräst worden sind.

Für schräge Schnitte werden Fünferschwellenpakete verwendet, die erst nach dem durchgehenden Gleiseinbau, gegebenenfalls einschließlich der Kleineisen, durchgeschnitten werden.

An geraden oder nur leicht schrägen Segmentübergängen werden Zweierschwellenpakete so eingebaut, daß nach dem Zusammensetzen der Segmente eine Kuppelschwelle entsteht. Die überstehenden Schienenprofile werden erst nach dem endgültigen Verlöten bündig mit der Segmentaußenkante abgeschnitten.

in die lediglich noch ein dünner Stelldraht eingelötet werden muß. Löten deshalb, weil sonst die Zungen auf dem Stelldraht hin- und herrutschen würden. Der Stelldraht wird an einem Ende um 90 Grad abgewinkelt und ragt unten aus dem Trassenbrett heraus. Anschließend müssen nur noch zwei Schwellen ersetzt bzw. ergänzt werden – und fertig ist eine Weiche, die nicht nur im Herzstück, sondern auch im Stellstangenbereich optisch sehr zu befriedigen weiß.

# Segmentübergänge

Um die Gleise an den Modulenden sicher und dauerhaft zu befestigen, wurden sie mit Weinert-Kleineisen auf kupferkaschierte Pertinaxschwellen gelötet, wobei die Kleineisenimitationen lediglich der Optik dienen; mechanisch sind sie nicht erforderlich. Durch den Einbau von Pertinaxschwellen kann außerdem das fast immer an den Segment- und Modulübergängen entstehende Schotterloch weitgehend vermieden werden, wenn die Trennung in eine Schwelle gelegt wird oder zwischen zwei Schwellen, so daß eine Kuppelschwelle entsteht. Bei schrägen Segmentübergängen wird eine Platte mit fünf Schwellen verwendet, die in etwa mittig zur Trennkante verklebt wird. Hier wird zuerst das Gleis durchgehend fertig montiert und anschließend einschließlich der Pertinaxschwellen, und gegebenenfalls auch schon mal des Kleineisens, mit der Roco-Bastelsäge getrennt. Dies ist zwar etwas aufwendiger, Knicke in der Gleisgeometrie, sowohl vertikal als auch horizontal, werden so aber sehr sicher vermieden.

**Mit einem selbstgebauten Schotterbesen** ist die schnelle und gleichmäßige Verteilung des Schotters auch im Weichenbereich ein Kinderspiel – vorausgesetzt, es wurde vorher nicht zuviel Schotter verteilt. Lediglich im Bereich des Weichenantriebes ist noch etwas Handarbeit mit dem Pinsel erforderlich.

**Dank der vorher aus der Styrodurplatte herausgearbeiteten** Randwege ist die Herstellung eines ordentlichen Bettungsquerschnittes kein Problem, was hier bei dem noch nicht verklebten und daher hellen Schotter gut sichtbar wird.

**Verklebt wurde der Schotter** weitgehend mit stark verdünntem (1:15) Schotterkleber von Rainershagener Naturals. Hierzu dient eine einfache Airbrushpistole, mit der auch zuvor der Schwellenrost mattbraun lackiert worden ist. Beim Verkleben sollte aus Sicherheitsgründen eine Atemmaske getragen werden.

# Schottern

Für die Verfechter der „typisch deutschen Schwellenlage" wurden in den durchgehenden und den Streckengleisen Kuppelschwellen im Abstand von ca. 33 cm eingebaut, was einer Vorbild-Schienenlänge von 30 m entspricht. In den beiden Nebengleisen liegen dagegen 15-m-Schienen. Die Peco-Weichen wurden lediglich an Weichenanfang und -ende mit Kuppelschwellen ausgerüstet, da es sich hierbei angenommenermaßen um alte Länderbahnweichen handelt.

Um im Bereich der Bahnsteigkanten bereits richtig schottern zu können, bevor die eigentlichen Bahnsteigkanten gesetzt sind, wurden vorab 3 mm hohe Bahnsteigkantenfundamente aus Polystyrolstreifen aufgeklebt. Am Zwischenbahnsteig übrigens auch dort, wo später keine Kante draufkommt, denn beim Vorbild sitzt hier häufig ein niedriges Fundament, damit beim Gleisumbau nicht der halbe Bahnsteig ins Loch fällt. Dieses ist allerdings oft erst bei genauem Hinsehen zu erkennen, da die Sandung des Bahnsteiges insbesondere durch Schneefegen im Laufe der Jahre bereits in das Schotterbett hineingewandert ist.

Geschottert wurde mit Code 70-83 Schotter von Rainershagener Naturals, verwendet wurde eine Mischung aus zwei Teilen „Ockergrau" und einem Teil „rostig vorgealtert". Da die Strecke seinerzeit ja schon nicht mehr im besten Zustand war, wurde noch etwas graubraunes Puder zur Erhöhung der Feinanteile beigemischt. Aus gleichem Grunde wurde übrigens auch kein Regelbettungsquerschnitt hergestellt, denn diesen gibt es nur in der Vorschrift und bei Neu- oder Umbauten.

Das Schotterverteilen selber wurde analog dem Vorbild mit einem Schotterbesen vorgenommen. Die Modellversion ist denkbar einfach herzustellen: Auf einen R-Wagen wird ein passender Holzklotz gelegt, an dessen überstehendem Ende ein harter Pinsel – z.B. von einem Rasierapparat – befestigt wird, der bis ca. Schwellenoberkante reicht. Mittels unter das andere Ende des Klotzes gelegter schmaler Streifen kann die Höhenlage des Pinsels feinjustiert werden. Der Schotter wird nun mit einem Becher gleichmäßig und nicht zu hoch auf dem Gleisrost verteilt und anschließend mit dem Besen in die Schwellenfächer gekehrt. Der Kehrvorgang durch Hin- undherfahren mit dem Wagen ist fünf- bis sechsmal zu wiederholen, bis die Schwellenfächer gleichmäßig voll sind. Einzelne Steine auf den Schwellen stören nicht weiter, denn die meisten davon werden beim Verkleben von den Schwellen geblasen, und außerdem liegen auch beim Vorbild des öfteren einzelne Schottersteine auf den Schwellen.

Beim anschließenden Kleben mit der Airbrushpistole sollte besser eine Maske aufgesetzt werden, damit der feine Sprühnebel von mit 1:15 (schön dünn) verdünnten Rainers-Schotterkleber nicht unnötig eingeatmet wird. Alternativ und ein wenig zeitaufwendiger klappt das Verkleben natürlich auch mit der Pipetten-Methode, wenn der Schotter zuvor mit Spüliwasser aus der Blumenspritze angefeuchtet und damit leicht fixiert wurde.

Im Betriebsbahnhof Hungen wurde außer der Roco-Drehscheibe ausschließlich Peco-Gleismaterial verbaut. Bei abgenommenem „Laubacher Wald" wird zunächst ausgiebig probegefahren. Die Peco-Weichen sind hier ohne Antriebe eingebaut, um eventuelle Lagekorrekturen leicht durchführen zu können.

Dieter beim Feinjustieren der Gleisübergänge, an denen die Schienenprofile übrigens mit Roco-Schienennägeln direkt auf den leicht hochstehenden Segmentrahmen genagelt wurden.

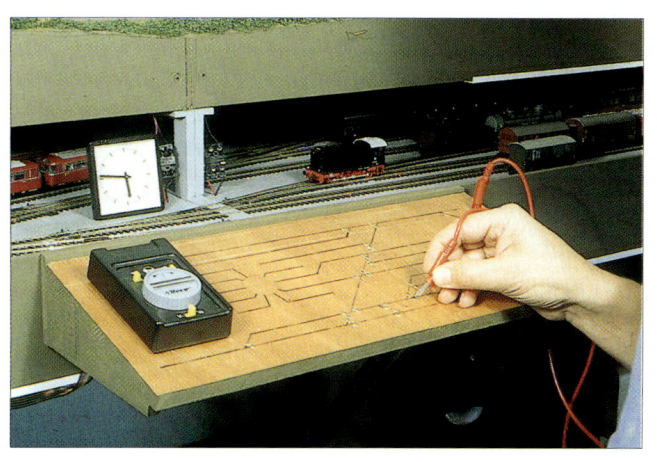

Über ein „Touchpanel" wird das Gleisbildstellpult des Betriebsbahnhofes bedient. Hier sehen wir auch die für den Fahrplanbetrieb unverzichtbare 4:1-Modellbahnuhr.

# Betriebsbahnhof

Die „weite Welt" wird durch den Betriebsbahnhof Hungen vertreten. Da dieser unter dem Laubacher Wald liegt, könnte in diesem Fall auch berechtigterweise von einem Schattenbahnhof gesprochen werden. Außer der Roco-Drehscheibe wurde hier, einschließlich der verwendeten Weichenantriebe, ausschließlich Peco-Code-75-Gleismaterial eingebaut. Die gleiche Grundgeometrie aller Weichen einschließlich DKW erlaubt eine optimale Ausnutzung der zur Verfügung stehenden Fläche. Sämtliche Weichen wurden zunächst ohne Antriebe verlegt, um die geplanten Betriebsabläufe ausgiebig zu testen, denn die Peco-Weichen sind auch so voll funktionsfähig. Nachdem einzelne Bereiche optimiert worden sind, wurden die Ausschnitte für die Antriebe angezeichnet, die Weichen herausgenommen und nach Sägen der Ausschnitte mit angesteckten Antrieben wieder eingebaut. Die Idee für die Gestaltung des Gleisbild-Stellpults ist ebenso alt wie genial einfach. Zwei Schraubenköpfe pro Weiche mit dem entsprechenden Antriebspotential werden mittels eines an Masse liegenden Kabels mit Stecker (heute muß das wohl eher Touchpanel heißen, aber wir befinden uns ja in der Epoche III) „aktiviert", so daß der Stromkreislauf jeweils kurz geschlossen wird.

Der zunächst etwas verwirrend aussehende Stellstangenklapperatismus der ortsgestellten Weichen und Gleissperren ist – wie im Haupttext beschrieben – leicht und ohne besonderes Werkzeug herzustellen.

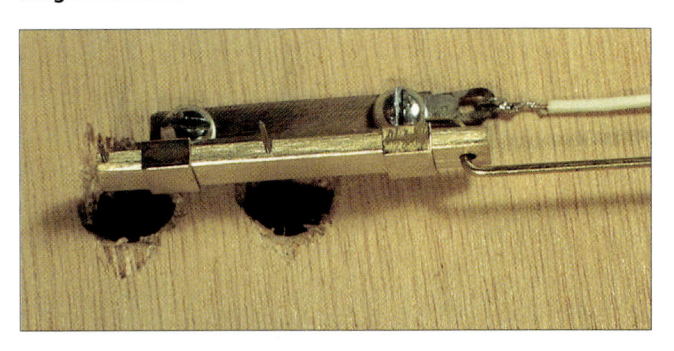

An den fertig eingebauten Weichenantriebsadapter läßt sich bei nicht gegeneinander isolierten Zungen direkt die Zuleitung für die Herzstückumpolung anschließen. Der vom Antrieb kommende Stelldraht kann ohne große Justierung in den Adapter eingehängt werden.

Vierkantstab, zwei kurze Vierkantrohre als Führung und gegebenenfalls Anschlag und ein mit Befestigungsbohrungen versehener Winkel ermöglichen im verlöteten Zustand eine sehr einfache und dauerhaft stabile Justierung.

# Weichenadapter

Da das genaue Einjustieren des Antriebsstelldrahtes in der Regel eine nervenaufreibende Angelegenheit darstellt, haben wir mittels eines kleinen selbstgebauten Adapters Stelldraht und Stellschwelle mechanisch voneinander getrennt. Die ganze Konstruktion besteht aus wenigen Teilen und ermöglicht das problemlose Einjustieren, ohne daß hierzu immer mit dem ganzen Antrieb jongliert werden muß.

Auf einem kleinen Winkel, der später unter das Trassenbrett geschraubt wird, sitzen zwei kurze Vierkantrohre, in denen sich ein passender Vierkantstab bewegen kann. In dem aufrechtstehenden Vierkant stecken die Stelldrähte in entsprechenden Bohrungen. Bei Bedarf können in den Vierkantstab noch zwei kurze Stifte eingesetzt werden, die in Verbindung mit den Vierkantrohren als Anschlag fungieren. Nach Montage des Adapters wird nur noch der vom Antrieb kommende Stelldraht eingehängt, der aber nur noch passend gebogen und nicht mehr – wie sonst üblich – feinjustiert werden muß. Da sich der kleine Adapter sehr bewährt hat, wurde er nachträglich auch unter die handgestellten Weichen eingebaut.

Die beim Vorbild ortsgestellten Weichen werden auch im Modell von Hand umgelegt. Möglichst rechtwinklig zur Gleisachse werden hierzu in die Außenwände der Segmente 6-mm-Löcher gebohrt, durch die ein passendes Messingrohr geschoben wird. An dieses Rohr wird ein 1-mm-Draht angelötet, der in den Antriebsadapter greift und der zur Stabilität mit weiteren Drähten ausgesteift wird. Auf einem Winkel sitzt ein einpoliger Umschalter, dessen Schaltknauf ohne großes Spiel in einer Bohrung im Messingrohr steckt. Der Umschalter dient der Umpolung des Herzstücks und sichert durch seine Federkraft die Endlage der Weichenzungen.

Der Stellweg des Messingrohrs wird mit Anschlägen gegen die Segmentwände begrenzt, was durch Eindrehen von kleinen Schrauben oder – eleganter und justierfreundlicher – durch das Aufschieben von Stellringen geschehen kann.

# Stellwerk

Ein echtes mechanisches Stellwerk wäre zwar der Traum aller Beteiligten gewesen, kam aber trotz der wenigen einzubindenden Weichen und Signale zeitlich nicht in Frage. Um zumindest den Schein von bewegten Hebeln zu wahren, wurden entsprechende Bauteile von Trix verwendet, deren Konstruktion sicherlich das vierzigjährige Jubiläum hinter sich hat. Nichtsdestotrotz, rot und blau lackiert ist die Optik ganz in Ordnung, die Funktionssicherheit ist dank der soliden Uraltmechanik ohnehin sichergestellt und mit entsprechende Signal- und Weichenbezeichnungen aus dem PC versehen, stellt auch die ordnungsgemäße Bedienung kaum jemanden vor Probleme.

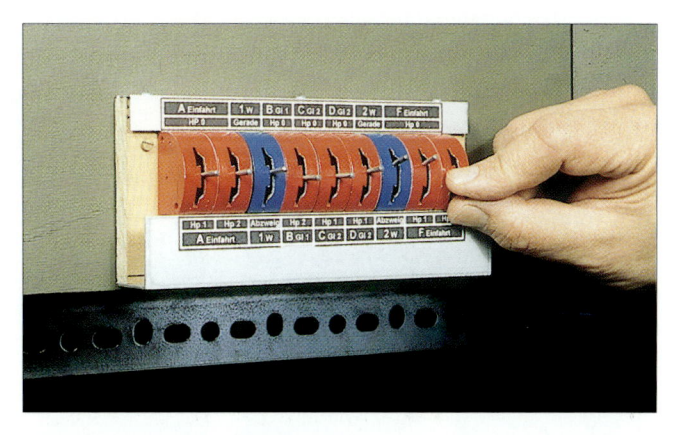

Das aus entsprechend lackierten Trix-Uraltteilen bestehende Stellpult sitzt im Höhe der Segmentunterkante. Dank entsprechend langer Zuleitung kann es je nach anwesender „Mannschaftsstärke" bei separater Fahrdienstleiterbesetzung außen an den Bahnhof oder bei „Alleinunterhaltung" im Innern des Anlagenraumes angesetzt werden.

# Signalantriebe

So zeitaufwendig auch die Montage eines Weinert-Signals für den Ungeübten ist, so groß ist aber auch die Freude über ein fertig lackiertes Exemplar. Problematisch kann es jetzt aber ganz schnell werden, wenn sich an dem vorgesehenen Standort der von Weinert vorgeschlagene Bemo-Antrieb nicht unterbringen läßt oder hinterher nicht mehr zugänglich ist. Um dieses Problem zu umgehen, das lästige Justieren auf ein Minimum zu reduzieren und die Signale trotzdem herausnehmbar zu lassen, wurde analog zu den Weichen ein einfach zu bauender Antriebsadapter konstruiert. Er besteht im wesentlichen aus zwei Vierkantleisten (hier 9 x 23 mm), einem Messingrohr (außen 6 mm, innen 5 mm), einem Stück Messingblech als Umlenkhebel und ein paar groben Schrauben, wobei die Zylinderschraube gleichzeitig Drehpunkt und Befestigung für den Umlenkhebel ist.

Die Vierkantleisten werden zu einem L-Winkel als Trägerkonstruktion zusammengeschraubt, wobei es hierbei nicht auf große Genauigkeit ankommt – Hauptsache die Holzleisten stehen rechtwinklig. Aus einem Stück 2-mm-Blech entsteht ein annähernd dreieckiger Umlenkhebel. Auf der Schraube sitzen zwei Muttern, eine als Abstandshalter für den von oben kommenden und von hinten eingeführten Signalstelldraht, mit der anderen Mutter wird das Ganze auf der Rückseite gekontert.

Die Stellknöpfe der ortsgestellten Weichen und Gleissperren sitzen in leichten Vertiefungen und können ebenfalls von beiden Bahnhofsseiten bedient werden.

Die Konstruktion läßt jeden beliebigen Antrieb zu, der hier noch verwendete Bemo-Antrieb wird – wegen der Geräuschkulisse – vielleicht noch gegen einen Viessmann-Einzelantrieb ausgetauscht. Durch mehrere Versuchsbohrungen läßt sich die optimale Übersetzung von Signaldrahtstellweg und Antriebsstellweg schnell herausfinden; das im Bild gezeigte Lochmuster diente denn auch mehr dazu, möglichst viele verschiedene Antriebe auszuprobieren. Aufgrund dieser einfachen „Einstellmöglichkeit" läßt sich der gesamte Antriebsstellweg auf den kürzeren Signalstellweg übertragen, so daß sich problemlos eine aufsehenerregende „langsame Flügelbewegung" einstellen läßt. Falls der Antriebsstellweg nicht voll ausgenutzt werden soll, läßt sich der Umlenkhebel mittels zweier kleiner Schrauben als Anschlag jederzeit

Signalantriebsadapter mit Bemo-Antrieb und Umlenkhebel mit diversen Versuchsbohrungen zur Ermittlung des optimalen Stellweges.

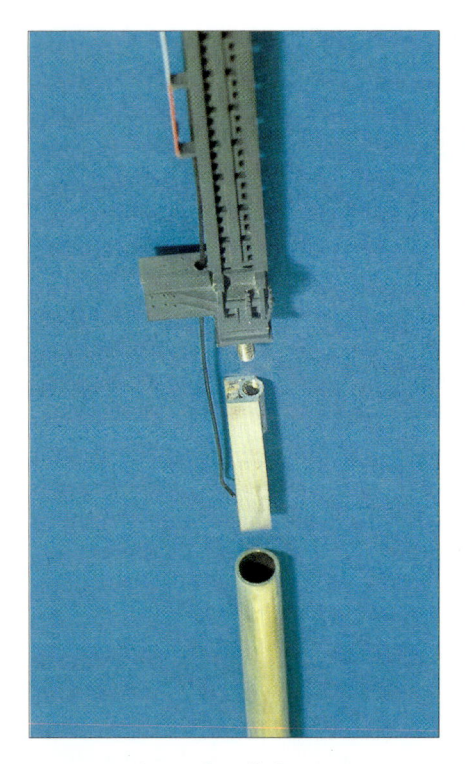

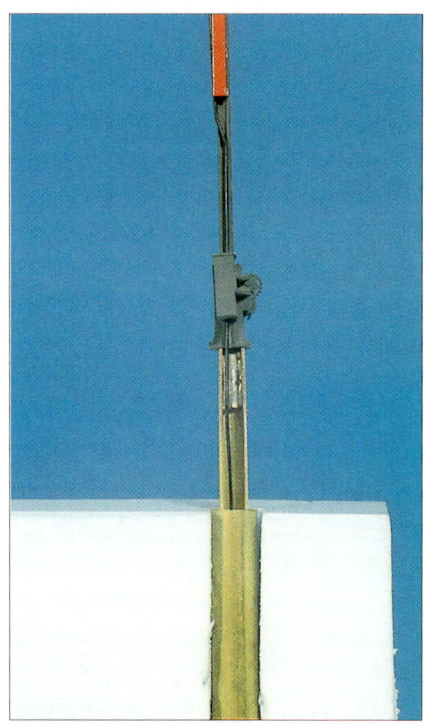

Das am Weinert-Signalfuß angegossene Gewinde wird in eine 2-mm-Buchse geschraubt, welche außermittig in ein 3,5x3,5 mm-U-Profil gelötet wurde. Diese Einheit wird anschließend in ein Messingrohr gesteckt, das als Führung dient und „beliebig dicke" Anlagenkonstruktionen überbrücken kann. Der Antrieb mit Adapter sitzt gut zugänglich unter der eigentlichen Anlage.

Voraussetzung für ein senkrechtstehendes Signal ist ein senkrechtes Loch für das Führungsrohr. Mittels „umgedrehten" Bohrständers und ausreichend langem Bohrer ist die Herstellung allerdings kein größeres Problem, wie hier am Standort des Einfahrsignals aus Richtung Mücke zu sehen ist.

in seinem Bewegungsdrang einschränken. Der eigentliche Pluspunkt bei dieser Adapterkonstruktion ist aber das unscheinbare Loch oberhalb des Umlenkhebels, durch das der Signalstelldraht und – sofern vorhanden – die Kabel für die Signalbeleuchtung den Untergrund erreichen. In diesem Loch steckt das 6-mm-Messingrohr, welches aus Stabilitätsgründen (möglichst lange Führung) bis in den Antriebsadapter reichen sollte. Am oberen Ende reicht es bis unmittelbar unter die „Geländeoberkante" und damit direkt bis unter den Mastfuß des Signals.

Richtig zur Wirkung kommen die Vorteile des Adapters bei beengten Verhältnissen – wie bei der Ausfahrt aus Gleis 2 dicht neben der Stützmauer oder auf dem schmalen Damm, noch dazu wenn dieser mit Material gefüllt ist (wie bei der Einfahrt aus Richtung Mücke). Bei dem niedrigen Einfahrsignal aus Mücke mit 6-m-Mast, das übrigens aus einem „halbierten" 12-m-Bausatz von Weinert entstanden ist, wurde daher einfach ein entsprechend langes Rohr eingebaut, so daß die Signalantriebe gut zugänglich unten im Segmentkasten sitzen. Ist das Loch für das Rohr richtig senkrecht gebohrt worden, steht auch das Signal fast von allein senkrecht, wenn – und das ist das dritte Element des Antriebssystems – der Signalfuß in eine entsprechende Führung geschraubt worden ist.

Diese Führung besteht aus einem 3,5x3,5 mm U-Profil, in dessen oberes Ende eine Buchse mit 2-mm-Gewinde außermittig eingelötet wurde. Außermittig deshalb, damit sich vor oder neben dem Signalfuß noch genügend Spielraum ergibt, durch den die Stelldrähte und Kabel in das U-Profil und damit in das Rohr eingeführt werden können.

Ähnlich wie bei der Bogenweiche kommt die Wirkung der schlanken DKW erst nach dem Einschottern so richtig zur Geltung.

Unter der Beton-Straßenbrücke hindurch, die beim Weiterbau nach Mücke errichtet wurde, dampft die 78 mit ihrem Personenzug aus Umbauwagen nach Freienseen. Angesichts der kurz bevorstehenden Stillegung haben sich – mit damals hochmodernen Kraftfahrzeugen – mehrere Zeitgenossen eingefunden, um von ihrer geliebten Eisenbahn Abschied zu nehmen.

Üblicherweise ist das Aussägen der Landschaftskonturen an den Außenseiten bei Modulen bzw. Segmenten kein allzu schwieriges Unterfangen, weil nur eine „Entgratung" der naturgemäß geraden Holzkanten mit einem halbwegs glaubhaften, aber phantasievollen Landschaftsverlauf erfolgen muß. Hier aber haben wir ein konkretes Vorbild, was die Sache nicht in der Planung, sondern der praktischen Umsetzung ungemein erschwerte.

Die Ausgestaltung funktioniert nach dem aus dem

## Horst graviert und komprimiert:
# Brücken, Mauern, Fels und Co.

Amerikanischen bekannten Begriff der „selective compression": Ausgewählte, besonders markante Geländepunkte wie Brücken, Straßen etc. werden so komprimiert bzw. „verdichtet" wiedergegeben, daß die wesentlichen Vorbildstrukturen erkennbar bleiben. Dann werden z.B. etliche Längenkilometer zwischen zwei solchen Highlights im Modell auf nur wenige Zentimeter verkürzt. In der Ebene hat dies keine große Auswirkung, in hügeliger Landschaft wird es aber schon schwerer.

Die vorbild- bzw. naturgetreue Umsetzung der entsprechenden Objekte – in diesem Fall die Partie zwischen dem Bahnhof Laubach und der Haltestelle Laubacher Wald mit der Straßenbrücke über den Einschnitt und den Stützmauern, Bahndamm mit Feldweg- und Straßenübergang an der Villa und dem anschließenden Felseinschnitt – kann von vornherein nur ein Kompromiß sein: Der 300 m lange Felseinschnitt ist ebensowenig maßstäblich nachzubilden wie die Stützmauern, die sich über 2 m Länge erstrecken würden. Längenverkürzungen kennen wir schon von den Modellbahnwagen, hier gehen

57

die Meinungen auseinander – das wird von mir auch nicht kommentiert. Aber die Längenverkürzung der Einschnitte muß aus praktikablen Gründen einfach sein und ist auch längst nicht so tragisch, weil das Auge mit einem solchen Betrug leben kann. Viel schlimmer ist jedoch die Höhenverkürzung.

Die Straßenbrücke habe ich als optisches Glanzlicht und wegen ihrer unmittelbaren Nähe zu Eisenbahn- und Straßenfahrzeugen fast maßstäblich umgesetzt. Zudem darf die Straße, die als erstes ins Auge fällt, nicht zu schmal sein, sonst wirkt sie zu spielzeughaft. Also entstand die Brücke nahezu mit ihren Originalmaßen. Einzelheiten dazu folgen einige Seiten später. Durchfahrtshöhe und Vorbildmaße geben der Brücke eine gut wirkende Höhe, legen aber gleichzeitig die Randhöhen der Segmentaußenkanten schmerzlich fest. Wenn ich nun mit dem benachbarten Feldweg, der sich in Wirklichkeit fast 2 km hinzieht, auf ganzen 70 cm bis zur Fahrbahnhöhe der Brücke – immerhin 15 cm – steigen muß und gleichzeitig den Bahndamm als aufgeschütteten Fahrweg noch wenigstens annähernd einfangen will, habe ich ein Problem. Die seitlichen Hänge konnte ich aber nicht entsprechend hochziehen, weil sonst die Hangwinkel zu steil geworden wären. Die nördliche Stützmauer ist in natura gerade mannshoch, könnte im Modell also höchstens 23 mm hoch sein. Das ergäbe aber wegen der durch die Brücke vorgegebenen Höhe einen Hangwinkel wie am Matterhorn. Abhilfe: Hangwinkel max. 40°, Stützmauer auf 35 mm (an der niedrigsten Stelle) bzw. 60 mm (statt der 23 mm) erhöht. Aus demselben Grund habe ich auch den vom Bahnniveau heraufführenden Feldweg nicht in die Straße einmünden lassen, sondern seitlich herausgeführt; er wäre sonst einfach zu steil geworden und hätte zudem den Blick auf die Bahnstrecke eingeschränkt.

Eine anderer Trick der „selective compression" ist die geschickte Anwendung von sogenannten Szenentrennern zwischen unterschiedlichen Landschaftsformen oder topographischen Punkten, was hier schon bei der Planung berücksichtigt wurde: Die Einschnitts- und Brückenpartie trennt den Bahnhofs- vom landschaftlichen Bereich mit Wiesen, Weiden, Gärten und spärlicher Bebauung bis hin zum Felseinschnitt. Dieser wiederum grenzt den Laubacher Teil vom Laubacher Wald geschickt ab, weil sich darin die Strecke zu verlieren scheint. Eine Rundum-Anlage wie die Vogelsberger Westbahn, bei der der Betrachter innen steht, unterstützt diese Illusion, weil man beim Verfolgen des Zuges die eben noch im Blickfeld befindlichen Anlagenteile aus den Augen verliert, denen sich alsbald neue Abwechslung bietet – ohne daß ein direkter Bezug zum benachbarten Teilstück gegeben bzw. erkennbar wäre.

Auf dieser Luftaufnahme von ca. 1958 ist die – im Modell mittels „selective compression" wiedergegebene – Partie vom Bahnhof über den Einschnitt mit der Straßenbrücke bis zur Schule noch im damaligen Originalzustand zu sehen.

„Live und in Farbe" haben sich hier die „Comedian Hanullists" am Bahnübergang zwischen Felseinschnitt und Villa versammelt. In jeweils typischer Gewandung (vgl. Seite 2) sehen wir v.l. Horst, Martin, Ludwig, Michael, Gebhard, Jan, Burkhard und Thomas – nach dem ersten Auto am BÜ zu schließen, offenbar (dank Zeitmaschine?) noch nach der Stillegung der Westbahn im Jahr 1959.

In der Fortsetzung nach rechts zeigt diese Luftaufnahme aus den fünfziger Jahren die – im Modell natürlich gleichfalls höchst komprimierte – Partie von der Schule (links knapp außerhalb des Bildes) bis zum Felseinschnitt hinter der Villa.

An den zusammengeschraubten Segmentkästen werden die Übergänge mit der Stichsäge ausgeschnitten. Schwierigkeiten machen dabei enge Ecken oder tiefgehende Landschaftslinien.

Dabei unvermeidliche Ungenauigkeiten sind dann im zusammengesetzten Zustand wieder mit der Raspel zu nivellieren.

# Die Geländeform

Die eigentliche Geländeform entstand aus Extruderschaumplatten, ein auch als Styrodur bekannter Hartschaumstoff, der leichtes Gewicht mit hoher Festigkeit verbindet. Dieses Ausgangsmaterial wird mit Messer, Sägeblatt, Raspel, Feile, Schleifpapier usw. bearbeitet, nachdem man die Stücke zuvor wie in einem dreidimensionalen Puzzle stufenförmig zu einer entsprechenden Geländestruktur arrangiert hat.

Die rechtwinkligen Kanten erleichtern das treppenförmige Zusammenstellen. Untereinander lassen sich die Elemente mit lösungsmittelfreiem Kontaktkleber verbinden, wobei die beidseitig eingestrichenen Seiten nach dem Antrocknen bzw. Ablüften des Klebstoffes – je nach Kontaktkleber nach ca. zehn Minuten – fest aneinandergepreßt werden, was zu einer sofort haltbaren Klebeverbindung, allerdings ohne weitere Korrekturmöglichkeit führt.

Bei den Styrodur-Elementen als Ausgangsbasis für die Felswände und die Stützmauern bediente ich mich aber einer schnelleren Methode: der Heißklebetechnik. Mit der Heißklebepistole lassen sich die Styrodurteile ebenfalls „sofortfest" verbinden, sofern die Klebetemperatur nicht zu hoch ist. Ansonst frißt sich der heiße Kleber

Für den Landschaftsunterbau entstehen aus Abfallstücken Styrodur-Quader zum Unterbauen der oben sitzenden Landschaftsplatten. Passende Einsatzstücke kann man sowohl mit der Stich- als auch mit der Bügelsäge zurechtschneiden.

Provisorisch aufgestellte Landschaftsstrukturen erleichtern die Gewinnung eines ersten Eindrucks vom Landschaftsverlauf und der erstrebten Übereinstimmung mit dem Plan. Die Quader sitzen anfangs treppenförmig auf den Stützwürfeln.

Gemeinsam wird an den zusammengesetzten Segmenten der Linienverlauf erarbeitet, an den Übergängen aufgezeichnet und dann später im auseinandergebauten Zustand ausgesägt.

Nun werden weitere Landschaftslinien aufgezeichnet.

etwas in den Hartschaum. Bei einer zu langen Aufwärmphase der Klebepistole (über 10 – 15 Minuten) besteht diese Gefahr.

Diese Methode bedingt allerdings ein zügiges Arbeiten, weil bei zu langem Ausrichten der Teile der Kleber kalt wird und nicht mehr „babbt": also Teile vorher genau zuschneiden, einpassen, ausrichten und dann schnell festkleben! In der Regel kann man den so befestigten Teilen jetzt mittels der genannten Werkzeuge nun die endgültigen, fließenden Konturen geben. An schwer zugänglichen Stellen muß die Formgebung vor dem Einbau erfolgen, weil man in Ecken und Winkel nicht mit jedem Werkzeug so gut hinkommt.

Mit Sägeblatt und Klingenmesser schrägt „Horst der Alt-Bundeskanzler" die Quader entsprechend ab.

Das Festkleben der Landschaftsteile erfolgt mit der Heißklebepistole. Diese erlaubt nach dem sekundenschnellen Erkalten des Klebers ein unmittelbares Weiterarbeiten, bedingt andererseits aber vorher einen genauen Zuschnitt der Teile.

Die endgültigen, weichen Landschaftskonturen erreicht man durch Raspeln und Schleifen der grob herausgearbeiteten Oberfläche. Alle eckigen Schnittkanten verschwinden nun. Im Bild ein Kopfraspelschaber, mit dem man nahezu überallhin kommt.

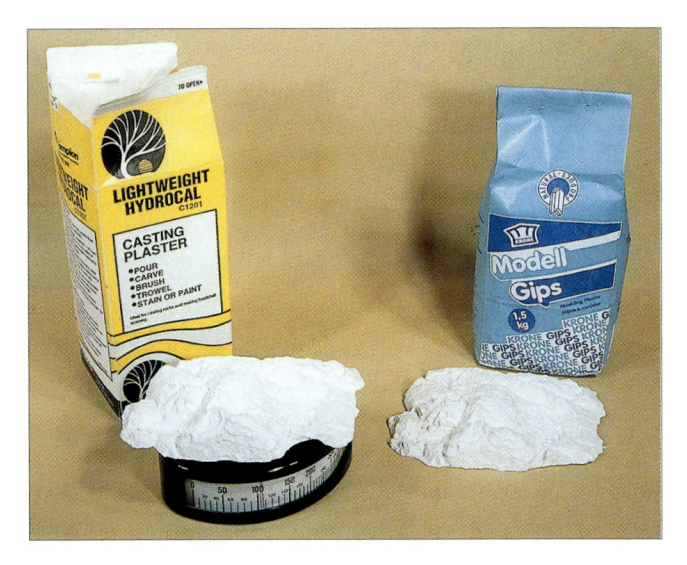

Ausgangsmaterial für die Felsherstellung ist das – gegenüber Gips um ca. 45% leichtere – „Lightweight Hydrocal", eine spezielle Modellgießmasse von Woodland Scenics.

Als Formen kann man selbst hergestellte Gummiformen verwenden oder die etwas festeren und sehr gut strukturierten von Woodland Scenics.

Man kann die angerührte Masse in die Formen gießen oder sie in dickerer Konsistenz mit dem Spachtel hineinschmieren.

Bei der Stellprobe sind erforderliche Anpassungen der Teile untereinander mit Bastelmesser und Sägeblatt erforderlich.

# Felsgestaltung

Der für die Vogelsberger Westbahn typische Felseinschnitt, der sich an den Bahnübergang bei der Villa in Richtung Laubacher Wald anschließt, durfte bei der Nachgestaltung – auch als Szenentrenner – nicht fehlen.

Die Felsen entstanden aus „Gips", der in besonderen Felsformen gegossen wurde. Solche Gummiformen kann man sich mittels Abgießen von Originalsteinen selbst schaffen, handelsübliche gibt es von Woodland Scenics (im Vertrieb von Noch) in mehreren Formen und Größen zu kaufen. Schon aus zwei bis drei Formen kann man durch unterschiedliche Anordnung der Abgüsse abwechslungsreiche Felsformationen gestalten. Die Felsen selbst entstanden aus „Lightweigth Hydrocal", einer Modellier- und Gießmasse von Woodland Scenics, die sich durch ihre Gewichtsersparnis von bis zu 45 % gegenüber normalem Gips besonders für transportable Module und Segmente eignet. Die Masse haftet allerdings wesentlich stärker als Gips an den Gummiformen, d.h., beim Entformen besteht auch eher die Gefahr des Zerbrechens. Man muß sie deshalb besser aushärten lassen und die Form vorsichtiger abpellen. Das Einpinseln der Form mit einem Netzmitel wirkt diesem Effekt etwas entgegen.

Das empfohlene Mischungsverhältnis 100 Teile Modelliermasse/65 Teile Wasser halte ich für zu dünnflüssig; auch die angegebene Aushärtezeit von 30–40 Minuten wird deutlich überschritten. Ich habe nach einigem Probieren eine apfelbreiähnliche Konsistenz als optimal empfunden, wenn sich die Masse noch gut ausgießen läßt und mit dem berühmten „Blupp" in die Form tropft. Dort kann man sie mit dem Spachtel verstreichen und etwa 30–40 Minuten aushärten lassen. Wer hundertprozentig sichergehen will beim Entpellen, sollte nochmals die gleiche Zeit zuwarten.

Noch ein paar Tips: Will man die komplette Form ausgießen, müssen die Formteile an den Rändern so unterbaut werden, daß die Oberfläche waagerecht ist. Wer die Formen wg. Material- und Gewichtsersparnis nicht vollständig ausgießen will, muß die Masse etwas dicker anrühren, damit er sie mit dem Spachtel auftragen kann. Hier empfehlen sich zwei Auftragvorgänge, da man beim ersten Mal nicht alle nach innen hervorstehenden Ecken und Kanten zuspachteln kann. Andererseits muß der Materialauftrag dick genug sein, damit man das Felsteil ohne Bruchgefahr aus der Form herausbekommt.

Die einzelnen Abgüsse ordnet man zunächst in einer provisorischen Stellprobe zur Überprüfung des gewünschten Formations- und Strukturverlaufs an und nimmt mit Bastelmesser und Raspel letzte Feinarbeiten vor. Kleine Lücken bis zu einem halben Zentimeter lassen sich später wieder verspachteln.

Sitzen nun die Felsstücke in der gewünschten Position, baut man sie Stück für Stück ein. Begonnen wird mit den unteren Teilen, weil zumeist alle weiteren Teile nach obenhin darauf aufbauen. Man befeuchtet die Felsteile auf der Rückseite mit einer Blumenspritze und trägt ein paar größere Klumpen Gips- oder Hydrocalbrei auf den Stellen auf, mit denen die Formteile den Untergrund berühren. Das aufgesprühte Wasser setzt die Saugfähigkeit der Formmasse herab, die sonst die Feuchtigkeit der aufgetragenen Gipsmasse sofort aufsaugen und deren Haftfähigkeit vermindern würde. Seitlich herausquellende Modelliermasse wird zügig mit der Spitze des Geländespachtels entfernt. Kleine Korrekturen sind bei dieser Art der Untergrundbefestigung immer noch möglich. Sitzen alle Teile fest, geht es an das Verspachteln der zwangsläufig entstandenen Ritzen. Spachtelmasse wird vorsichtig mit der spitzen Seite des Japanspachtels in die Übergänge gestrichen, zuviel aufgetragene Masse wieder abgehoben. Zur besseren Optik empfiehlt es sich, ritzenförmige Übergänge zwischen zwei Teile ggf. komplett zuzuspachteln, um ein einheitliches Felsstück zu simulieren. Das Anpassen der Übergangsstellen an die vorhandene Felsstruktur ist der schwierigste Teil; hier muß „frei Hand" modelliert werden. Während des Abbindens der Spachtelmasse – wenn diese nicht mehr am Spatel klebenbleibt und gerade noch modelliert werden kann – beginnt man mit der Spitze des Spatels, eines Messers oder eines mittleren Schraubendrehers die verspachtelte Fläche aufzurauhen und mit kleinen Pickbewegungen die Masse herauszubrechen. Dreht man das Werkzeug dabei in alle Richtungen, entsteht eine zerklüftete Oberfläche mit unregelmäßiger Struktur, die stark der benachbarten Felsstruktur ähnelt. Die herausgeschlagenen Gipsreste sollte man während der Arbeit immer wieder mit einem Pinsel abkehren, um eine direkte Arbeitskontrolle zu haben; auch sind sie möglichst schnell abzusaugen, damit sie auf der übrigen Landschaft, besonders auf einem geschotterten Gleis, keine bleibenden Spuren hinterlassen. Zur Farbgebung habe

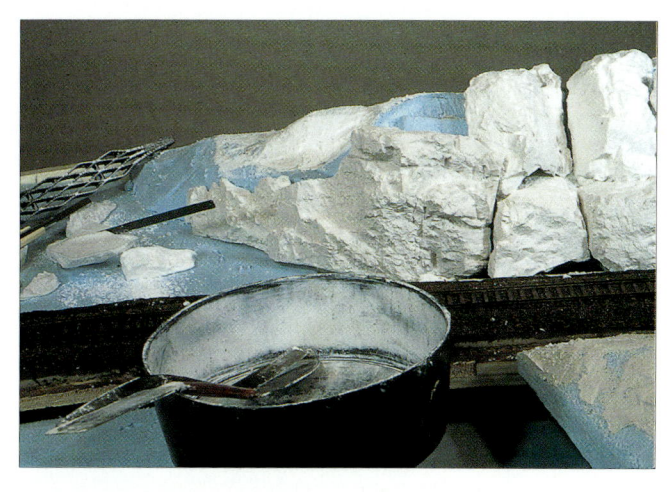

Eine möglichst dicht gestellte Anordnung der Teile ist optimal.

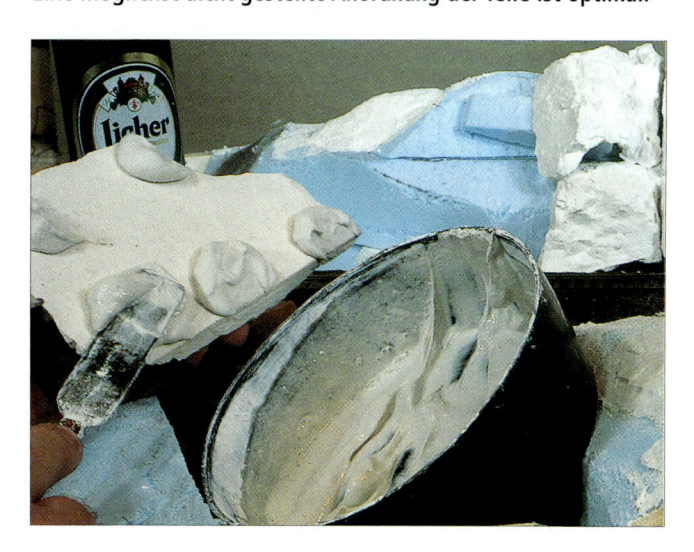

Vor dem Einbau muß man die trockenen Teile mit der Blumenspritze auf der Rückseite anfeuchten, damit aufgetragene Modelliermasse anhaftet und nicht die ganze Feuchtigkeit aus ihr herausgezogen wird. Zur Befestigung auf dem Untergrund trägt man rückwärtig größere Klumpen der Spachtelmasse auf und drückt die Teile auf ihrem Platz fest.

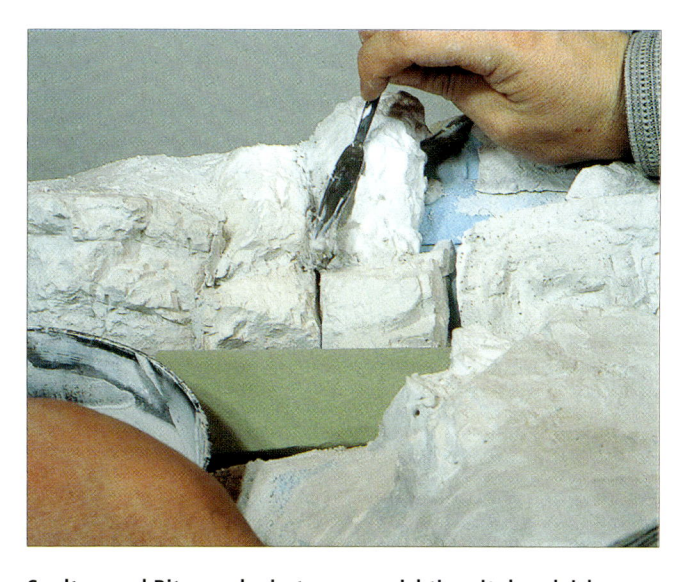

Spalten und Ritzen schmiert man vorsichtig mit der gleichen Masse zu und modelliert mit der Spitze des Spachtels während des Abbindevorganges die Felsstruktur heraus.

Ein erster Farbanstrich mit stark verdünnter Abtönfarbe nimmt der Modellbaumasse gleichzeitig ihre Saugfähigkeit. Erst im getrockneten Zustand läßt sich der Anstrich am besten kontrollieren …

… weil dann die Grundfarbe erst richtig wirkt und man kleine, nicht eingefärbte Poren und Öffnungen besser sehen kann. Der nächste Schritt besteht im Auftrag einer ersten Deckschicht in Graniertechnik.

Mit der Airbrush sprüht man nachfolgend verschiedene Zwischentöne in zunächst unmöglich wirkenden Farbtönen, wie Blau, Violett oder Grün auf. Sie dürfen jedoch nur lasierend – Farbhauch – aufgetragen werden. Mit den Brauntönen erfolgt die Nachbildung der rostfarbenen Einlagerungen im Basalt.

Mit Acrylfarben werden mit passenden Mischtönen – vorwiegend im „weichen" Grau-Braun-Bereich – die entsprechenden Steinstrukturen deutlich hervorgehoben. Dabei ist der fast trockene Pinsel mit kreisenden Bewegungen zu führen.

ich zunächst eine Brühe aus stark verdünnter und mittels Spülmittel-Spritzer leicht entspannter schwarzbrauner Abtönfarbe aufgetragen. Nach dem Trocknen wurden Luftblasen und tiefere Einschnitte mit einem feinem Pinsel noch einmal nachbehandelt, da dort die Farbe oft nicht gut genug hineindringt.

Eine weitere Grundfarbgebung erfolgte mit fast trockenem Pinsel und mittelbrauner Abtönfarbe in Graniertechnik. So kommen die ersten Erhöhungen farblich schon etwas heraus. Effekte erzielte ich mit aufgesprühten Flecken in Blau, Violett, Moosgrün und verschiedenen Brauntönen. Ein rostiges Braun, fleckenartig über die Felsen verteilt, ist für den Laubacher Einschnitt typisch und wurde ebenfalls mit der Spritzpistole aufgetragen. Nach dem Trocknen der Sprühflächen wird die endgültige Struktur mit einem härteren Borstenpinsel und graubrauner bis graugrüner Abtön- oder Acrylfarbe aufmodelliert. Auch hier sollten die Hervorhebungen mit kreisenden Bewegungen des fast trockenen Pinsels erfolgen. Die Farbtöne dürfen mit helleren und wärmeren Farben variiert werden, wozu ich stellenweise etwas Weiß oder Gelb daruntermischte.

Bei der provisorischen Stellprobe am Bahnübergang spielt die epochenrichtige Ausführung der beteiligten Fahrzeuge noch keine Rolle. Auch die Warnkreuze mit den Blinklichtern werden noch durch feinere Modelle ersetzt (siehe S. 154).

# Bahnübergang und Straße

Besondere Schwierigkeiten beim Bahnübergang an der Villa machten die im Gefälle liegende Straße und die genau entgegengesetzt geneigte Gleisüberhöhung. Zunächst bildete ich mittels Pappschablonen vom Modulrand zur Trasse eine Art Grundplatte. Unter das Trassenbrett wurden zwei Stützbretter und darauf – dem Bahnkörper in der Stärke entsprechend – zwei zueinander geneigte Straßengrundbretter geleimt. Im Bereich des Knickes klebte ich Balsaholz auf und schliff einen ausgerundeten Übergang in diese Zwischenlage. Die Straße selbst besteht aus 2 mm starkem Balsaholz, welches zum Rand hin abgerundet geschliffen wird.

Das Straßenstück muß paßgenau – insbesondere im Bereich des Bahnübergangs – angefertigt werden. Ein leichtes Abschrägen des ansonsten genau auf SO-Höhe zu haltenden Straßenbelages zur Schiene hin erleichtert später die Reinigung der Schienenoberfläche ohne Farbbeschädigung an der durchgestalteten Straße. Auch bei dem zwischen die Schienen einzuklebenden Straßenstück muß die Höhe etwas reduziert werden, damit der Roco-Rubber später problemlos darüberreiben kann.

Die (Balsa-)Holzstruktur bzw. Eindellungen und sonstige Beschädigungen treten erst nach einer ersten Farbgebung so richtig hervor. Mit einer speziellen Spachtelmasse oder Gips läßt sich die Oberfläche eben verspachteln und glätten, bis die Holzstruktur verschwindet. Nach dem Abschleifen erfolgen ein tupfender Farbauftrag und darauf evtl. nochmals ein Abschleifen mit 400er Schleifpapier. Zusätzlich können letzte Verfeinerungen mit der Spritzpistole angebracht werden.

Ein unter die Trasse geklebtes Brett ist die Basis für die Straßengrundplatte. Ein weiteres Holzbrett bis in Höhe der Schwellenoberkante bildet den ersten Teil dieser Grundkonstruktion. Aus Pappe entstehen dann erste Schablonen, nach denen die Grundbretter paßgenau zugeschnitten werden können.

Im Bereich des Knickes ist noch für eine Ausrundung durch aufgeklebte Zwischenlagen zu sorgen. Das eigentliche Straßenbrett aus Balsaholz wird genauso zugeschnitten, nur daß im Bereich der Schienenprofile eine genauere Anpassung mit dem Kurvenlineal erfolgt.

Die Verklebung erfolgt mit unverdünntem Weißleim und erlaubt eine genaue Justierung der Straßendeckfläche, insbesondere zur Schiene hin. Während der Leimabbindung ist eine ausreichende Beschwerung notwendig. Ein Kontaktklebeverfahren wäre zwar schneller, erlaubt aber keine nachträgliche Ausrichtung und birgt so einen entsprechenden Risikofaktor.

Ein erster Grundanstrich mit Heki-Straßenfarbe macht die Nachbesserungsstellen und die störende Holzstruktur sichtbar.

Unebenheiten werden mit Modellierspachtel geglättet und nach dem Trocknen geschliffen.

Derweil kann man sich der optischen Verbesserung der Blinklichter annehmen: Die Kanten der Andreaskreuze färbt man entsprechend der Vorderseite ein und nimmt ihnen damit ihre optische Dicke.

Die Straßenoberfläche – nunmehr mehrfach eingefärbt – wird mit feinstem Schmirgelpapier glattgeschliffen, was den abgefahrenen Zustand noch mehr hervorhebt. Mit der Airbrush kann man weitere Schattierungen vornehmen.

Die Feldwege entstanden aus einem Gemisch von feinstem Flußschwemmsand mit verdünntem Weißleim. Dieses Gemisch wird wie eine herkömmliche Spachtelmasse mit dem Modellierspatel aufgetragen und glattgestrichen. Für den endgültigen Glattstrich taucht man die Spatelspitze immer wieder in Wasser ein, um so eine glatte Oberfläche zu erzielen.

Der auf diese Weise entstandene erhöhte Feldweg wird nochmals mit dem Schwemmsand bestreut. Dieser saugt die vom Glätten her evtl. noch vorhandene Feuchtigkeit auf und sorgt für ein überzeugendes Endergebnis.

Mit einem entsprechenden Modellfahrzeug bringt man die charakteristischen Reifenspuren eines Feldweges an. Dabei ist der sich in den Reifen festsetzende Sand zwischendurch immer wieder mit einer alten Zahnbürste zu entfernen.

# Feldwege

Die Feldwege entstanden aus einem Gemisch von feinstem Flußschwemmsand und verdünntem Weißleim. Die Konsistenz ist dann richtig, wenn sich der Sandbrei nur noch schwer umrühren läßt. Er wird wie Gips verarbeitet, wobei die Verarbeitungs- und Trocknungszeit allerdings erheblich länger dauert. Zunächst trägt man Batzen entlang des gedachten Feldwegverlaufs auf und modelliert nun den etwas erhöht liegenden Feldweg heraus. Dabei taucht man die Spitze des Modellierspachtels immer wieder in Wasser ein und streicht damit die Oberfläche glatt. Das Wasser verhindert ein Anhaften der Sandmasse am Spatel. Bildet der Feldweg einen leichten Damm, wird er mit weiterem Sand noch einmal abgestreut. Damit bindet man die beim Glättvorgang zusätzlich aufgebrachte Flüssigkeit.

In diesem Stadium lassen sich auch noch vorhandene harte Konturen und Modellierspuren des Spatels durch Glätten mit der Fingerkuppe beseitigen. Nach etwa fünf bis zehn Minuten ist die aufgestreute Deckschicht auch mehr oder weniger von der Feuchtigkeit durchdrungen und die Fahrspuren und -rillen können mit einem entsprechenden Modellfahrzeug aufgebracht werden. Der Bewuchs zwischen den Fahrspuren wurde mit feinen Fasern von Silhouette, Woodland und Timber nachgebildet.

Die Laubacher Straßenbrücke mit dem Bahnhof im Hintergrund

Zunächst ermittelt man anhand der Vorbildmaße die Brückenabmessungen und vergleicht sie mit den modellgerechten Vorgaben gemäß den Modellbahnnormen (NEM).

Der Bogen muß insgesamt etwas runder ausfallen als beim Original, der erhöhte Bahndamm beansprucht gleichzeitig eine passende Durchfahrhöhe. Die optische und betriebstechnische Kontrolle nimmt man mit einer eigens entstandenen Pappschablone vor; sie dient weiterhin als Schneidevorlage für die sechs Brückenteile aus Styrodur.

Der Segmentbogen erhält später mit der Rundraspel seine gleichmäßige Ausrundung.

Mit einer Kopf-Raspel bringt man zuerst die typischen Unregelmäßigkeiten einer älteren Beton- bzw. Putzoberfläche an. Nachher ist ein anschließender Glattschliff unabdingbar.

Mit der passenden Mischfarbe erfolgt ein mehrfacher Grundanstrich. Anschließend wird die trockene, unregelmäßig aufgetupfte Farbe zur weiteren Strukturherausbildung feingeschliffen. Die erhabenen Farbpartikel werden dadurch heller und geben der ganzen Oberfläche zusätzliche Dreidimensionalität.

Aus der ursprünglichen Pappschablone entstehen die Bogensteine, die entsprechend ihrem Ausschneiden gleich aufgeklebt und dann ebenfalls noch einmal gestrichen werden.

# Die Brücke

Die Brücke wurde aus den eingangs erwähnten Gründen fast maßstäblich umgesetzt. Einziger Kompromiß: der Bogenverlauf ist symmetrisch und kein schiefer Segmentbogen wie beim Vorbild, denn dieser hätte im Modell die Bogenkanten gegenüber den sehr nahe angebrachten Stützmauern noch mehr zurück- bzw. vorgesetzt – mit der Folge, daß sich ein völlig unnatürlicher Hangverlauf ergeben hätte.

Die Brücke selbst entstand aus sechs aufeinandergeklebten, 2 cm starken Styrodurteilen. Zuvor habe ich mittels einer Pappschablone Breite, Durchfahrhöhe, vorbildentsprechendes Gefälle und optische Wirkung über-
prüft und dann die sechs Teile entlang der Schablone mit dem Bastelmesser ausgeschnitten. Danach habe ich die Oberseite entsprechend der Straßenwölbung mit Schleifpapier sowie den Durchfahrbogen mit der Raspel gleichmäßig ausgerundet. Mit Raspel und Kopf-Raspel-Schaber wurden die Schadstellen in den Seitenwänden imitiert. Den oberen Steinsims fertigte ich aus einer 5x2-mm-Leiste. Die Ziersteine der Wölbung wurden aus der Pappschablone geschnitten und aufgeklebt.

Die Farbe, 2/3 Sandstein von Heki und 1/3 Ockergelb mit einem Schuß Grau, wurde tupfend aufgetragen; nach dem Trocknen bewirkte eine wäßrige Lösung der schon erwähnten Felsfarbe (Schwarzgrau) eine erste Alterung. Nach erneutem Trocknen habe ich alle Flächen mit einem Schleifschwamm abgeschliffen.

Als Fahrbahn habe ich 2-mm-Balsaholz mit Styroporkleber auf den Brückenkörper geklebt, und zwar beidseitig 2 m über die erste Simsleiste überstehend. Hierauf sind Altstadt-Pflasterplatten von Brawa verlegt und mit schwarzblauer Abtönfarbe eingefärbt. Bordsteine und Decksteine des Brückensimses bestehen aus 2x2-mm-Kiefernleisten, in die mit einer spitzen Feile die Fugen eingeschliffen wurden.

Den Bürgersteigbelag schnitt ich aus 2-mm-Balsaholz zurecht, heftete ihn auf die Straßenbasisplatte und klebte nun die Simssteinleiste auf. Sie schließt genau deckend mit der Balsaholzleiste darunter ab; wo nicht, habe ich beigeschliffen. Der zuvor eingefärbte Bürgersteig wurde paßgenau in die vorhandene Lücke geklebt.

Für die Pfosten des Brückengeländers verwendete ich die kleinsten Relingstützen aus dem Schiffsmodellbau, die dem Laubacher Vorbild sehr nahe kommen. Das eigentliche Geländer aus 0,5-mm-Eisendraht fädelte ich durch die vorgebohrten Öffnungen und längte es entsprechend ab.

Für die Geländerstützen wurden im gleichmäßigen Abstand 1-mm-Löcher gebohrt, wobei eine untergehaltene Holzleiste Bohrer-Beschädigungen an Simssteinen oder Brückenaußenfläche verhinderte. Vor dem Einbau wurde das fertige Geländer mit der Spritzpistole schwarzgrau eingenebelt – ebenso übrigens der Scheitel des Brückenbogens, um die Rußspuren der Dampfloks zu imitieren.

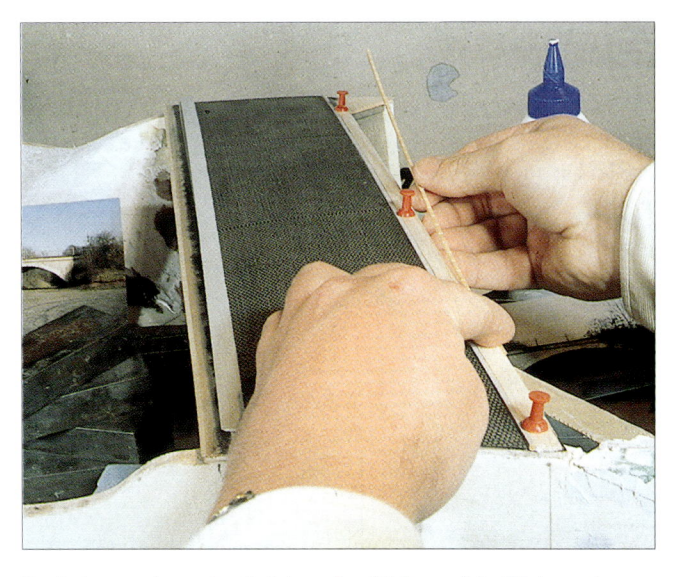

Nach Ausrundung der Brückenoberfläche und Aufkleben einer 2-mm-Balsaholzplatte als Grundplatte können die Altstadtpflasterplatten mit Kontaktkleber aufgeklebt werden. Die Bürgersteige schneidet man aus 2 mm starken Balsaholzplatten aus und paßt sie mittels provisorischer Befestigung und durch Anhalten der Simsleiste genau an.

Die aus Vierkantleistchen 2 x 2 mm entstandenen Bord- und Simssteine werden unter Verwendung einer Schutzpappe in der Brückenfarbe gestrichen.

Die Relingstützen drückte ich einfachheitshalber in die dünne Gipsoberfläche der Landschaftshaut ein und sprühte sie in einem passenden Metallton ein. Beim Bohren der Löcher für das Brückengeländer dient ein unter die Simsleiste gehaltener Holzklotz zum Schutz vor Bohrspuren an der Brückenwand.

Die Stahldrähte müssen vor dem Durchschieben durch die Löcher der Relingstützen entsprechend dem Straßenverlauf vorgebogen werden. Anschließend werden die Stützen mit einem winzigen Tropfen Sekundenkleber in die Bohrlöcher geklebt.

Die Mauerplatten für die Stützmauern werden mittels Spörles Gipsformen hergestellt. Nach Beginn des Abbindens legt man die Formen in passend zurechtgeschnittene Biegeformen aus Styrodur. Das ergibt die passende, gleichmäßige Ausrundung.

Das Ritzen nach einer zuvor zurechtgeschnittenen Pappschablone erfolgt zweckmäßigerweise auf einer dickeren Lage Schaumgummi, um das Durchbrechen bei diesem Arbeitsvorgang zu vermeiden.

# Die Stützmauern

Die Stützmauern hinter der Bahnhofsausfahrt von Laubach in Richtung Mücke entstanden aus Gips. Als Form verwendete ich Klaus Spörles „Bruchsteinwand 6008", die dem Laubacher Vorbild sehr nahe kommt. Der oben abschließende Betonsturz ist eine eingefärbte Holzleiste.

Um die Bogenform des Vorbilds richtig wiederzugeben, habe ich mit einem Kurvenlineal die Krümmumg des Gleises auf zwei Stücke Styrodur übertragen, die somit als Formgeber dienten. Diese Hilfsschablonen sollten etwa die doppelte Länge der Stützmauer haben, damit man die Gummiform später ohne genaues Ausmessen hineinlegen kann. Die Styrodurstücke sind auf Pappe aufgeklebt und fungieren später als Hinterfütterung der Gipsplatten. Diese habe ich gegossen (s. MIBA 9/97 „Mit Gips und Gummi") und nach etwa zehn Minuten Abbindezeit auf die formgebenden Schablonen gelegt.

Mittels einer Papierschablone wurden die Teile zur Mauer zusammengesetzt; das Zurechtschneiden erfolgte auf der Rückseite mit einem Bastelmesser, wobei die Teile wegen der Bruchgefahr in weiches Schaumgummi gebettet wurden. Die Sollbruchstellen sollte man fast durchgehend ritzen, damit die Mauerteile nicht „unkontrolliert" brechen und neue Teile erforderlich werden. Seitlich ist der Steinverlauf einzuritzen, an der Übergängen die gerade Kante durch Verspachteln und Nachgravieren zu kaschieren. Die Versteifung des Ganzen erfolgte mit den erwähnten Biegeschablonen aus Styrodur, die mit Heißkleber hinter den Mauern befestigt werden.

Noch vor dem Einbau habe ich die Stützmauern ähnlich wie die Felsen basaltgrau eingefärbt; unter den Entwässerungsöffnungen wurden die Salpeterausblühungen farblich imitiert, während feines Woodlandturf den Moosbewuchs darstellt.

Mit einem kleinen Schraubendreher ritzt man die Entwässerungsöffnungen in die Bruchsteinwand.

Nach der Farbgebung geben Salpeterausblühungen den letzten Schliff. Oben ist auch gut die Stützkonstruktion aus den Styrodurschablonen zu erkennen.

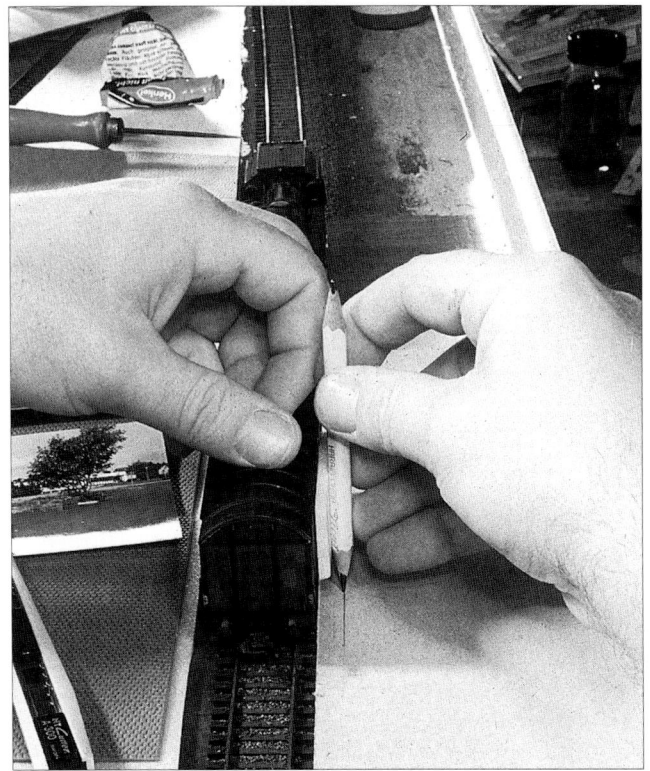

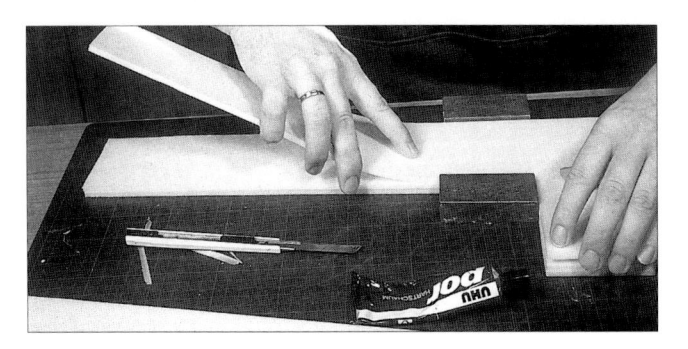

Gebhard und Horst nehmen eine erste Stellprobe der im Bau befindlichen Bahnhofsgebäude vor. Dabei wird die mögliche Bahnsteighöhe ausgemessen.

Anhand eines Güterwagens und eines daran gehaltenen Bleistiftes werden auf einem Stück Pappe die Umrisse der späteren Laderampe aufgezeichnet. Mit der so angefertigten Schablone überträgt man die passenden Maße auf Hartschaumplatten. Diese werden dann in passender Höhe schichtweise übereinandergeklebt (unten).

# Die Laderampe

Die Laderampe entstand aus drei aufeinandergeklebten Lagen 5 mm starker Untertapete; dies ist ein weißes Schaummaterial (ähnlich Styrodur, aber weicher), das sich ebenfalls gut mit dem Messer bearbeiten läßt. Es wurde mit Brawa-Mauerplatten (Sandstein 2825) beklebt, die zuvor auf 2-mm-Balsaholz aufgezogen wurden. Dieser kleine Trick ermöglicht die Nachbildung einer entsprechenden Wandstärke im Bereich der oberen Kantensteine, die einzeln aus Balsaholz geschnitzt und aufgeklebt wurden. Das Ganze alterte ich zunächst in Wischtechnik und färbte dann die Steine in unterschiedlichen Farbnuancen, ausgehend von einer braun-grauen Grundfarbe, die mehrfach durch Zugabe weiterer Mischtöne verändert wurde.

Die Oberfläche der Rampe entstand aus locker aufgestreutem Schotter, zwischen den ich vorsichtig den schon erwähnten Schwemmsand rieseln ließ. Das Ganze fixierte ich schließlich durch einen Auftrag stark verdünnten Weißleims, nicht ohne vorher ein paar Andeutungen von Vegetation und Unkraut angebracht zu haben.

Zur Erreichung der richtigen Sollstärke der Außenmauer für die Decksteine muß erst eine dünnere Lage Balsaholz und anschließend die Mauerstrukturplatte aus Polystyrol aufgeklebt werden.

In die dickere Holzleiste werden mit dem Bastelmesser die Decksteine eingeritzt und das Ganze dann – leicht über die Hartschaumplatten hinausragend – aufgeklebt (rechts oben).

Nun erhält die Holz-Plastik-Konstruktion einen kompletten Farbanstrich in der Grundsteinfarbe (Sandstein). Später hebt man einzelne Steine in verwandten Farbtönen hervor und mildert das Ganze dann durch leichtes Übersprühen mit der Airbrush homogen ab.

Mit Leim durchtränkter feiner Schwemmsand wird mit dem Spachtel bis in Höhe der Randsteine aufgetragen. Etwas hineingestreuter H0-Schotter gibt dem Ganzen dann die Struktur einer mit Steinschotter verfestigten Fläche.

In den feuchten Untergrund „fährt" man nun die Spuren der auf der Rampe regelmäßig verkehrenden Fahrzeuge hinein.

In die zunächst provisorisch ausgelegten und entsprechend beschwerten Pflasterplatten wird der Verlauf der einzufügenden Ablaufrinne angeritzt.

Nach dem Aufkleben mit lösungsmittelfreiem Kontaktkleber wird der zur vorläufigen Lückenfüllung aufgetragene Gipsbrei erst abgewischt ...

... und anschließend vollgesetzte Fugen mit einer feineren Drahtbürste wieder gesäubert.

Für die Feingestaltung der Übergänge sind die Ritzen zwischen den einzelnen Platten möglichst trennscharf abzukleben und mit einer lösungsmittelhaltigen Spachtelmasse zu verspachteln.

# Bahnhofsvorplatz

Der Bahnhofsvorplatz und der Bahnsteigbereich vor dem Empfangsgebäude waren zunächst auch in der Höhe anzupassen. Auch hier erfolgte die Unterfütterung mit der Untertapete in der Stärke von 3,5 mm für den Vorplatz und 6 mm für den Bahnsteigbereich. Die 6-mm-Platte wurde zur Bahnsteigkante hin etwas flacher geschliffen. Geklebt wurde mit dem lösungsmittelfreien Kontaktkleber UHU-Por, wobei ich den weichen Schaumstoff mit einem kleinen Holzbrettchen andrückte, damit beim Pressen keine Dellen entstanden.

Der Bereich unter der Bahnsteighalle war in Laubach mit ockergelben kleinen Klinkersteinen gepflastert. Ein entsprechendes Material fand ich in den Kibri-N-Klinkersteinen 7962, die sogar in der Farbe halbwegs paßten und daher nur leicht nachgebessert werden mußten.

Für das Katzenkopfpflaster des Bahnhofsvorplatzes kamen Modellbauplatten von Brawa (Kleinpflaster 2810) zur Anwendung. Am Freiladegleis griff ich wieder auf das Altstadtpflaster von Brawa zurück, wobei diesmal eine der letzten Steinreihen einer Platte entfernt wurde. Alle Übergänge wurden verspachtelt und nach dem Aushärten nachgraviert und farblich verfeinert. Die Übergänge zwischen den verschiedenen Pflasterarten kaschierte ich mit einer gepflasterten Ablaufrinne und „frei Hand" gravierten Gullydeckeln.

Der durchgetrocknete Spachtel wird vor der Weiterverarbeitung zunächst plan mit den Platten geschliffen. Diverse Ritzinstrumente liegen bereit. Kleiner Tip: Ein zu dünner Griff läßt sich durch Umwickeln verdicken, so daß er besser in der Hand liegt.

Mit der Gravierahle müssen nun mühsam die Pflasterstrukturen in den Übergängen und den übrigen zugesetzten Fugen geritzt werden.

Die dabei teilweise entstehenden scharfen Kanten kann man mit der weicheren Drahtbürste wieder etwas entschärfen. Dann erfolgt ein Grundanstrich der ganzen Fläche mit einer passenden Kunstharzfarbe …

… und nach dem folgendem lasierenden Auftrag wasserlöslicher Schmutzfarbe hebt man die Steinstruktur mittels eines Radiergummis stärker hervor.

Diese Perspektive auf Bahnhofsvorplatz, Stützmauer und Straßenbrücke bietet sich dem Preiser-Betrachter, wenn er auf den großen Baum zwischen Rampe und Gleiswaage klettert.

Gebhard klebt aus Evergreen-Profilen die erhöhten Bahnsteigkanten auf.

Mit der Roco-Bastelsäge erhalten die Bahnsteigkanten aus Evergreen-Profilen ihre Steinstruktur (links unten), indem im gedachten Steinabstand Ritzen für die Fugen angebracht werden. Der mit Klinkern gepflasterte Bahnsteig wurde aus N-Steinplatten aufgeklebt und erhält hier seine hellere Farbgebung. Die noch sichtbare Lücke wird später noch abgedeckt. Hier verlaufen dann die Seilzüge.

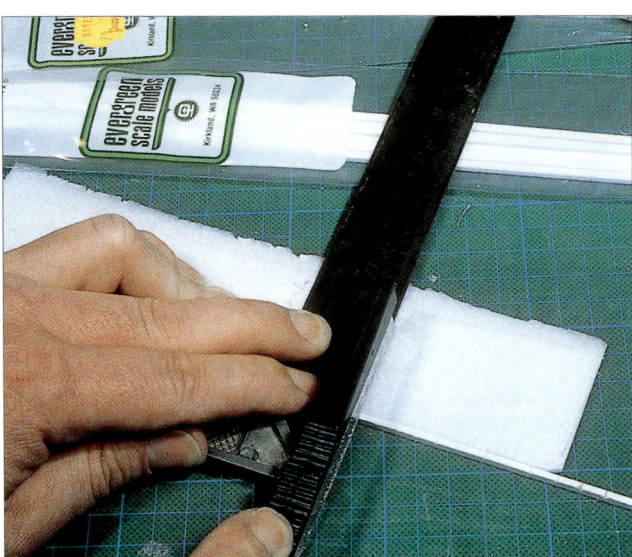

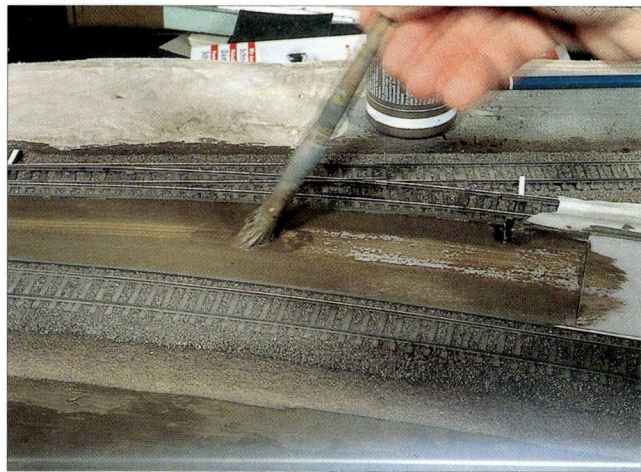

Die eingeklebten Hartschaumplatten werden mit dem flach gehaltenen Bastelmesser zur aufgeklebten Leiste hin abgeflacht. Die weißen Untertapetenstücke im „Schuppendreieck" erhalten vor dem Streusandauftrag einen Deckanstrich mit Dispersionsfarbe, damit nichts durchschimmert (oben rechts).

Die Steine bekommen ihre individuelle Farbgebung in abgewandelten Mischtönen. Zwischen die eingefärbten Leisten wird die Bahnsteigfüllung in Form von mit Weißleim versetztem Schwemmsand eingefüllt und mit dem Spachtel geglättet (oben). Die Gleise sind zuvor mit Tesa-Krepp abgeklebt worden.

# Bahnsteige

Von dem Hausbahnsteig vorm Empfangsgebäude unterhalb der Bahnsteighalle abgesehen, sind in Laubach die hieran angrenzenden Bahnsteige sowie der Bahnsteig zwischen Gleis 1 und Gleis 2 als Schüttbahnsteige ausgeführt.

Zuvor wurden wegen der Kurvenlage des Bahnhofs ausgiebige Versuche zur Ermittlung des Abstands der Bahnsteigkante vom Gleis unternommen. Die vorbildgerechten 8 mm Abstand von der Bahnsteig- zur Schienenaußenkante, bereits bei der Gleisverlegung vorgesehen, stellten sich als gerade noch machbar heraus. Sicherheitshalber wurde auf die seitlichen Fugenrillen der Decksteine bei den hoch sitzenden Bahnsteigkanten verzichtet, um ein Verhaken von Trittbrettern, Triebwerksteilen etc. zu vermeiden. Hier wurde nur eine farbliche Absetzung vorgenommen. Vor dem Empfangsgebäude waren die Kantensteine sogar beim Vorbild abgeschrägt. Im Bereich der Gleisquerungen wurden die Kantensteine abgesenkt und der Übergangsbereich mit Furnierstreifen ausgelegt. Ebenfalls aus Holz nachgebildet wurden die Abdeckungen der Drahtzugleitungen, die aus dem Fahrdienstleiter-Stellwerk im Bahnhofsgebäude (Lf) herausführen und auf der Kurveninnenseite von Gleis 2 wieder zum Vorschein kommen. Ab hier wurden die Drahtzugleitungen mit den entsprechenden Weinert-Teilen wie Rollenhalter, Druckrollen, Spannwerken etc. zu den ferngestellten Weichen und Signalen verlegt.

Die Bahnsteige entstanden aus der bereits genannten Untertapete, Evergreen-Profilen und der ebenfalls schon erwähnten Sandmasse. Im Bereich vor dem Güterschuppen wurde mit der einfachen Sandstreumethode gearbei-

**Die Schotterfläche entsteht, indem eine zuvor gesandete Fläche mit Weißleim eingestrichen und mit Schotter bestreut wird.**

**Verfestigen und Einebnen der Schotterschicht durch Walzen mit einem runden Plastikbehälter.**

tet. Hierzu mußte die aufgeklebte Untertapete schräg geschnitten werden, um das Gefälle nachzuempfinden. Vor dem Aufstreuen des Sandes war zuvor der Untergrund noch mit Dispersionsfarbe zu streichen, damit hier nichts hell durchschimmerte.

Im eigentlichen Bahnsteigbereich bildeten die aufgeklebten und farblich schon gesuperten Bahnsteigkanten die Begrenzung für die Verfüllung. Weil hier ein Einfügen aus Hartschaumplatten zu aufwendig und möglicherweise zu ungenau geworden wäre, entschied ich mich für

**Die Bohlenübergänge entstehen aus kleinen, hölzernen Vierkantleisten, die in wasserfesten Weißleim gebettet und anschließend gebeizt werden.**

**Die ganze Fläche wird danach mit feinem Schwemmsand weiter abgestreut und ggf. etwas mit dem Pinsel geglättet.**

**Ein Aufträufeln mit dünnem Weißleim läßt auch dann diese Fläche hart und fest werden.**

ein Verfüllen mit Schwemmsand. Um Verschmutzungen der bereits geschotterten Gleise zu vermeiden, blieben diese abgeklebt. Schwemmsand wurde mit verdünntem Weißleim angerührt, bis ein sämiger Brei entstand (vgl. Feldweg) und dieser dann mit dem Spachtel aufgetragen und in der bekannten Methode glattgestrichen. Aufgestreuten, fein ausgesiebten Original-Sand aus dem Bahnsteigbereich streute ich abschließend auf die feuchte Masse auf und erhielt so meine vorbildgetreue Farbgebung.

**Vom Kirschbaum im Dienstgarten (siehe S. 135) geht der Blick über den Bahnhofsvorplatz (aus Brawa-Altstadtpflaster zusammengesetzt) auf den Hausbahnsteig, an dem gerade der Schienenbus von Freiensen nach Hungen einläuft.**

Eisenbahn mit Baum und Strauch: ein Schienenbus zwischen Selbstbau-Fichten und MZZ-Sträuchern vor der Haltestelle Laubacher Wald.

## Burkhard bastelt Baum und Strauch:

# Aus dem Herzen der Natur

Die geringe Tiefe der Rundum-Anlage, die nur im Bereich des Bahnhofs Laubach und der großen Kurve zwischen Brücke und Felseinschnitt das Maß von 0,40 m überschreitet, läßt zwar links und rechts der Gleisanlagen nur einen schmalen Streifen für die Darstellung und Gestaltung des eigentlichen Geländes mit Feldern und Wiesen, Baum und Strauch übrig, aber: Gerade diese geringe Tiefe ermöglicht – zusammen mit der Höhe von 1,30 m über Fußboden – eine sehr genaue Betrachtung der quasi in Augenhöhe liegenden Details von Landschaft und Vegetation, ja, fordert sie geradezu heraus. Es war (und ist) also auf die Ausgestaltung dieser Details ein noch größeres Augenmerk zu legen als bei einer flächigen Anlage, wo sich Gelände und Vegetation eher „in der Tiefe des Raumes" verlieren. Die positiven Reaktionen der Besucher in Köln haben dies bestätigt.

# Bodenbewuchs

Auf die Styrodur-Rohform des Geländes wurde als Bodendecker zumeist Heki-Gras namens „Decovlies" verlegt, eine langflorige, auf Netz kaschierte Grasfasermatte. Die Fasern sind etwa 6 mm lang und die Matte insgesamt ca. 10 mm dick; daher hatten wir ja schon beim Untergrund die angrenzenden Bereiche wie Trassen, Straßen und Wege mit einem 5 mm hohen Absatz ausgeführt, um diese Stärke zu kaschieren. Andererseits gibt diese Stärke der Matte das gewisse „wilde" Aussehen, das sie für Bahndämme oder Einschnitte geradezu prädestiniert.

Das Aufkleben sollte nicht mit Sprühkleber erfolgen, da dieser nicht gezielt genug aufgebracht werden kann. Wir haben Uhu-Kraft-Kleber flächig satt auf eine Stück Papier aufgetragen, die Matte mit der Unterseite darin eingetaucht und an die gewünschte Stelle geklebt; man kann den Kraft-Kleber auch direkt auf den Untergrund aufbringen.

Aufgelockert wurden die Flächen mit in Wolkenform gezupften Büscheln von Heki-flor, die als Unkraut oder niedriges Buschwerk gruppenweise auf den Untergrund geleimt werden; dazwischen klebt man die Grasmatte.

Für die etwas „kultivierteren" Wiesenflächen, also etwa die Kuhweiden zwischen Schule und Villa oder unterhalb der Eisengießerei, nahmen wir die dafür bestens geeigneten Silflor-Matten, wobei von den verschiedenen Ausführungen der „Frühherbst" hier am besten paßt. Hinsichtlich der Dicke gilt das gleiche wie bei der Heki-Grasmatte, ebenso bei der Verarbeitung: Die zuvor unregelmäßig geschnittenen Stücke werden auf der Unterseite vollflächig mit Klebstoff benetzt und durch Andrücken mit der Pinzette aufgebracht.

Landschaftsgärtner Burkhard bestreicht den Untergrund mit Kraftkleber, um die Silflor-Matte „Frühherbst" aufzubringen.

Im später dicht bewachsenen Einschnitt vor der Straßenbrücke wird als Bodendecker die Heki-Grasmatte „Decovlies" mit Kraftkleber befestigt.

Die Hekiflor-Matten werden mit einer Schere in kleine Stückchen von der Größe etwa eines Fünfmarkstückes geschnitten …

… und anschließend behutsam zu dreidimensionalen „Wölkchen" auseinandergezupft, die das Laub darstellen (siehe S. 83 oben).

In einem Gummitopf wird mit Dispersionsfarben (Umbra- und Grautöne) der Überzug für die Rohlinge angemischt.

# Büsche und Sträucher

… entstanden aus dem Natur-Wald-Sortiment von MZZ. Das feine Seemoos-Material wird in verdünnte Dispersionsfarbe getaucht, wobei überschüssige Farbe unbedingt abgeschüttelt und die „Schwimmhäute" ausgeblasen werden müssen. Nach dem Trocknen taucht man den Rohling in stark verdünnten Leim mit etwas Spülmittel-Zusatz – und zwar nur so weit, daß die zu belaubenden Astspitzen benetzt werden. Anschließend drückt man ihn – sehr behutsam! – in aufgeschüttetes Heki-Laub oder Coarse Turf von Woodland Scenics und schüttelt nach dem Trocknen überschüssiges Material vorsichtig ab; das Fixieren erfolgt mit Mattlack. Zum „Einpflanzen" des MZZ-Buschwerks bohrt man mit einem spitzen Gegenstand durch die Grasmatte ein Loch in den Styrodur-Untergrund, bestreicht den Busch unten mit etwas Leim und „pflanzt" ihn in das Loch.

Danach wird die Farbe in einem ausreichend großen Tauchgefäß bis zum gewünschten Ton verdünnt. Ein Spritzer Spülmittel vermeidet …

… daß sich beim anschließenden Eintauchen der Rohlinge zu viele „Schwimmhäute" bilden, die durch vorsichtiges Ausblasen zu entfernen sind.

Aufmerksam verfolgen Martin und Horst, wie Burkhard Bäume und Buschwerk (links fertige Sträucher aus MZZ-Seemoos) mittels Holzleim-Tupfern mit Heki-flor und Coarse Turf von Woodland Scenics belaubt.

# Bäume

Für die Laubbäume des für den Vogelsberg typischen Buchenmischwaldes verwendeten wir die Laubbaum-Rohlinge von Heki, mit denen sich sehr gut arbeiten läßt. Zunächst werden in die Kunststoff-Rohlinge mit Polystyrol die Äste eingeklebt; übriggebliebene Äste kann man zur Gestaltung von Büschen aufheben. Nach dem Einkleben biegt man die Äste in eine natürliche Form, was durch das vorherige Eintauchen in heißes Wasser erleichtert wird.

Anschließend taucht man die Rohlinge in verdünnte Abtönfarbe, wobei sich ein Mischungsverhältnis von fünf Volumenteilen Wasser auf vier Volumenteile Farbe sowie die Beigabe von einigen Spritzern Spülmittel bewährt haben. Geeignet sind Mischungen aus Umbra bzw. Braun; die Astspitzen, die mitunter durch die Beflockung hindurchschauen, streicht man in einem zum Laub passenden Grün.

Das als Laub fungierende Beflockungsvlies „Heki-flor" wird zunächst in kleine Stücke von etwa ein bis drei Quadratzentimetern geschnitten. Diese zieht man mit den Fingern vorsichtig in dreidimensionale „Wölkchen" auseinander, die anschließend vorsichtig über die zuvor mit Holzleim betupften Zweige geklebt werden (den Leim dabei nur auf so viele Zweige auftragen, daß er während des Beflockens nicht trocknet). Nach dem Trocknen des

Thomas bestreut den fertigen Laubbaum nochmals mit losen Flocken, um „lichte" Stellen zu schließen; danach wird mit Mattlack oder Haarspray fixiert.

Die Grundform der Fichten entsteht auf einem „Fakir-Brett" aus 1-mm-Stahldraht für den Stamm und 0,6-mm-Stahldraht …

… für die Äste, die hier von Gebhard vorsichtig mit dem Stamm verlötet werden. Links ein Fichtenrohling in der Warteschleife.

Leims wird der Baum mit klarem Mattlack fixiert, wobei die Belaubung durch Einstreuen von losem Streumaterial in die feuchte Fixierung nochmals verstärkt werden kann. Abschließend entfernt man mit einer spitzen Schere überstehende Silflor-Fäden.

Die Fichten-Anfertigung aus einem Stahldraht-Rohling und Silflor-Zweigen wurde u.a. in der MIBA-Modellbahn-Praxis „Modellbahn-Landschaft" schon beschrieben und sei daher hier nur im Telegramm geschildert:

Grundform aus 1-mm-Stahldraht für den Stamm und 0,6-mm-Stahldraht für die Äste auf dem „Fakir-Brett" fertigen, verlöten. Den flachen Rohling durch Umbiegen und Aufschneiden der Astschlaufen natürlich formen, mit Weißleim einstreichen und durch Bestreuen mit Sand

Fichten und mancherlei Flaschen: Die Rohlinge werden mit Weißleim bestrichen und anschließend mit Sand zur Imitation der Rinde bestreut.

Fichtenproduktion am Fließband: Die „gesandeten" Rohlinge werden in grau/braune Dispersionsfarbe getaucht und nach dem Trocknen …

... im Ständer von der Unterseite bis zur Spitze mittels Alleskleber mit den vorgefalzten Silflor-Stückchen beklebt.

Um das typische Wuchsbild zu imitieren, werden die Silflor-„Zweige" mit Haarclips fixiert und zurechtgeschnitten.

Rinde imitieren, mit grauer oder brauner Abtönfarbe bemalen. Aus Silflor-Matten Stücke in jeweiliger Astlänge schneiden, in der Mitte knicken, Falz mit Haarclips fixieren. Den Stamm „kopfüber" in die Hilfsvorrichtung hängen und die Silflor-Stücke vom Fußende her mit Alleskleber auf die Äste kleben, dabei wieder mit Haarclips fixieren. Nach dem Trocknen mit der Nagelschere das Silflor in die fichtentypische, leicht nach unten durchhängende Form schneiden – fertig!

„O Fichtenfürst, signiere mir/die Landschaftsbau-Broschüre hier!" soll der vom frappierend realistischen Aussehen solcherart gefertigter Fichten schwer beeindruckte Chronist begeistert gerufen haben; zuzutrauen wär's ihm schon ...

Dieser letzte Blick „aus dem Herzen der Natur" auf das Bahnhofsgebäude leitet zum nächsten Kapitel über.

Das Bahnhofsgebäude bei der ersten Stellprobe: Auch wenn noch manches Detail fehlt…

## Gebhard weiß um viele Tricks:
# Rund um das Empfangsgebäude

Am Anfang schuf Gott Himmel und Erde; ob er dazu Konstruktionszeichnungen hatte, ist nicht verbürgt (Gen. 1,1). Gott genoß aber schöpferische Freiheit und richtete sich bei seiner Landschaftsgestaltung im Gegensatz zu uns „Comedian Hanullists" nicht nach einem existenten Vorbild. Um bei der Schöpfung des Bahnhofsgebäudes Laubach in letztem Punkt sicherzugehen, stand zunächst die eingehende Konstruktion des Gebäudes nach den vorhandenen Fotos auf dem Computer an: AutoSketch für Windows ist da göttlich hilfreich, weil ein exaktes CAD-Programm, einfach zu bedienen und auch bezahlbar.

Da die Zeichnungen direkt zum Bau des „Korpus" des Modells und zum Ausschneiden der Einzelteile dienten, fehlen einige später anzusetzende Details wie etwa die Dachrinnen.

… ist die Übereinstimmung mit dem Vorbild verblüffend, wie diese Aufnahme von 1964 zeigt. Detail am Rande: Die Reklametafel des „Café Göbel" wurde bald darauf auch im Modell aufgestellt (siehe S. 129).

Nach der Eröffnung der Strecke Laubach–Mücke im Jahre 1903 entstand diese Aufnahme, die uns Empfangsgebäude und Bahnsteighalle in ihrer ganzen Pracht und im Hintergrund sogar noch den Lokschuppen (mit einem seitlichen Giebelanbau) zeigt.

Auf dieser alten Aufnahme der Straßenseite fallen der später auf die gesamte Breite erweiterte Wartesaal-Anbau links und das Stationsschild „Laubach" auf; es stammt noch aus den Jahren 1890 – 1903, als die Strecke auf dieser Seite endete.

Nochmals die Bahnsteighalle; einige Jahre nach der Aufnahme ganz oben wurde sie mit einem Zaun zum Vorplatz hin abgegrenzt, und der erweiterte Wartesaal (rechts) hat einen Kamin bekommen.

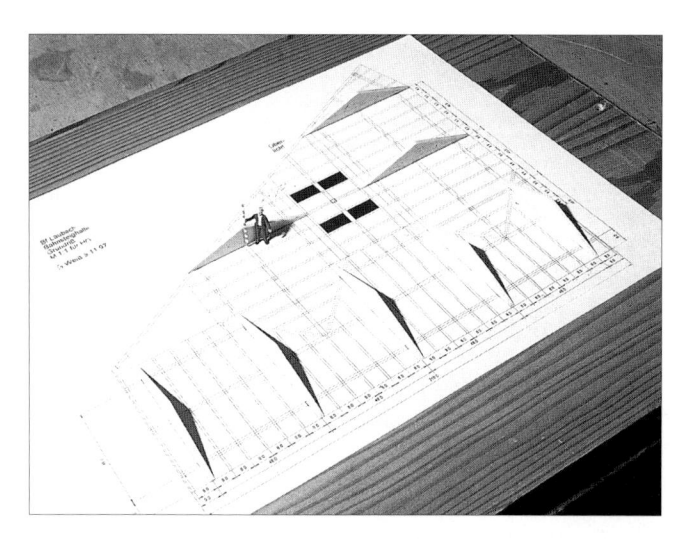

Die Grundrißzeichnung der Bahnsteighalle wurde auf ein Brett geklebt. Wo später die Querjoche sitzen, bilden dreieckige Spanten aus Balsaholz die Helling für das Hallendach.

Auf der Helling werden die Dachteile zusammengesetzt, hier die Oberseite aus schwarzem Karton. Die richtigen Winkel der Dachverschneidungen lassen sich am CAD konstruieren.

# Die Bahnsteighalle

Das Schwierigste wurde zuerst gebaut: die Bahnsteighalle. Dabei ist Gefahr im Verzug – dem der Holzkonstruktion nämlich. Deshalb wurde zuerst das Dach und dann das Gebälk gebastelt.

Solide Grundlage ist eine Helling mit dachförmigen Spanten auf der Grundrißzeichnung (für Schiffsmodelle hat man auf der Modellwerft gewöhnlich eine ähnliche Helling; bei der Halle entfällt allerdings der Stapellauf). Die Dachhaut besteht außen aus braunschwarzem Karton als Unterlage für die Dachpappe und innen aus Evergreen-V-Groove-Bretterplatten Nr. 2080 D (0,5 mm stark, Bretterbreite 0,08", also ca. 2 mm). Das Dach wird auf der Helling zusammengebaut.

Für die Dachpappe wurde ganz dünnes, glattes Papier (Schutzpapier von Kopierfolien) mit stark verdünnter Wasserfarbe schwarz gestrichen. Beim Trocknen wird das Papier unregelmäßig dunkelgrau und wellig. 11,5 mm breite Streifen ergeben maßstäbliche 1 m breite Dachpappbahnen in H0. Die Bahnen werden von unten nach oben überlappend mit acetonverdünntem Uhu-Alleskleber aufgeklebt. Nun den Uhu wieder von den Fingern wegpulen. Für die folgenden Arbeiten ist die Wiedererlangung der vollen Beweglichkeit erforderlich.

Unter das jetzt noch relativ flexible Dach kommt jetzt das Gebälk aus Kiefern- und Balsaleisten, Format 2 x 2 mm bis 1 x 1,5 mm. Es wird mit Wasserbeize, z.B. von Clou, nußbaumfarbig eingefärbt.

Es erwies sich nun als zweckmäßig, die Werkstattür wegen nicht druckreifer Ausdrücke zu schließen oder

Hier die Unterseite des Hallendaches aus Evergreen-Kunststoffplatten mit Brettergravur. Diese werden anschließend beige gestrichen.

Auf der Helling erhält das Dach seine Dachpappen-Eindeckung. Würde man diese erst nach dem Bau des Gebälks aufkleben, könnte dieses leicht beschädigt werden.

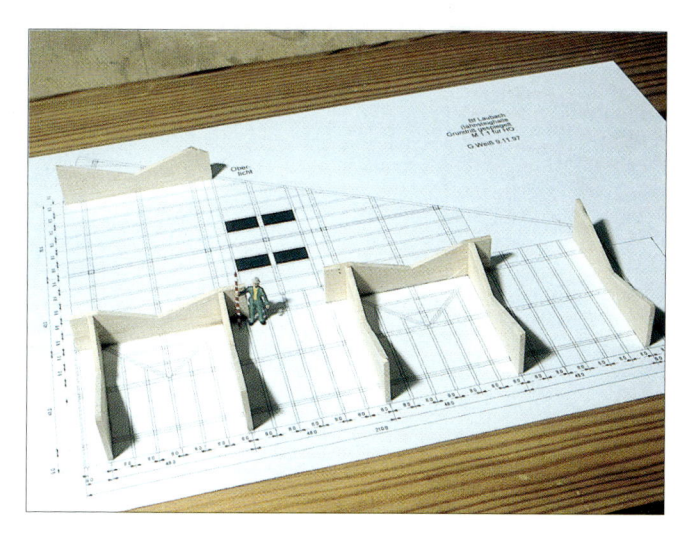

Oben: Für die Zimmermannsarbeiten entstand eine zweite Helling auf einer spiegelbildlichen Zeichnung und mit V-förmigen Spanten.

Oben rechts: Als erstes werden die Dachsparren untergeklebt. An den Klebestellen wurde vorher mit einer schmalen Schraubenzieherklinge die Farbe entfernt, damit der Kleber besser haftet.

Rechts: Nun werden die inzwischen angefertigten Hallenjoche eingebaut. Abstandhalter aus Holzleisten sorgen für ein genaues Fluchten der Stützenreihen.

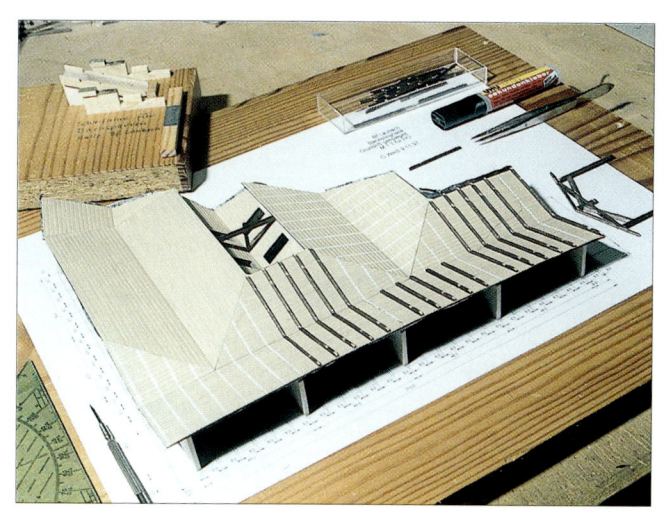

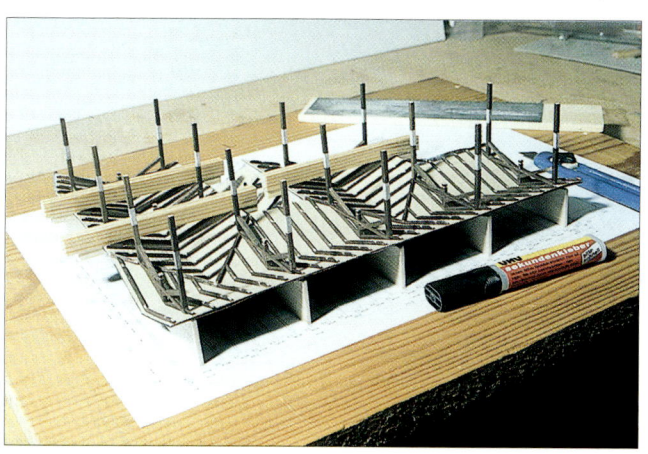

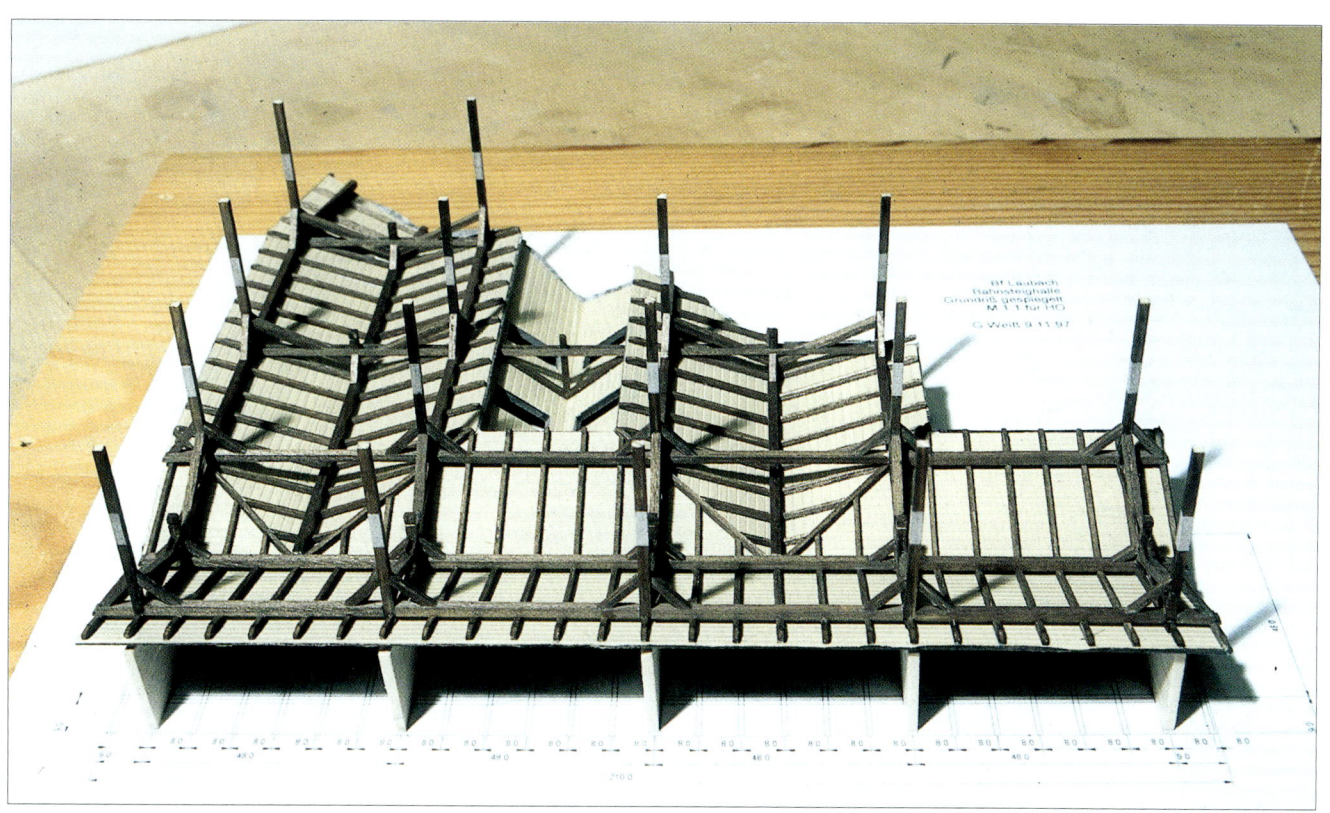

Zwischen den Hallenjochen werden die Pfetten (in Dachlängsrichtung verlaufende Balken) eingezogen. Schließlich kommen auch die schrägen Kopfbänder an die Reihe, mit denen das Dach ausgesteift ist. Das Dach muß stets völlig spannungsfrei in der Helling liegen und darf sich nirgends aufwölben. Schade, daß man das filigrane Gebälk später als 1:1-Mensch nur noch mit Verrenkungen sehen kann!

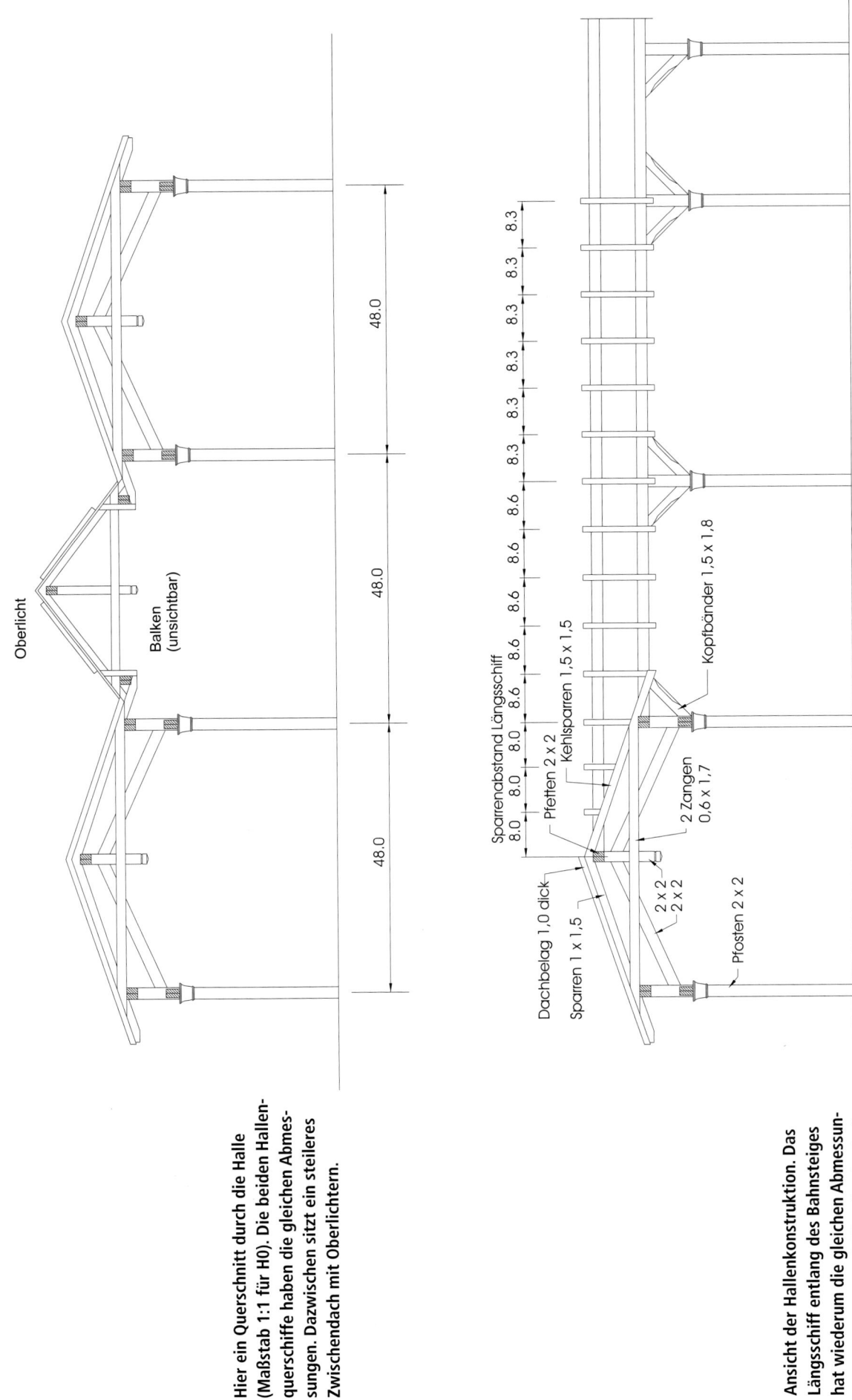

**Hier ein Querschnitt durch die Halle (Maßstab 1:1 für H0). Die beiden Hallenquerschiffe haben die gleichen Abmessungen. Dazwischen sitzt ein steileres Zwischendach mit Oberlichtern.**

Oberlicht

Balken (unsichtbar)

48.0   48.0   48.0

Sparrenabstand Längsschiff
8.0 8.0 8.0 8.6 8.6 8.6 8.6 8.6 8.3 8.3 8.3 8.3 8.3 8.3 8.3

Dachbelag 1,0 dick
Sparren 1 x 1,5
Pfetten 2 x 2
Kehlsparren 1,5 x 1,5
2 x 2
2 x 2
2 Zangen 0,6 x 1,7
Kopfbänder 1,5 x 1,8
Pfosten 2 x 2

9.5   48.0   43.0   50.0

**Ansicht der Hallenkonstruktion. Das Längsschiff entlang des Bahnsteiges hat wiederum die gleichen Abmessungen wie die Querschiffe. Die Abstände der Sparren wurden ausgemittelt.**

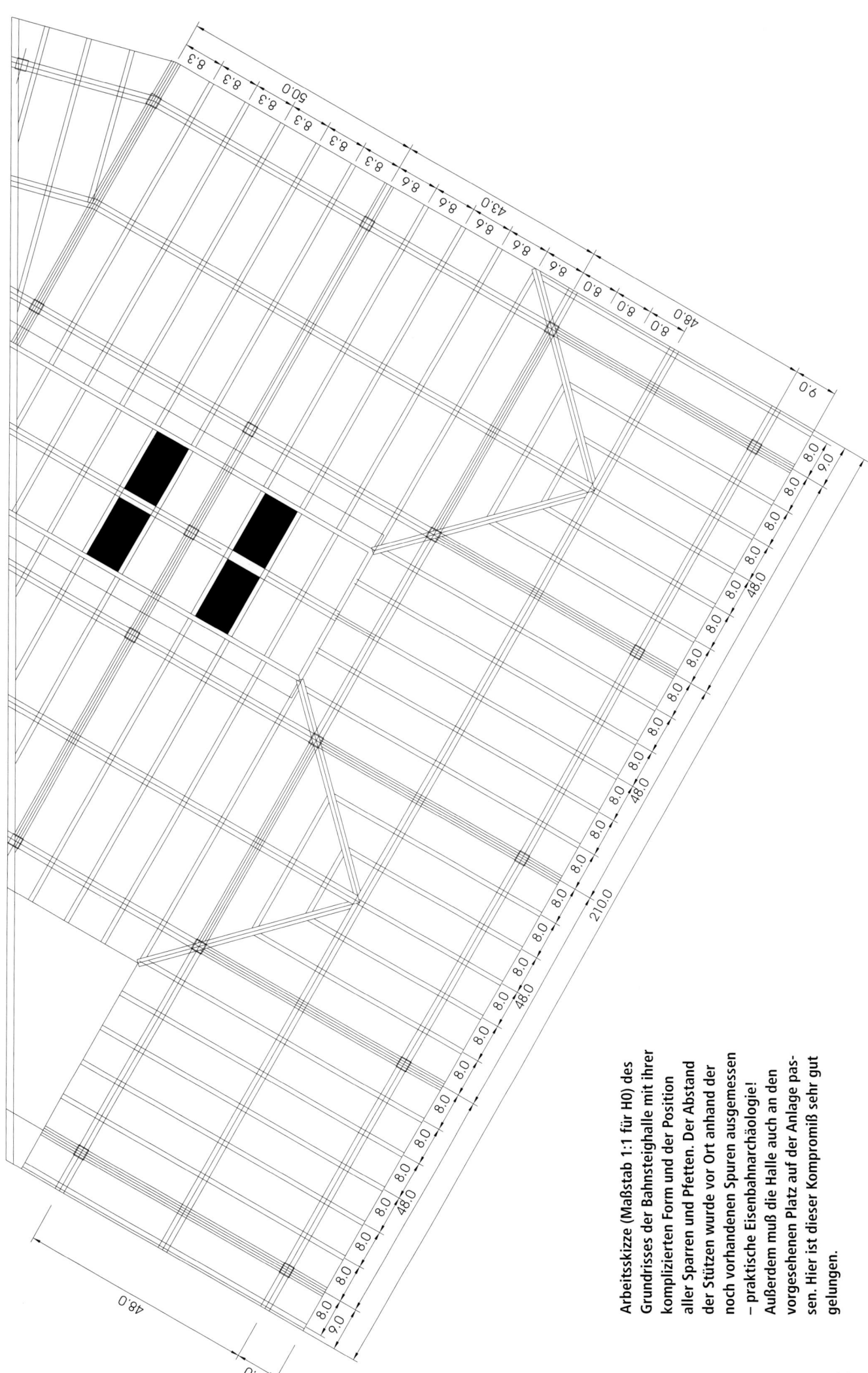

Arbeitsskizze (Maßstab 1:1 für H0) des Grundrisses der Bahnsteighalle mit ihrer komplizierten Form und der Position aller Sparren und Pfetten. Der Abstand der Stützen wurde vor Ort anhand der noch vorhandenen Spuren ausgemessen – praktische Eisenbahnarchäologie! Außerdem muß die Halle auch an den vorgesehenen Platz auf der Anlage passen. Hier ist dieser Kompromiß sehr gut gelungen.

Nochmals ein kurzer Rückblick: Für das Gebälk wurden Balsaleisten in verschiedenen Querschnitten zugeschnitten und geschliffen; für die Hallenbeine und Pfetten wurden etwas stabilere 2 x 2 mm-Kiefernleisten verwendet. Zunächst werden die Leisten mit Holzbeize eingefärbt.

Unten: Die Teile wurden zunächst grob abgelängt und dann mit der gezeigten Schleifvorrichtung auf Maß und gleichzeitig auf den richtigen Winkel geschliffen. Die Schleifvorrichtung besitzt eine kreuzweise Parallelführung mittels in Nuten laufenden Hartholzleisten. Dadurch kann das aufgespannte Schleifpapier ...

... hin und her und gleichzeitig auch auf das Werkstück zugeschoben werden, ohne daß sich der Schleifklotz verkantet.

Die Sparren erhalten dort, wo sie auf den Pfetten aufliegen, kleine Ausnehmungen. Hierfür dient diese Speziallehre: Eine Anzahl Sparrenrohlinge liegen auf der schrägen Halterung. Die treppenartigen Konstruktionen dienen zur Führung der Sandpapierfeile.

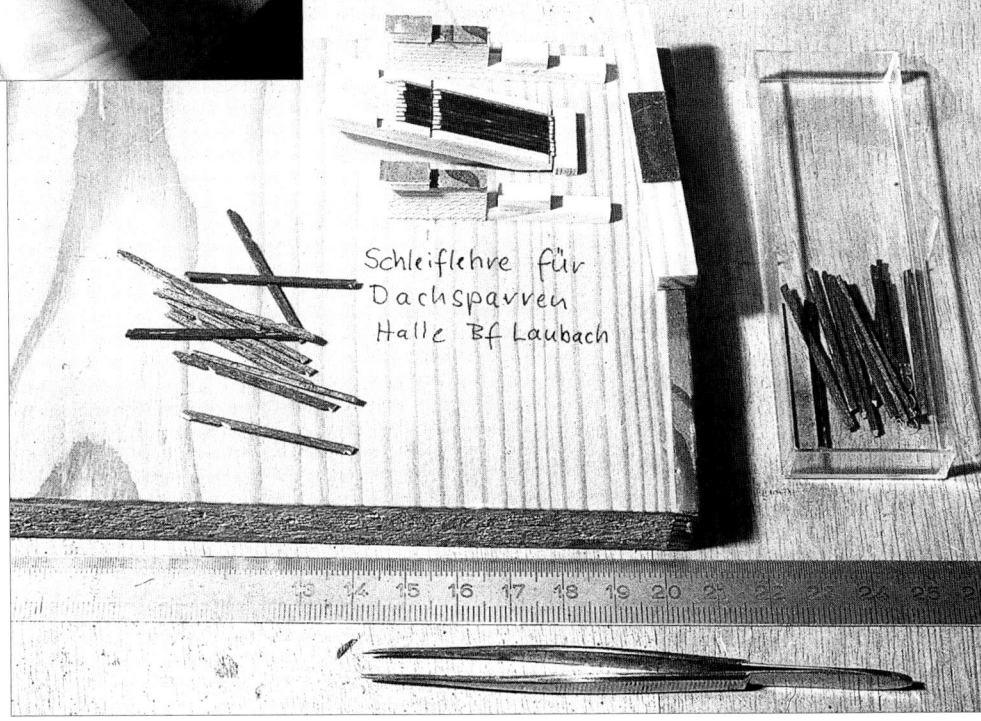

Die 8 gleichen Hallenjoche entstanden in dieser Lehre aus Kartonzuschnitten. Dadurch werden auch unterschiedlich starke Teile in der richtigen Position und Höhe (!) gehalten.

Zuerst werden die abgelängten Stützen, Streben und Sparren in der Lehre zusammengeleimt. Nach etwa 10 Minuten können die Teile vorsichtig entnommen werden.

Für die horizontalen „Zangenhölzer" wird in die Joche mit einer schmalen Schleifleiste eine Nut eingeschliffen.

Die Zangen bestehen aus 0,6 mm starken Holzfurnierstreifen, ebenfalls gebeizt. Hier einige fertige Hallenjoche.

besser noch den Rest der Familie zur Schwiegermutter zu verfrachten, denn es galt nun zu basteln, bis sich die Balken biegen. Für das Zuschneiden wurden verschiedene Schleiflehren verwendet – bei ca. 60 Dachsparren, 20 Kopfbändern und 16 Hallenbeinen lohnt sich der Aufwand. Die Hallenbinder wurden in einer weiteren Lehre zusammengebaut. Die Pfosten erhielten mit Wasserfarbe den noch sichtbaren weißen Verdunkelungs-Warnanstrich (Abkleben mit wieder entfernbaren Haftetiketten).

Um den Kantholzverhau unters Dach zu bringen, wurde eine zweite spiegelbildliche Helling gebaut und das Dach mit der Dachpappe nach unten eingelegt. Innen wurde die Lage der Sparren eingezeichnet. Sparren und Hallenbinder wurden mit dickflüssigem Plastikkleber (Revell-Contacta) eingeklebt oder bei latenter Ungeduld auch mit Sekundenklebe-Gel. Die Fotos zeigen die Baumethode recht gut.

Die Längspfetten wurden zwischen die Hallenbinder eingepaßt (beim Vorbild laufen diese über die Binder durch; den Unterschied sieht man aber nicht). Für die 45°-Kopfbänder wurde abermals eine Schleiflehre benötigt. Sind diese montiert, ist es fast geschafft, und die Halle sieht schon mal gut aus (Keep out of reach of children!).

Einige Details sind auf den Bildern noch nicht zu sehen: Für die dekorativen Kapitele wurde der obere und untere Sims aus 0,3 mm Ms geätzt. Das pyramidenförmige Zwischenteil ist als Abwicklung in der benötigten Anzahl auf Papier ausgedruckt, ausgeschnitten und gefalzt worden. Geklebt wurde mit Uhu und Aceton, bitte alle Kapitele in gleicher Höhe!

Die Steinsockel der Hallenbeine entstanden als Vierkantröhre aus 0,5 mm Polystyrol über einer passenden Holzleiste, mit Nitroverdünnung zusammengeklebt. Nach dem Trocknen wurden 2 mm lange Stücke abgesägt und senkrecht geschliffen. Diese werden über die Beine geschoben.

Die Stationsschilder mit ihrer typischen Schrift wurden am CAD selbst entworfen und auf Karton ausgedruckt, hinten schwarz beklebt und die Ränder nachgefärbt. Die Schilder wurden mit 0,3-mm-Stahldraht befestigt.

Der Güterschuppen ist in Laubach direkt ans Empfangsgebäude angebaut. Hier die Bahnsteigseite im heutigen Zustand.

Nachbildung der Holzwände: Northeastern-Brettchen und Balsaprofile, aufgeleimt auf einem Sperrholzkorpus.

Das Dach: wie bei der Bahnsteighalle aus Karton und Evergreen-Kunststoffplatten. Auch das Gebälk ist vorbereitet.

Unterkleben der Sparrenenden unter den Dachüberstand. Der Schuppen wurde inzwischen farblich behandelt.

Letzter Akt: Aufkleben der Dachpappstreifen. Die überstehenden Enden werden zum Schluß „kassiert".

# Der Güterschuppen

Wieder etwas einfacher als die Bahnsteighalle ist der Güterschuppen zu bauen. Beim Vorbild ist alles aus Holz, im Modell ebenfalls.

Die Außenwände wurden aus Northeastern-Lindenholz-Profilplatten mit Stülpschalung („Board and Batten") zugeschnitten. Simse und Tor- und Fensterumrandungen entstanden aus Balsaleisten. Alles wurde mit Ponal-Express zusammen- und auf den Korpus aus 3-mm-Sperrholz geleimt und die Kanten verschliffen.

Der Kick ist die Farbgebung! Die Grundierung ist Revell-Güterwagenbraun, etwas verdünnt, die Alterung erfolgte mit Wasserfarbe weiß und schließlich etwas Schwarz. Vorher ausprobieren!!!

Das Dach entstand genau wie bei der Halle. Beim Vorbild laufen die Dachpappbahnen hier aber seltsamerweise in Fallinie. Schön, daß man das einfach nachbauen kann und nicht nachgrübeln muß, wieso das so gemacht wurde! Die untergeleimten Dachsparren und das restliche Gebälk sieht man fast nur bei Ansicht von unten.

Es fehlten nun nur noch Details wie Leiter, Stationsschild und Lampen (wie das „Schachenmayr"-Emailschild entstand, ist ein Kapitel für sich und auch dort beschrieben).

Auch das Empfangsgebäude wurde zunächst am CAD konstruiert. Der erste Schritt ist der Zusammenbau des Korpus aus 3-mm-Sperrholz.

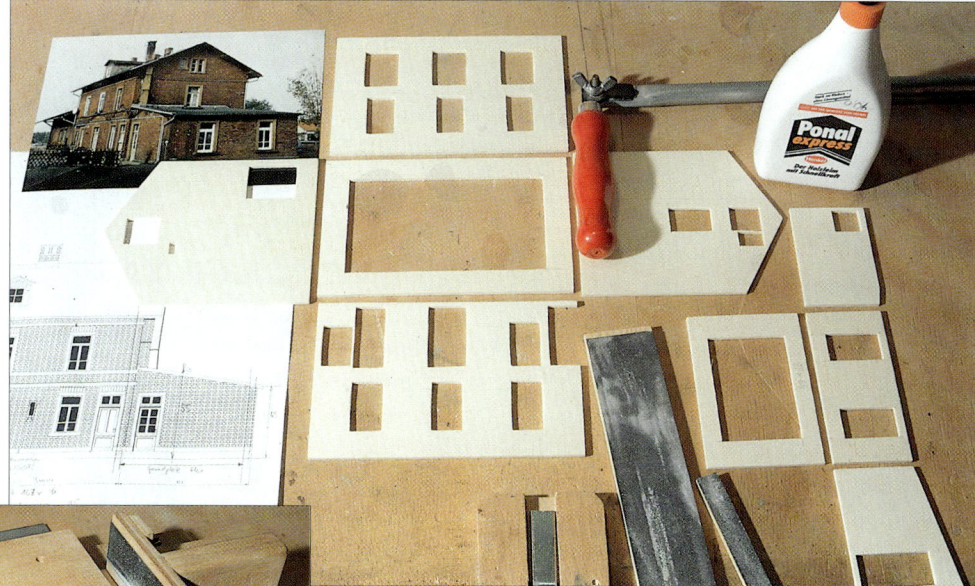

Links: Die Sandstein-Fenstergewände entstehen im Modell aus Evergreen-Profilen, die mit der bereits bekannten Schleifvorrichtung auf gleiche Länge gebracht wurden. Die Profilierung erfolgt mit noch feineren Polystyrolstreifen.

Nachbildung der Ziegel-Segmentbogen: Lehre zum Einsägen der Fugen in einen Streifen umgedrehte Mauerplatte.

Die Ziegel-Außenwand mit eingesetzten Fenster- und Türgewänden. Eventuelle Spalten werden nachgespachtelt.

# Das Empfangsgebäude

„Zum Empfang der vielen Leute dient uns das Empfangsgebäude. Was mm hier hat geordert, Arbeit und Gehirnschmalz fordert", wurde bei der ersten Vorstellung fröhlich gereimt. Auf eine gereimte Bauanleitung habe ich indes (nicht zuletzt im eigenen Interesse) verzichtet.

Basis ist auch hier ein Sperrholzkorpus, in den Ecken mit Kiefernleisten ausgesteift. Die Fensteröffnungen sind ringsum 2,5 mm weiter als die fertigen Fenster, zum Einkleben der Fenstereinsätze.

Die Fenster- und Türgewände entstanden aus 2x2 mm-Evergreen-Polystyrol-Profilen, genau rechtwinklig zusammengeklebt (so genau wie möglich arbeiten, ungenau wird's von allein!). Die Gewände erhielten noch eine Profilierung aus 0,5 x 0,3 mm-Polystyrol (aus 0,3-mm-Poly-Platte selbst zuschneiden). Alles pinzetti?

Die Außenwände bestehen aus Kibri-Ziegelplatten Nr. 4147 (leider ist der Verband der Steine nicht ganz richtig, dafür sind die Ziegel aber fast maßstäblich). Die Fenstergewände mußten sehr genau eingepaßt werden, damit keine Spalten klaffen. Über den Fenstern sitzen Segmentbogenstürze (Anfertigung siehe Bild).

Eine alte fränkische Maurerweisheit von meinem Großvater: „Wann's net paßt und net pariert, werd e'

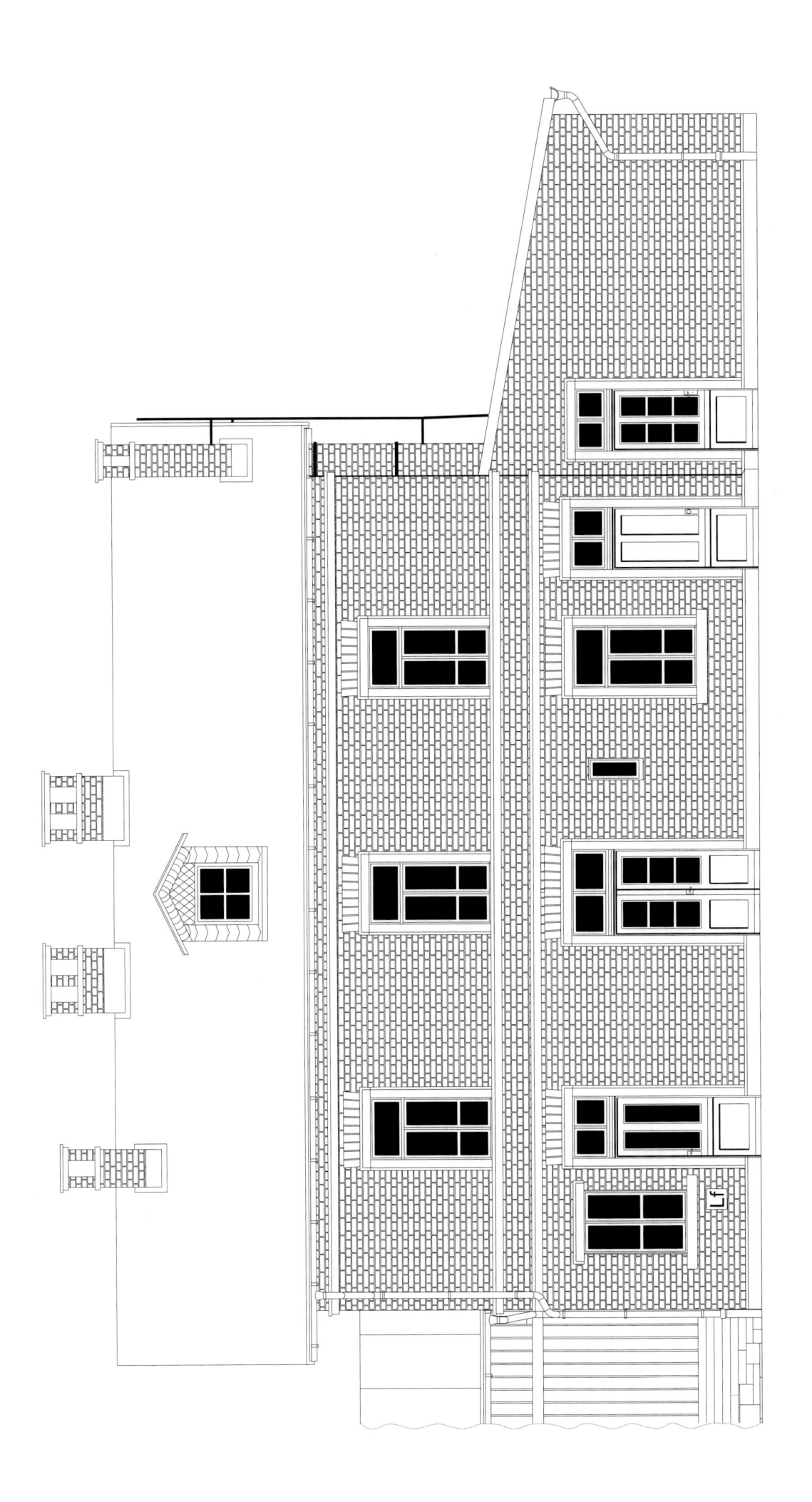

Bf Laubach, Empfangsgebäude, Südansicht, Maßstab 1:1 für H0

**Bf Laubach, Empfangsgebäude, Südansicht, Maßstab 1:1 für H0**

Bf Laubach, Empfangsgebäude, Nordansicht, Maßstab 1:1 für H0

Bf Laubach, Empfangsgebäude, Nordansicht, Maßstab 1:1 für H0

99

Bf Laubach, Empfangsgebäude, Westansicht, Maßstab 1:1 für H0

Unten: Hier ist der Rohbau fertig verkleidet. Man kann sehen, daß die Ausschnitte im Holzkorpus zum Einbau der Fenster ringsum 2 mm größer als die Fensteröffnungen in den Gewänden sind.

Oben: Hier sind die Ziegelwände des Erdgeschosses bereits vollständig. Die Ecken werden auf Gehrung gestoßen und eventuelle Lücken nachgespachtelt. Die Sandsteinsimse entstehen aus mehreren Evergreen-Polystyrolprofilen. Sie wurden schon vor der Montage sandsteinfarbig grundiert.

**Bf Laubach, Empfangsgebäude, Ostansicht, Maßstab 1:1 für H0**

weni' Speis' 'neig'schmiert". Hier diente als 1:87-Speis' kein Mauermörtel, sondern Revell-Plasto-Spachtelmasse für allfällige Fugen, z.B. an den Gehrungen der Gebäudeecken. Nach dem Trocknen wurde alles sauber verschliffen.

Für die Farbgebung wurden zunächst alle Ziegelmauern mit Revell Nr. 85 grundiert – ein ziemlich knalloranger Farbton! Dann wurden die Mauern aber mit verdünnter schwarzer Wasserfarbe (gewöhnlicher Pelikan-Farbkasten) „eingesaut" und nach dem Trocknen die Farbe mit feuchten Wattestäbchen von den Steinen abgewischt, so daß sie nur noch in den Fugen ist. Die Schlußfarbgebung der Steine erfolgte mit feinem Pinsel mit Venetianischrot und dunklem Ocker. Was aus Sandstein ist, erhielt eine gebrochen sandsteinrosa Revell-Grundierung (passend gemischt) und wurde mit Schwarz gealtert.

Die Herstellung der Fenstereinsätze war echt ätzend (0,3-mm-Messingblech), die Verglasung ist aus Kunststoffolie. Gardinen entstanden aus Kreppapier mit etwas Abstand zur Scheibe.

Das Dach: Für Schiefer in deutscher Deckung, wie ihn das Vorbild hat, gibt es keine Modell-Dachplatten. Also wurde Schablonenschiefer aus Kibri- und Vollmer-Dachplatten verwendet. Die Kamine sind aus Ziegelplatten und haben einen Kern aus Holzleisten und Details aus Polystyrolstreifen und -platten. Die Dachlukenrahmen sind wieder geätzt, die Gauben wurden aus Schieferdachplatten zusammengebaut. Die Verwahrungsbleche sind aus Walzblei von Weinflaschenverschlüssen oder aus dünnem grauem und schwarzem Origamipapier.

Für die Schindelreihen an First und Ortgang wurden einzelne Schieferplatten aus dünnem Karton zugeschnitten und mit Plastikleim aufgeklebt (Pinsel bei Bedarf mit Nitroverdünnung reinigen). Das fertige Dach wurde schiefergrau grundiert und mit schwarzer und weißer Wasserfarbe verwittert.

Fehlende Details sind noch die Dachrinnen (Faller- und Kibri-Spritzlinge) mit Fallrohren (1,2-mm-Messingdraht), die Leiter am hohen Schornstein, einige Isolatoren an der Wand (Konsolen von Weinert-Telegrafenmasten) und das markante treppenförmige Verwahrungsblech zum Güterschuppen hin. Die Schneefanggitter kommen von Petau und sind aus 0,1 mm starkem Ms-Blech geätzt. Diese sollten brüniert werden, sonst verkleckst die Farbe die Feinheiten.

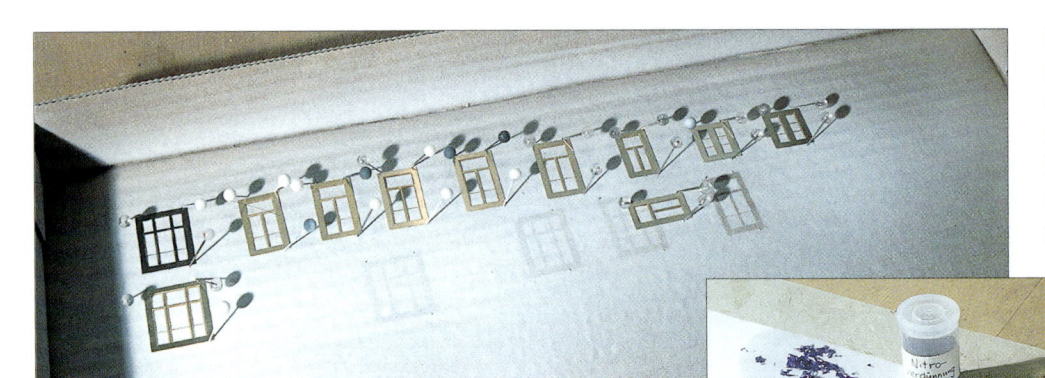

**Oben:** Die blanken Messing-Fensterrahmen werden mit Stecknadeln in einer flachen Wellpappschachtel befestigt und mit der Sprühdose mattweiß lackiert.

**Unten:** Vor dem Einbau der Fenster wird die Fassade farblich behandelt. Hier demonstrationshalber von links nach rechts: Grundierung mit Humbrol, Alterung mit Schwarz aus dem Farbkasten, das nach dem Trocknen mit Wattestäbchen wieder abgewischt wird, und Nachfärben einzelner Ziegel in verschiedenen Farben.

**Unten:** Vor der Lackierung muß der blaue Ätz-Fotolack entfernt werden. Dazu werden die Fenster 10 Minuten in Nitroverdünnung gelegt und die gequollenen Lackreste abgezogen.

**Unten:** Das Schieferdach entsteht aus Schablonenschiefer-Dachplatten. Für die Gauben, Kamine und Dachluken wurden die nötigen Ausschnitte ausgesägt. Die Schindelreihen am Ortgang entstehen aus dünnem Lochkartenkarton.

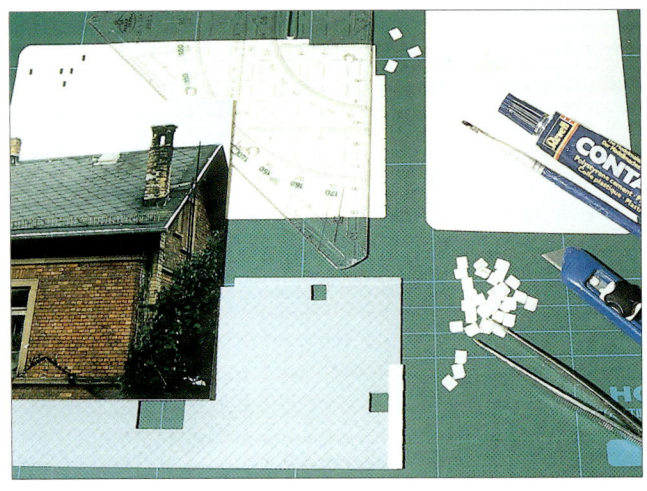

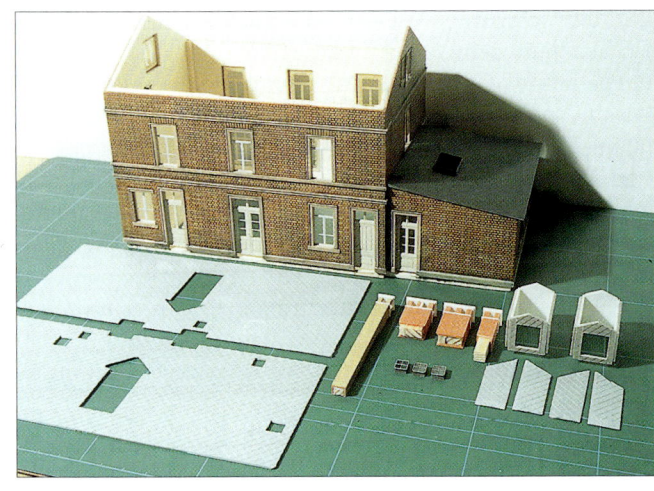

Das fertige Empfangsgebäude an seinem Standort gibt sein Vorbild überzeugend wieder. Dazu tragen auch die zusätzlichen Details bei: Dachrinnen, Bahnhofsschild, Lampe, Leiter … Einige Spalten müssen noch nachgearbeitet werden.

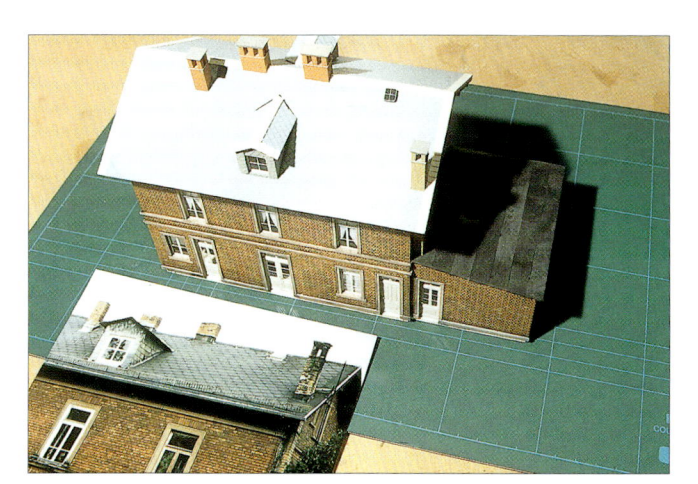

Dachdetails während der Montage (oben) und nach Fertigstellung (rechts). Die Kamine haben Blechverwahrungen zur Abdichtung.

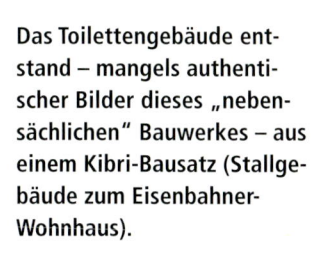

Das Toilettengebäude entstand – mangels authentischer Bilder dieses „nebensächlichen" Bauwerkes – aus einem Kibri-Bausatz (Stallgebäude zum Eisenbahner-Wohnhaus).

„... und das Tor ist aus Northeastern-Profilen!" Gebhard präsentiert das Modell des Laubacher Lokschuppens, den wir hier nochmals aus der Nähe sehen. Mittlerweile wurde das Modell um einen Wand-Wasserkran ergänzt; es handelt sich dabei um ein H0e-Modell von Flomo, das Wolfgang Panier zur Verfügung stellte.

# Der Lokschuppen

Der im Original längst abgerissene Lokschuppen war eine Konstruktion aus Holzfachwerk in Eiche rustikal, das mit Ziegelmauerwerk ausgefacht ist. Eine Ecke des Bauwerks wurde später dort umgebaut und abgeschrägt, wo es in das Profil des Nachbargleises geragt hätte – anläßlich des Bahnhofsumbaues 1902/03, als Laubach vom End- zum Durchgangsbahnhof wurde. Die abgeschrägte Ecke ist in reinem Ziegelmauerwerk ausgeführt und trägt drei auskragende Konsolen, auf denen die Dachpfette liegt. Diese tragenden Massivziegelmauern haben erkennbar einen anderen Ziegelverband als die Fachwerkfüllungen. Das Satteldach (Schiefer in deutscher Deckung) trägt einen einzelnen großen Rauchabzug. Das Tor besteht aus diagonal angeordneten Brettern in Stülpschalung, von denen die obersten wohl einmal erneuert worden sind. Die Fenster sind relativ schmal und hoch und haben je 18 Einzelscheiben. Auf der (mangels Fotos rekonstruierten) Straßenseite habe ich eine kleine Zugangstüre vorgesehen. Auf der Gleisseite des Schuppens befindet sich an der Schuppenwand ein Wasserkran.

Auf ein Sperrholz-Grundmodell wurden Balken und Mauerwerk aufgeklebt. Die vier Wände wurden erst noch einzeln belassen, um sie zur Gestaltung des Fachwerkes flach auf die Arbeitsunterlage legen zu können. Auf jede Wand wurde ein Ausschnitt aus der Bauzeichnung flächig mit Alleskleber aufgeklebt; dadurch braucht man die Fachwerkteile nicht anzuzeichnen. Die Fensteröffnungen werden mit 1,5 mm Übermaß ausgesägt und befeilt.

Die Hölzer bestehen aus 1-mm-Balsaholz bzw. aus Rührhölzchen zum Kaffee-Umrühren; dieses Holz hat auch etwa 1 mm Stärke, ist aber härter als Balsa. Das Material wird je nach Balkenstärke auf 2 mm oder 2,5 mm Breite geschnitten. Leider ist der Kaffee nicht dunkel genug, um den Fachwerkton wiederzugeben; es empfiehlt sich deshalb, mit Holzbeize nachzuhelfen. Auch die für die Füllungen vorgesehene, 1 mm dicke Ziegelplatte (Kibri 4122) wird vorgealtert.

Ich habe zunächst die Riegel (die beiden längslaufenden Balken auf je 1/3 der Höhe der Wände) und drei Streifen Ziegelfüllungen auf die Sperrholzwände geklebt. Für die senkrechten Pfosten und schrägen Streben des Fachwerkes wurden dann mit einer aufgespannten Holzleiste als Lehre und der Roco-Bastelsäge im Abstand von 2 mm Schlitze eingesägt und die Mauerwerks- und Balkenteile herausgefieselt, anschließend die Pfosten und Streben eingepaßt. Die Schwelle (das Längsholz auf dem Natursteinsockel des Schuppens) und der Rähm (der oberste Längsbalken unterm Dach) werden zuletzt montiert. Auf diese Weise schneiden sich die Balken in der richtigen Weise, und man spart sich gleichzeitig das

**Der Wand-Wasserkran am Laubacher Lokschuppen konnte noch 1966 fotografiert werden.**

**Auch diese Aufnahme stammt aus dem Jahr 1966; hier sind deutlich die beim Bahnhofsumbau 1902/1903 abgeschrägte Ecke und die auskragenden Konsolen unter der Dachpfette zu sehen.**

mühselige Einpassen der Gefachfüllungen. Sind die Wände fertig, werden sie zum Rohbau zusammengesetzt und die vier senkrechten Eckbalken aus 2 x 2 mm starkem, L-förmig profiliertem Balsa ergänzt.

Die Fenster sind aus 0,3-mm-Messing geätzt und metallgrau gespritzt. Die Fensterbänke entstehen aus Furnierstreifen. Der Naturstein-Sockel entsteht aus passenden Mauerplatten, das obere Steinprofil aus einem Evergreen-Polystyrolprofil 1,5 x 1,5 mm, dessen Kante mit dem Bastelmesser eine Fase erhielt.

Das Mauerwerk der abgeschrägten Gebäudeecke besteht aus den Kibri-Platten 4147. Auch die schrägen Konsolen wurden aus diesen Mauerplatten und einer dazwischengelegten 1 mm starken Polystyrolplatte gefertigt. Für die abgetreppten Steinlagen braucht man eine feine Laubsäge, eine noch feinere Schleifpapierleiste – und Geduld.

Das Dach entstand wie beim EG aus Kibri-Schablonenschiefer mit Ortgangschindeln aus Lochkartenkarton, das Tor und der Rauchabzug aus Northeastern-Profilholz „Board and Batten". Nach dem beidseitigen Beizen wurde das noch etwas feuchte Holz zwischen Lagen von Toilettenpapier gelegt und einige Tage mit einem flachen Gewicht beschwert, um ein Verziehen zu vermeiden. Das Tor hat sechs echte, funktionsfähige Angeln aus 0,8 mm starkem Messingrohr und 0,3 x 0,5 mm starken Messingblechstreifen, gelötet. Die Torflügel lassen sich aushängen.

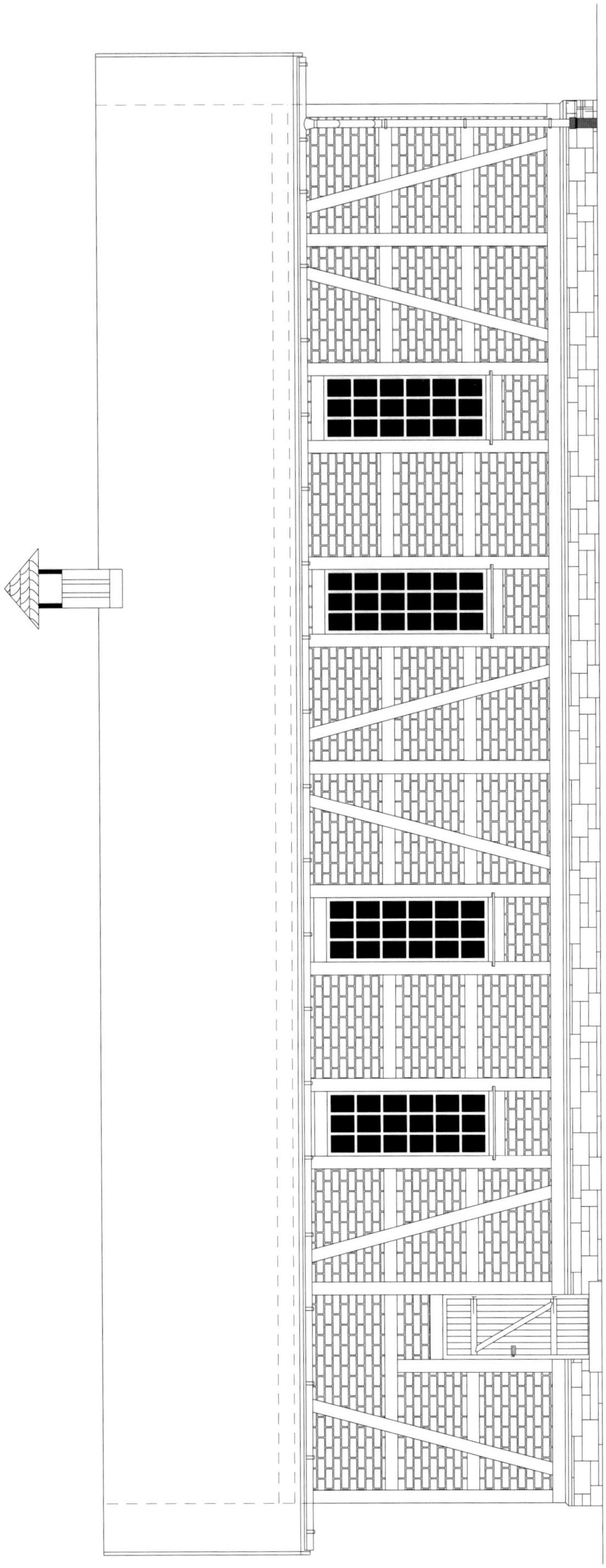

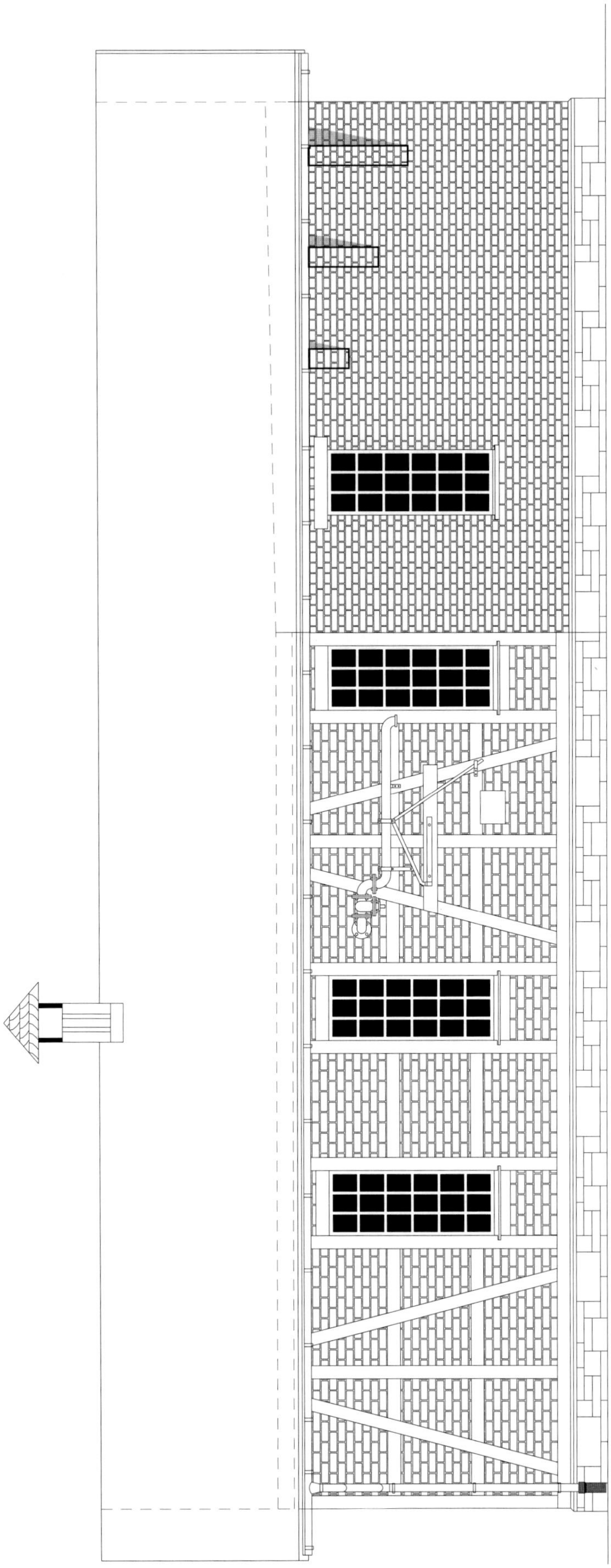

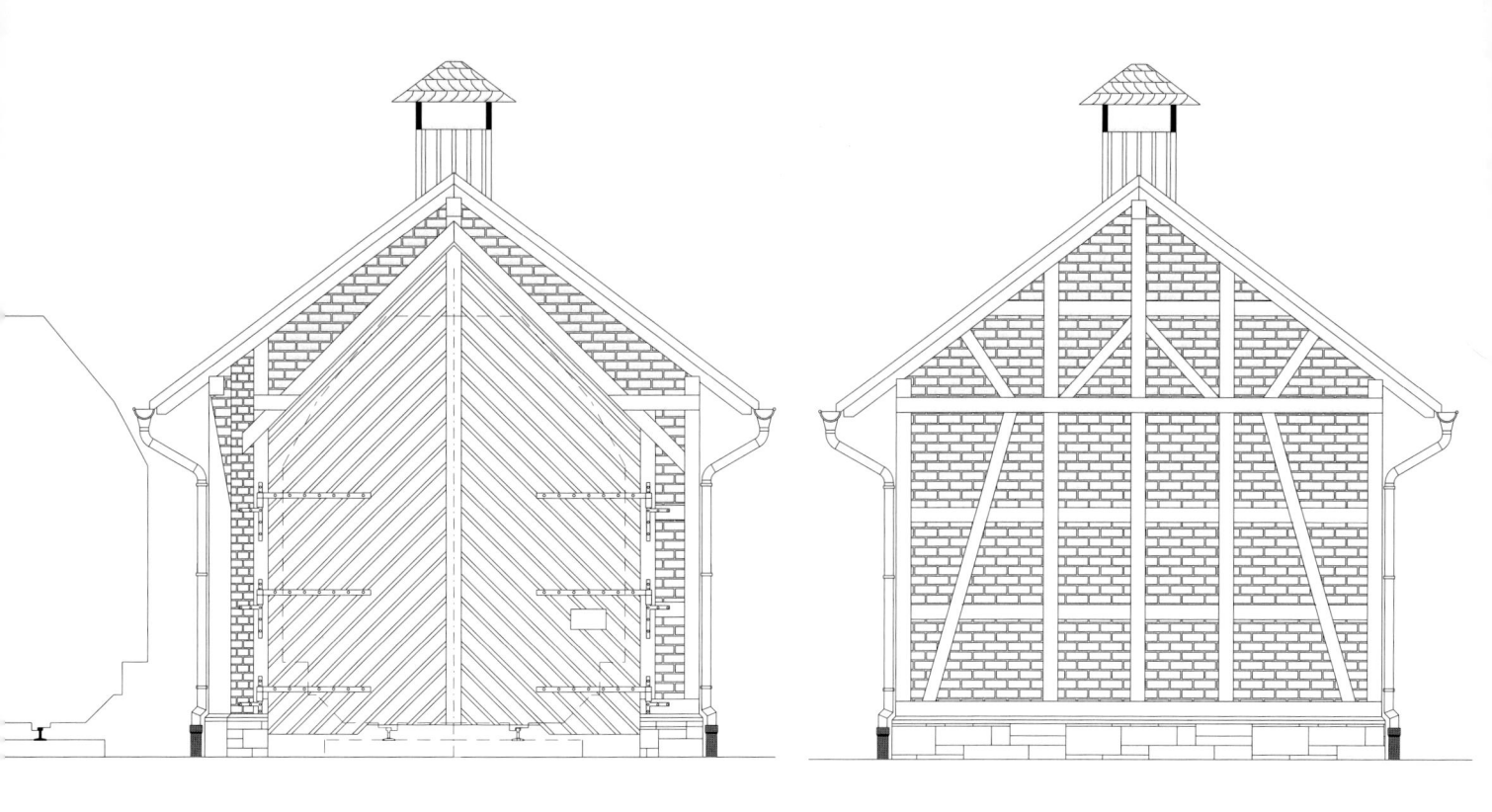

Oben und auf der Gegenseite: Bauzeichnungen des Lokschuppens in H0-Größe.

Unten: Grundriß (unmaßstäblich) des Lokschuppens; man erkennt die abgeschrägte Ecke und das knapp vorbeiführende Gleis.

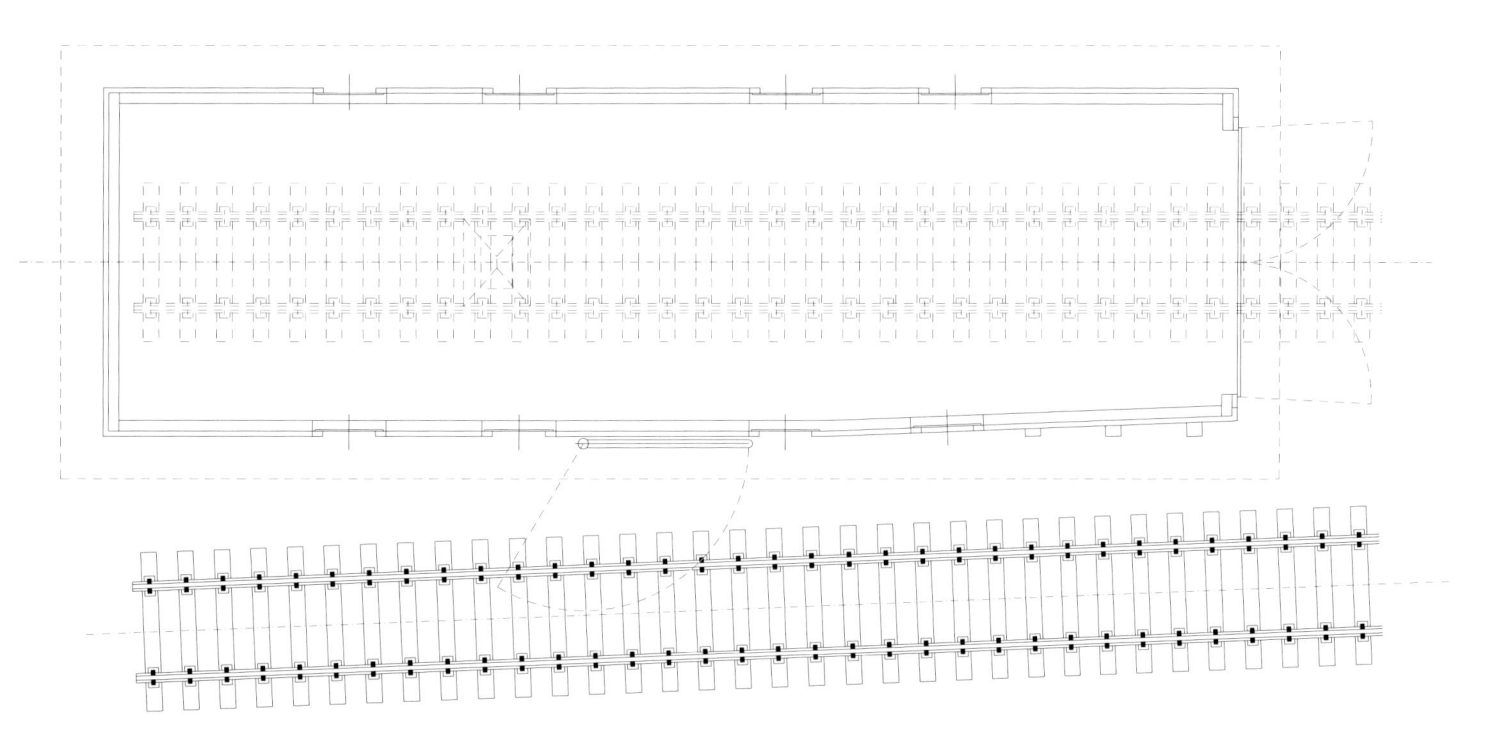

107

# Der Geräteschuppen

Ein schmuckes Modell: der kleine Geräteschuppen von Laubach. Das Vorbild steht heute noch.

… entstand aus 1-mm-Polystyrolplatten und verschiedenen Evergreen-Profilen zur Nachbildung der Wandflächen in verschiedenen Ebenen und der Putzdetails. Zur Herstellung von Rauhputz ließ ich Graupner-Mattierungsmittel in einem Blechdeckel verdunsten. Der Rückstand ist ein feines weißes Pulver, das mit dem für die Grundierung verwendeten Humbrol-Lack (mit etwas Gelb und Braun gebrochenes Hellgrau) gemischt und mit einem Borstenpinsel aufgetragen wird. „Stupfen" mit den Borsten während des Trocknens erzeugt einen gut wirkenden Rauhputz; bei zu rauhen Stellen kann man mit etwas Verdünner nachbessern. Stellen mit Glattputz, z.B. dekorative Ränder um die Fenster, lassen sich vorher mit schwach klebendem Klebeband oder Airbrush-Maskierfolie abkleben.

Auch hier sind Türen und Fenster aus 0,3-mm-Messing geätzt. Das Dach besteht aus einer Faller-Biberschwanzplatte; für die Gaubenteile muß man wegen des fast 2 mm starken Materials dieser Platte kräftig feilen, weil dort die Ziegel teilweise von der Seite zu sehen sind. Details wie das Aufsatzrohr auf dem Kamin (aus einem Stück braunem Spritzling auf der Bohrmaschine gedrechselt) und die Dachrinnen Faller-Bauteile, Fallrohre 1,2-mm-Ms-Draht) runden das Bild ab.

Auch wenn es sich hier um ein eher unbedeutendes Gebäude handelt, sparte der Architekt seinerzeit nicht mit hübschen Details: Profilierte Putzflächen, Krüppelwalmdach mit verkleideten Dachkanten und aufwendig gestaltete Fenster und Türen. Die Dachgaube ist vielleicht erst später verbrettert worden. Bauzeichnung in H0-Größe.

1960 wurden die Gleise zwischen Mücke und Laubach abgebaut; links von der Volksschule wurden auf der ehemaligen Trasse alsbald neue Schulpavillons errichtet. – Von dieser Schule sah der Chronist anno 1953 die Züge auf der Westbahn fahren; damit wurde der erste Grundstein für die Modell-Westbahn gelegt, auf der der damalige Erstkläßler rechts vor dem Schulgebäude zu finden ist …

# Die Schule

Auch die Schule entstand aus Polystyrolplatten. Begonnen wurde allerdings mit dem Ätzen der vielen gleichartigen Fenster. Um das zeitraubende und ungenaue Aussägen der vielen Fenster zu umgehen, wurde folgende Methode angewandt: Die Wände aus 1,5 mm Polystyrol wurden mit dem Cutter in Höhe der Fensterober- und -unterkanten in waagrechte Streifen zerlegt. Kräftiges Anritzen und Brechen ergibt eine saubere Kante, die kaum nachbearbeitet werden muß. Die Streifen der Fensterbänder werden anschließend senkrecht so zerschnitten, daß die Wandstreifen zwischen den Fenstern entstanden. Nun wird alles wieder zusammengepuzzelt und mit Kunststoffkleber stumpf verleimt; die Klebenähte sind später innen. Das Ergebnis sind sehr exakte und gleichmäßige Fensteröffnungen! Ist alles trocken, werden von außen mit weißem Kunststoffspachtel eventuelle Fugen verspachtelt und die fertigen Wandteile mit feinstem Schleifpapier geschliffen.

Die vier Wände werden nun mit Kunststoffkleber zum Korpus zusammengesetzt und in den Ecken mit Evergreen-Vierkantleisten versteift. Das Kellergeschoß wurde vorerst noch nicht montiert, denn zunächst steht die Farbgebung an und man vermeidet so das Abkleben. Für den weißen, relativ glatten Putz habe ich lösungsmittelarmes weißes Mattlackspray aus dem Baumarkt verwendet, das 3–4 mal aus 30–40 cm Entfernung (im Freien!) aufgesprüht wird. Das Ergebnis ist eine sehr gut wirkende Putzoberfläche.

Das Kellergeschoß in Massivmauerwerk entstand aus

Schulgebäude, Ostansicht, Maßstab 1:1 für H0

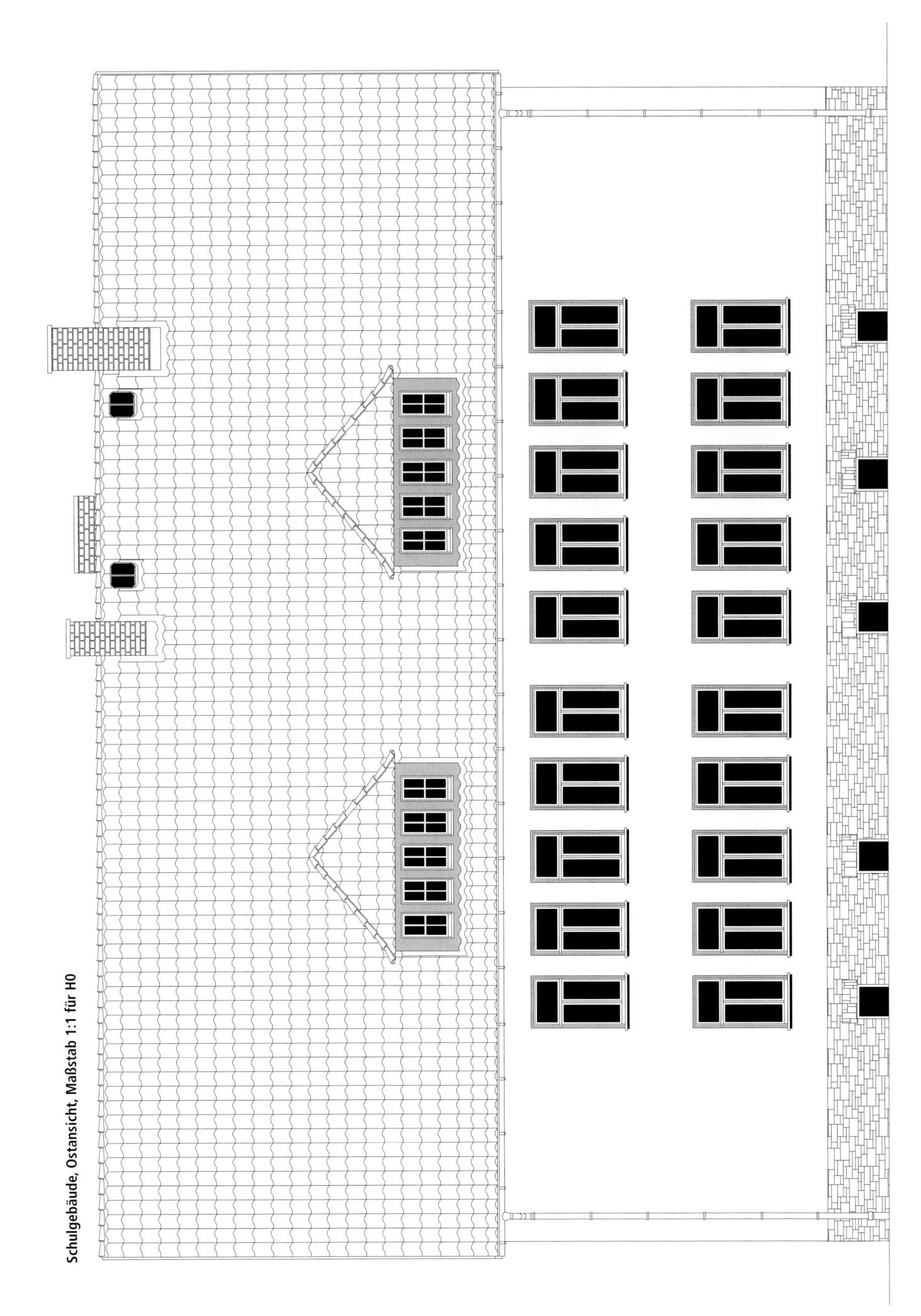

Schulgebäude, Westansicht, Maßstab 1:1 für H0

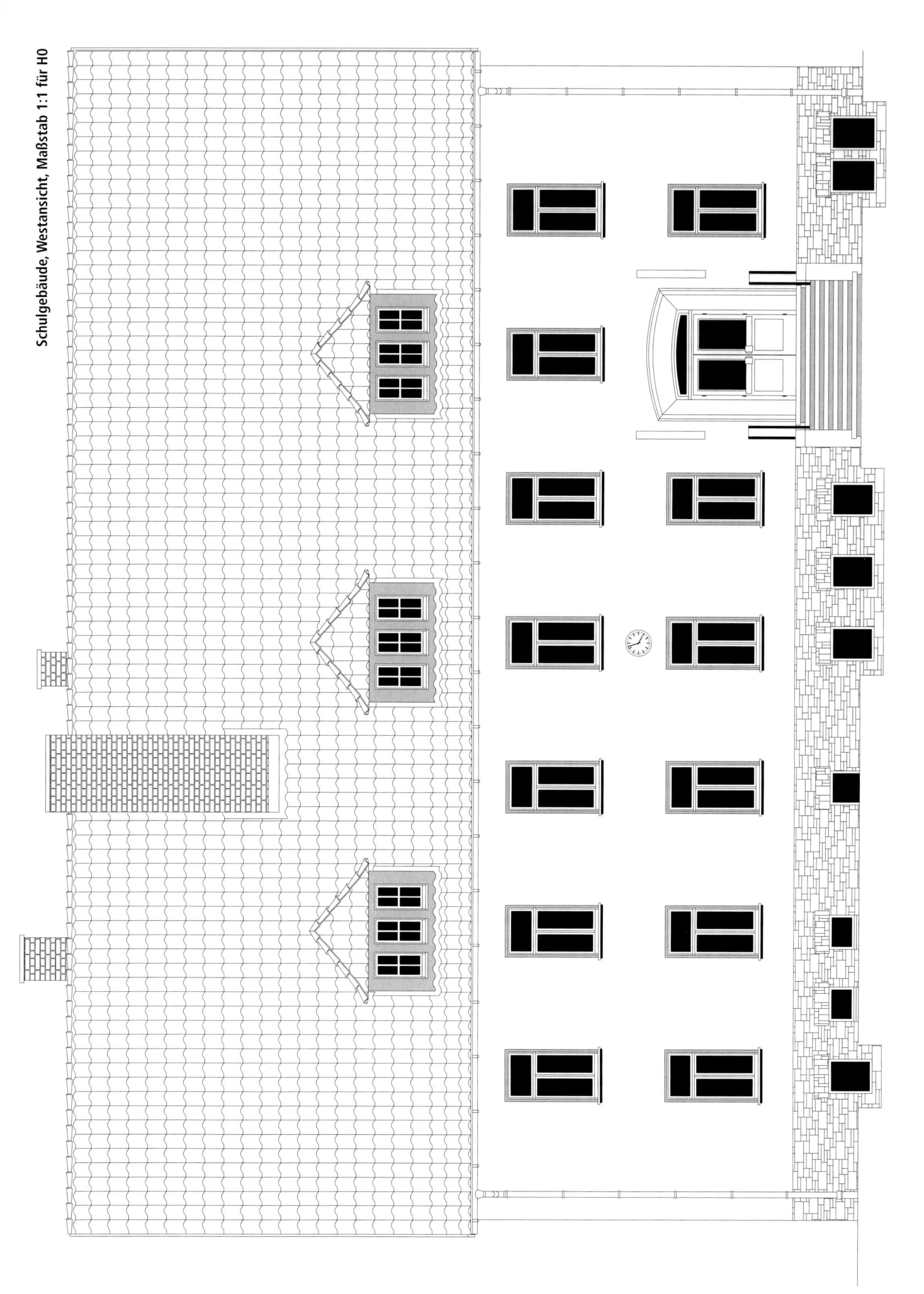

Das Schulgebäude präsentiert sich heute bis auf die Rolladenkästen fast unverändert. Längst verschwunden ist die Bahnstrecke …

… die gottlob im Modell erhalten bleibt. Nach dem kurz vor Redaktionsschluß dieses Buches die Vorbild-Aufnahme von S. 109 auftauchte, soll die Partie am Bahndamm demnächst mit einem Gemüsegärtchen etc. vorbildgemäß umgestaltet werden.

passenden Mauerplatten (Vollmer 6031), deren tiefes Relief mit grobem Schleifpapier etwas abgeflacht wurde. Für die Mauerstürze über den Kellerfenstern wurden mit Spachtelmasse unpassende Mauerfugen geschlossen und die gewünschten Fugen vor der Montage mit dem Cutter eingeschnitten. Die Kellerwände werden mit Humbrol-Mattlack passend eingefärbt und bei Bedarf mit Wasserfarben gealtert.

Vor dem Einkleben der weiß gespritzten Ätzfenster habe ich noch Fensterbänke aus 2 x 0,5-mm-starken, hellgrauen Pappstreifen eingeklebt. Auch die Türe ist geätzt; das Portal entstand aus 1-mm-Polystyrol und verschiedenen Evergreenstreifen. Im Gebäude wurden die Geschoßdecken und einige Querwände aus grauer Pappe eingebaut, damit man nicht von außen quer durch das Schulhaus schauen kann.

Das Dach entstand aus Faller-Dachplatten (Frankfurter Pfanne), die Kamine bestehen aus Kibri-Ziegelplatten und Polystyrolplatten und -leisten. Schwierig war die Herstellung der Teile für die Dachgauben (die Wände aus Schablonenschiefer-Dachplatten). Hier war mehrmaliges Probieren und dann Serienfertigung für die drei kleinen und zwei großen Gauben notwendig. Alle Teile wurden vor der Montage mit Humbrol im richtigen Farbton grundiert – mit dem Pinsel. Die Gauben und Kamine wurden in den Ausschnitten der Dachflächen montiert, bevor diese auf das Schulhaus aufgesetzt wurden. Eine Winkellehre sicherte den senkrechten Sitz der Kamine und Gaubenwände.

Last not least: Firstziegelreihen, Dachrinnen, Fallrohre und schließlich die Schlußalterung, wobei man vor allem dem Dach mit ganz leicht abgetönten Ziegeln, Taubenmist und Schmutzfahnen an Gauben und Kaminen etwas Leben einhauchen muß.

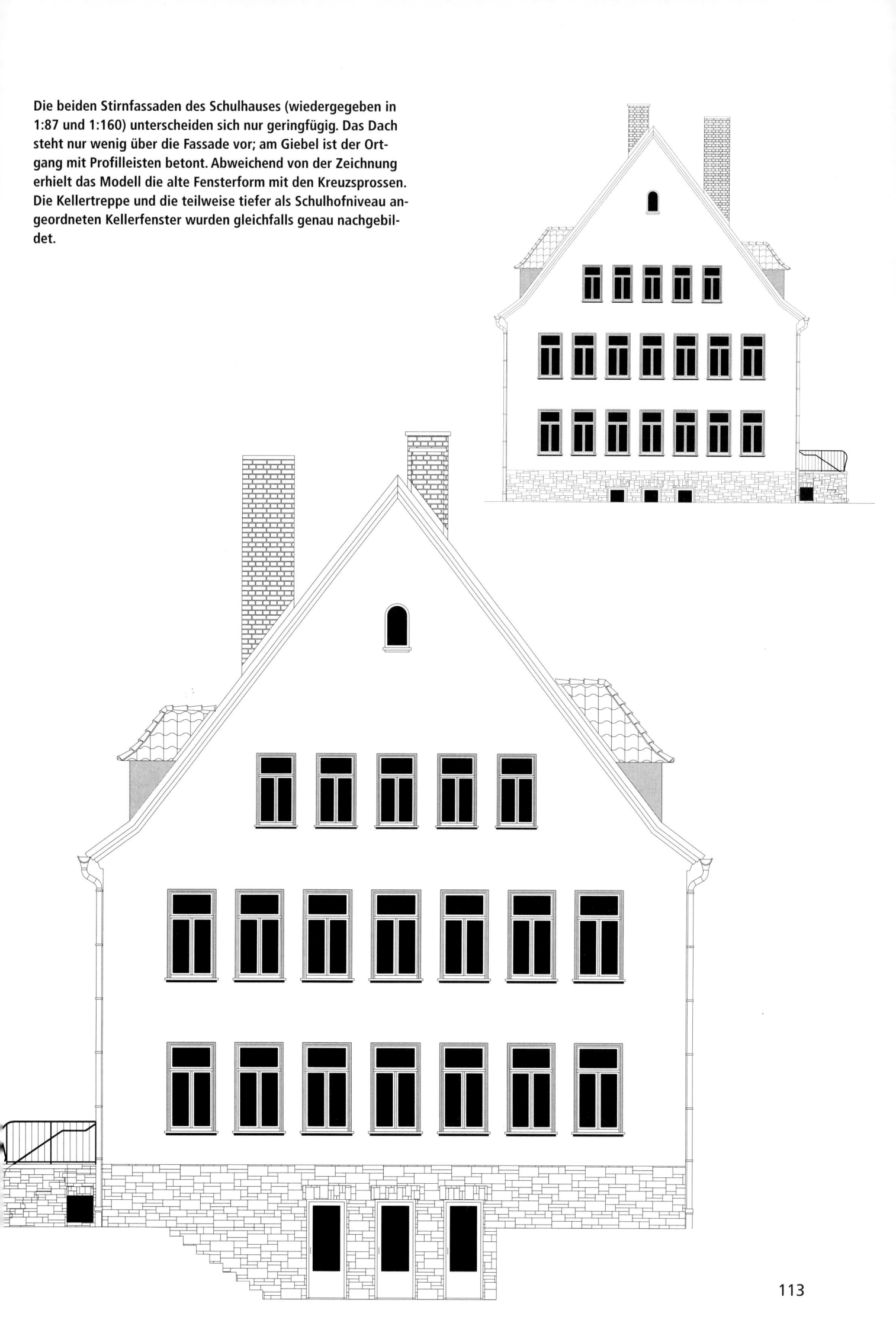

Die beiden Stirnfassaden des Schulhauses (wiedergegeben in 1:87 und 1:160) unterscheiden sich nur geringfügig. Das Dach steht nur wenig über die Fassade vor; am Giebel ist der Ortgang mit Profilleisten betont. Abweichend von der Zeichnung erhielt das Modell die alte Fensterform mit den Kreuzsprossen. Die Kellertreppe und die teilweise tiefer als Schulhofniveau angeordneten Kellerfenster wurden gleichfalls genau nachgebildet.

# Die Eisengießerei

Von der Eisengießerei, die seit 1929 samt Gleisanschluß von der Friedrichshütte bei Ruppertsburg in die unmittelbare Nähe des Laubacher Bahnhofs verlegt wurde, waren zunächst, d.h. bei Baubeginn, keinerlei Fotos aus der „Spielzeit" der Anlage aufzutreiben, die das Aussehen in der Mitte der fünfziger Jahre zeigten. Das hier wiedergebene Luftbild von ca. 1958 tauchte erst nach Abschluß aller Arbeiten in einem Zeitungsartikel zum 70jährigen Firmenjubiläum auf, so daß unser Modell von Dieter Dabringhausen und Ludwig Fehr unter Verwendung von Bausatz- und Eigenbau-Elementen und unter Annäherung an das heutige Ausehen quasi „freischwebend rekonstruiert" werden mußte. Aus Platzgründen konnte ohnehin nur der unmittelbar am Gleisanschluß liegende Bereich dargestellt werden.

Zwischen den beiden Hauptgebäuden (Artitec-Lagerhallen) befindet sich ein Zwischenbau mit Kranlaufbahn. Die Idee bei der Modellumsetzung war – basierend auf den Erinnerungen des Chronisten und langjähriger Mitarbeiter der Eisengießerei –, daß zunächst nur die im Modell aus 3-mm-I-Profilen bestehende Kranlaufbahn da war und die Überdachung erst später dazukam. Dieser Bau besteht aus Vierkantprofilen 2 x 2 mm, was in etwa 18er Holzbalken entspricht; aus Stabilitätsgründen ist aber alles in Messing ausgeführt und gelötet. Die Katzenlaufbahn ist aus flachen Messing-U-Profilen gebaut. Das genau zur Eisengießerei passende Ladegut „Masseln" von M+D ist magnetisch und kann tatsächlich magnetisch entladen werden, wie vorab schon einmal mit einem Magneten aus einem Brio-Spielzeugkran ausprobiert wurde.

Das Blechdach ist aus Kunststoffplatten und -profilen von Evergreen gebaut, nur die vordere Dachabschlußkante ist ein U-Profil aus Messing. Die „Nähte" sind Streifen von 0,25 x 0,5 mm, ebenso die nur an den äußeren Feldern angedeuteten „Dachlatten".

Der vierkantige Silo fungiert als Zwischenbunker für aufbereitete Zuschlagstoffe oder als Abgas-Reinigungsanlage, wie sie heute noch dort zu sehen ist. Angenommenermaßen kam diese Anlage erst nach dem großen Kessel hinzu, weswegen der Aufstieg etwas umständlich erst senkrecht, dann quer zum Kessel und schließlich noch über eine Leiter erfolgt – genauso „zusammengeflickt" eben, wie die ganze Anlage auch in natura aussieht. Das Silo besteht aus Plexiglasplatten, sein Unterbau aus 3 x 3-mm-Messingprofilen. Alle anderen Teile kommen aus den Hydrierwerk-Bausätzen von Vollmer und aus dem Kibri-Satz 4100 „Bastlers Fundgrube", womit sich Fabrikanlagen hervorragend komplettieren lassen.

**Ein interessanter Vergleich:** oben die heutige Eisengießerei Winter auf einer Luftaufnahme von 1998, links die damalige Eisengießerei Helwig auf einem erst kürzlich entdeckten Luftbild von ca. 1958. Auf dem Anschlußgleis sind drei offene Güterwagen und ein Klappdeckelwagen zu erkennen; außerdem sind das Einfahrsignal sowie links unten das Fundament des ehemaligen Lagerhauses auszumachen (siehe S. 20/21).

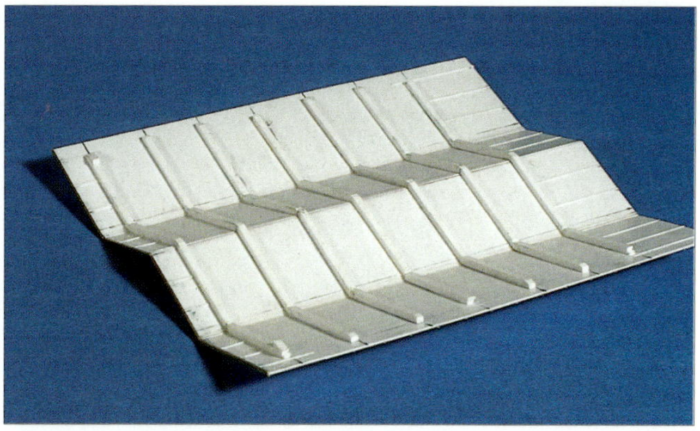

Aus Messing-Vierkantprofilen 2 x 2 mm entstand die Konstruktion zwischen den Artitec-Gebäuden; rechts das Dach aus 2 x 2 mm-Profilen und Evergreen-Platten.

Die Kranlaufbahn aus einem 3-mm-I-Profil. Gerade hebt der Magnet aus einem Brio-Spielzeugkran die kranbaren Masseln von M+D aus dem O-Wagen.

Silo und Kessel neben den Artitec-Gebäuden entstanden aus Messingprofilen, Plexiglasplatten und Bausatzteilen von Kibri und Vollmer.

Blick vom Streckengleis auf das etwas höher gelegene Anschlußgleis und die Eisengießerei Helwig

Martin macht's mit Tachowelle:
# Westwärts rollen feine Räder

Typische Westbahn-Fahrzeuge im Bahnhof Laubach: V 36 413, 78 403 mit preußischen Nebenbahnwagen und Schienenbus VT 95/VB 142.

Die 74 662 des Bw Hanau, das in den fünfziger Jahren seine pr. T 12 des öfteren an das für die Bespannung der Züge auf der Vogelsberger Westbahn zuständige Bw Friedberg auslieh. Genau nach diesem Vorbildfoto entstand …

… aus dem Roco-Modell samt Günther-Umbausatz die 74 662 durch Kooperation von Werner Schmalenbach und Hermann Teichmann – selbstverständlich mit feinsten RP-25-Radsätzen, Faulhaber-Motor und geändertem Getriebe.

Die 78 403 des Bw Friedberg bespannte nachweislich Züge auf der Strecke Friedberg–Hungen–Mücke (siehe S. 119) und darf daher auf unserer Vogelsberger Westbahn nicht fehlen. Schon Mitte der achtziger Jahre …

… wurde auf Basis des Märklin-Modells (Fleischmanns 78 war noch fern), wiederum in Zusammenarbeit von Werner Schmalenbach und Hermann Teichmann, diese 78 403 gebaut, ebenfalls mit RP-25-Radsätzen und Faulhaber-Antrieb.

Die 56.2 war typisch für die oberhessischen Nebenbahnen. Das Bw Friedberg, dessen 56 338 wir hier sehen, setzte die gelungenen Umbau-Maschinen (pr. G 8.1 mit Laufachse) auch auf der Strecke 193 e ein, wie das Bild auf S. 11 zeigt.

Kaum war Weinerts 56.2 erschienen, entstand das – auf der Westbahn unverzichtbare, wie zahlreiche Bilder zeigen – Modell der 56 444, dessen Bau von „Comedian Hanullist" Jan in MIBA 7/92 ausführlich geschildert wurde.

„Was sind denn früher nach Laubach für Lokomotiven gelaufen?" hatte ich als angehender Westbahn-Forscher in der Bahnmeisterei Hungen bereits 1964 gefragt – fünf Jahre nach der Einstellung des Reisezugverkehrs, als noch zahlreiche Eisenbahner über die vergangenen Jahre Auskunft geben konnten. „Ei, die 74 und die 78, für Güterzüge auch die 56 und am Schluß die V 36. Und natürlich der Schienenbus!" war die Antwort, an die ich mich noch genau entsinne; damals waren mündliche Aussagen fast die einzige Quelle, und Baureihen-Bücher oder Stationierungsverzeichnisse lagen noch in weiter Ferne … Inzwischen gibt es das alles, und es gibt auch (fast, wie wir sehen werden) alle damaligen Fahrzeuge als H0-Modelle. Und so war es damals in der Epoche III:

Das Bw Friedberg setzte in der Tat seine 74.4 (pr. T 12) und 78.0 (pr. T 18) vor den Personenzügen, gelegentlich auch vor Güterzügen, auf der Strecke Hungen–Laubach–Mücke ein. Ab 1952 wurden sie nach und nach von den Schienenbussen VT 95/VB 142 verdrängt, bis zuletzt nur noch der Früh-Personenzug lokbespannt fuhr. Die Schienenbusse waren übrigens nicht in Friedberg, sondern zunächst in Frankfurt/M-Griesheim und dann in Gießen stationiert.

Der Einsatz von Friedberger 56.2 (pr. G 8.1 Umbau) im Güterzugdienst hat sich mittlerweile durch verschiedene Quellen bestätigt; daneben hat diese für die oberhessischen Strecken typische Universallok auch Personenzüge befördert. Auch die 55.16 (pr. G 8.1) soll hier gefahren, von den Lokpersonalen wegen der fehlenden Laufachse auf dieser kurvenreichen Strecke aber nicht besonders geschätzt worden sein. In den ersten Nachkriegsjahren, bis ca. 1952, kam nachweislich auch die 86 zum Zuge, wohingegen Einsätze der 93.5 und 94.5 (pr. T 14.1 und T 16) möglich, aber nicht verbürgt sind.

Die schweren Panzerzüge der US-Army wurden mit den Einheitsloks der BR 50 bespannt und erhielten ab Hungen Schub und gelegentlich auch Vorspann durch 56.2, um die 1:70-Steigung zwischen Laubach und Freienseen zu bewältigen. Von 1956 bis 1959 schließlich war die V 36 413 (eine Lok der MaK-Nachbauserie von 1949/50) in Friedberg stationiert, die den mittäglichen Gmp von Hungen nach Mücke bzw. Freienseen und zurück beförderte.

Die Reisezugwagen stellte ebenfalls der Bahnhof Friedberg; ein Beheimatungsverzeichnis von 1957 zeigt die typische Mischung aus preußischen Typen (vor allem die -3i-Durchgangswagen) und zweiachsigen Einheitsbauarten der Baujahre 1921, 1927 und 1928/29 („Donnerbüchsen").

Die Friedberger 78 403 ist als Märklin-Umbau von Teichmann/Schmalenbach ebenso mit von der Partie wie die 74 662 als Roco/Günther-Umbau, ebenfalls von Teichmann/Schmalenbach mit Faulhaber-Motor, geändertem Getriebe und feinen RP 25-Radsätzen ausgerüstet; mit letzteren (von Weinert) läuft auch Rocos 50, übrigens die passenderweise im Bw Treysa stationierte 50 987. Schienenbusse VT 95/VB 142 verkehren als Fleischmann-Modelle „zuhauf", wie das Betriebs-Kapitel zeigen wird.

Preußische und Einheits-Personenwagen sind als Modelle von Liliput (Langenschwalbacher, wie sie zeitweise sogar in Hungen beheimatet waren) und Fleischmann vorhanden, wobei die preußischen Dreiachser aus Nürnberg sogar die authentische Friedberger Beschriftung samt passenden Zuglauf-Schildern Friedberg–Mücke tragen ... An passenden Güterwagen jeder Art besteht ohnehin kein Mangel; bliebe nur noch die V 36 413, denn ein Groß- oder auch Kleinserienmodell dieser durch einen geringfügig längeren Achsstand und andere Details von der Serien-V-36 unterschiedenen Maschine gibt es nicht zu kaufen ...

**Im Herbst 1999 brachte Fleischmann die preußischen Durchgangs-Dreiachser und den PwPosti in untadeliger Modellausführung heraus. Als Reverenz an die inzwischen branchenbekannte Westbahn erhielten die Modelle Zuglaufschilder mit dem Lauf der Strecke 193e Friedberg–Laubach–Mücke.**

**Auf derselben Strecke wie die oben gezeigten Preußen lief auch dieser MBi, dessen Vorbildfoto auf S. 150 zu sehen ist. Das bekannte Modell stammt von Röwa, wurde dann aber ins Roco-Programm übernommen – leider jedoch unverändert mit Stuttgarter Beschriftung. Um den Wagen in den hessischen „Kernlanden" zu beheimaten, wurde die Beschriftung komplett mit Farblöser von Gaßner abgelöst und durch Naßschieber, ebenfalls von Gaßner, ersetzt. Die authentische Nummer „300 823" ist aus 300, 8, 2 und 3 einzeln zusammengesetzt.**

In Stockheim (Strecke 193 Gießen–Hungen–Gelnhausen) wurde 1959 dieser Gepäckwagen württembergischer Bauart 117 142 Ffm, Heimatbahnhof Gießen, fotografiert.

Das Roco-Modell trägt genau diese, bestens zur Vogelsberger Westbahn passende Beschriftung und ist daher mit Fug und Recht im P 4985/4990 eingesetzt (siehe S. 143).

78 403 um 1953 mit einem Personenzug kurz vor dem Bahnhof Mücke. Hinter der Lok ist ein PwPosti Pr 11 auszumachen, wie er auch auf der Westbahn verkehrt (siehe S. 118).

Der Nachschuß zeigt die Einheits-Nebenbahnwagen Bauart Ci-21 (als Vorläufer der „Donnerbüchsen" die meistgebaute Gattung), die es indes noch nicht als Großserienmodell gibt.

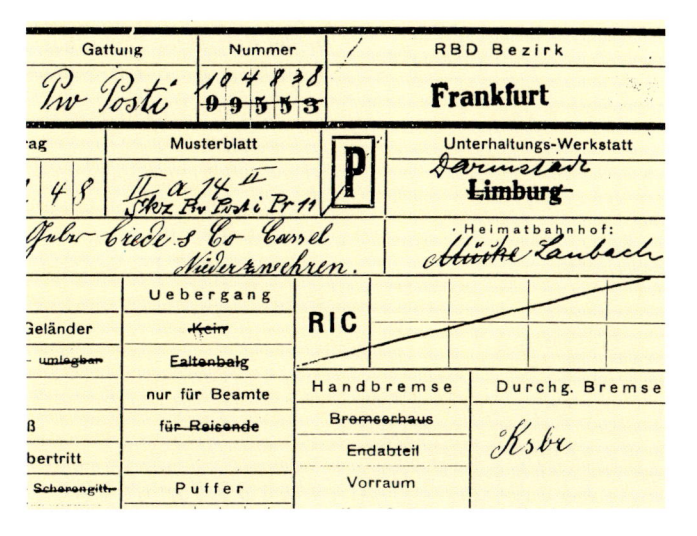

Während der Reichsbahnzeit (Epoche 2) war ein PwPosti Pr 11 mit der Nummer 104 838 sogar in Laubach beheimatet, wie die amtliche Wagenkarte beweist.

V 36 413, im April 1959 vor Gmp 8964 in Freienseen, wird sich in Kürze auf die Fahrt nach Laubach machen; auf den folgenden Seiten wird der Bau des Modells geschildert.

119

# Der Umbau zur V 36.4

Als Basis sollte der Bausatz von Weinert abgeändert werden. Angesichts der vielen möglichen Varianten der Vorbildlokomotiven ist es ein glücklicher Zufall, daß die Details des Aufbaus am Weinert-Modell schon ziemlich genau denjenigen der 413 entsprechen. Lediglich Achsstand und Form des Führerhauses müssen neben jeder Menge kleinerer Detailänderungen bearbeitet werden.

Als erstes wird die hintere Achse mit Hilfe eines Radabziehers ausgebaut. Damit die Maschine nicht später schief auf dem Gleis steht, müssen die neuen Bohrungen exakt die gleiche Höhe wie die anderen Achsbohrungen und denselben Abstand von der mittleren Achse haben.

Der Rahmen ist praktischerweise lang genug. Das richtige Abstandsmaß liegt bei 5,2 mm Versatz zur Lage der bisherigen hinteren Achse. Um das Maß auf beiden Seiten genau gleich einhalten zu können, wurde ein Stück Messingwinkel zusammen mit dem Lokrahmen in einen Schraubstock gespannt und – geführt von den vorhandenen Löchern im Rahmen – ein 2-mm-Loch in den Messingwinkel gebohrt. Dann wurde der Messingwinkel um die errechneten 5,2 mm verschoben, was mit einer Schieblehre an der Kante des Lokrahmens leicht meßbar ist, und noch ein 2-mm-Loch in den Winkel gebohrt.

Jetzt hat man in dieser Lehre zwei Löcher, die genau dem Versatz und der Höhenlage der Rahmenbohrungen entsprechen. Falls bis hierher etwas – im Wortsinn! – schiefgegangen sein sollte, kann man, ohne den Rahmen zu versauen, notfalls eine neue Lehre basteln.

Um die neuen Achslöcher in den Rahmen zu bohren, wird die Winkellehre mit einem 2-mm-Bohrer in der vorhandenen Achsbohrung fixiert und in den Schraubstock gespannt. Ein weiterer 2-mm-Bohrer bohrt dann die neuen Löcher in den Fahrwerksrahmen.

In der Haltestelle Laubacher Wald stellt die V 36 413 einen belgischen O-Wagen an das Rampengleis (vgl. S. 16). Was bisher mit einer V 36.1 improvisiert werden mußte, kann nun mit der authentischen „Vierdreizehn" durchgeführt werden.

V 36 413 aus der Nähe. Auf der Basis dieses und eines weiteren Fotos wurden die Umgestaltungen am Weinert-Bausatz vorgenommen.

Mit dem Radabzieher von Fohrmann wird die hintere Achse vorsichtig aus dem Rahmen entfernt.

Mit Hilfe einer selbstgefertigten Schablone gelingt der exakte Sitz der neuen Achsbohrung. Damit die Schablone sich nicht gegenüber dem Rahmen verschiebt, ist sie mit einem Bohrer in der alten Bohrung fixiert.

Nach dem Anbringen der neuen Bohrung wird die Achse wieder in den Rahmen gesetzt. Die Radsatzlehre von Fohrmann gewährleistet das korrekte Radsatzinnenmaß von 14,3 mm.

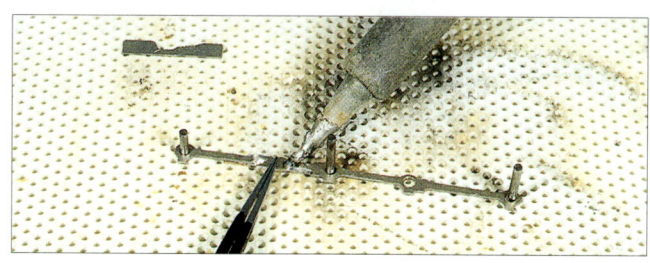

Nachdem am Fahrwerk die neue Länge der Kuppelstange durch einen dahintergelöteten Blechstreifen festgelegt ist, wird die Lücke auf der Vorderseite ausgefüllt. Stahlstifte in der Wemoba-Lötplatte verhindern erneutes Verrutschen.

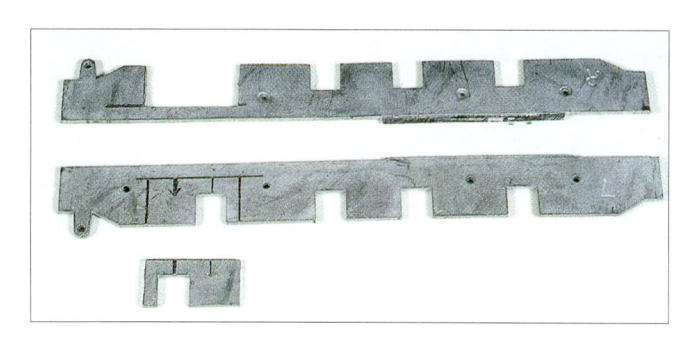

Auch der Rahmenausschnitt mußte versetzt werden. Damit die Nietimitationen weiterhin passen, wurde das benachbarte glatte Stück mit ausgesägt.

Die hintere Befestigung der Bodenplatte mußte dem neuen Achsstand angepaßt werden. Vorn ein unverändertes Bauteil.

Jetzt kann schon die Achse wieder eingebaut werden. Für das richtige Radsatzinnenmaß von 14,3 mm sorgt die Lehre von Fohrmann. Damit der Kurbelzapfenversatz von 90° auch wieder getroffen wird, muß man das aufzupressende Rad vorsichtig auf die vorhandene Rändelung der Achse stecken. Diese hat in der Radnabe entsprechende Abdrücke hinterlassen, die das Zielen wesentlich erleichtern. Um irgendwelche Zahnräder muß man sich nicht kümmern, erste und letzte Achse werden ohnehin über die Kuppelstangen bewegt.

Die vorhandenen Kuppelstangen wurden durchtrennt und an die Räder geschraubt. Wenn man nämlich die Kurbelzapfen in 3- oder 9-Uhr-Stellung dreht, ist das Längsspiel in den Kuppelstangenaugen minimal. Ein dahintergelöteter Blechstreifen bringt die Kuppelstange auf Maß. Ob es das richtige Maß ist, muß eine Probefahrt zeigen. Falls noch etwas klemmt, wird die Lötung so lange korrigiert, bis die Maschine rund läuft. Anschließend werden die Kuppelstangen auf der Lötplatte von Wemoba so fixiert, daß sich am Abstand der Teile nichts mehr ändern kann. Nun muß nur noch ein Blechstreifchen von 5,2 mm Länge und 0,5 mm Dicke in die Ebene der Kuppelstange gelötet werden. Der dahintergelötete Blechstreifen bleibt zur Stabilisierung erhalten. Alles weitere ist jetzt mit einer feinen Feile zu erledigen.

Mit dem Versetzen der Achse muß natürlich auch der Achslagerausschnitt in den Rahmenblenden versetzt werden. Dazu wurden nicht nur die Achslagerausschnitte ausgesägt, sondern gleich noch das benachbarte Stück Weißmetall dazu. Die beiden ausgesägten Stücke wurden dann mit Zweikomponenten-Klebstoff wieder eingeklebt – und zwar das Stück von rechts auf der linken Seite und umgekehrt. So ergab sich automatisch der richtigen Achslagerausschnitt an der neuen Stelle, einschließlich der Nieten daneben.

Die beiden Blenden konnten nun zusammen mit den Pufferbohlen unter das Umlaufblech geklebt werden. Die vordere Pufferbohle wurde dabei etwa 0,5 mm weiter

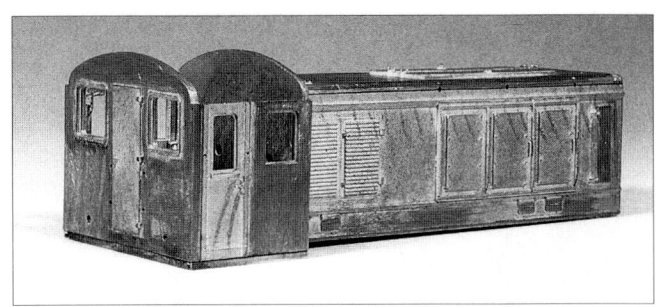

Das Lokgehäuse im probeweisen Zusammenbau. Die Seitenwände des Führerhauses wurden später noch um einen Millimeter nach unten verlängert.

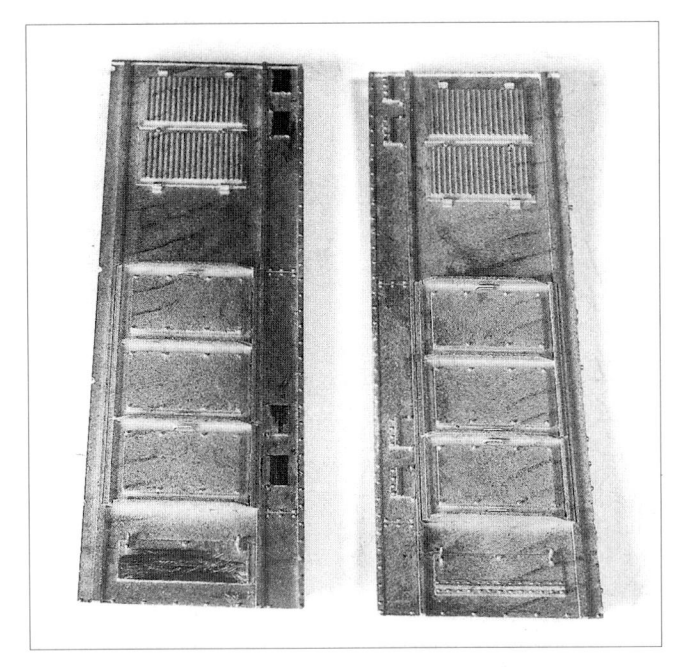

Die beiden Seiten des Vorbaus, links die bearbeitete Seite. Neben dem Abschleifen aller Nieten wurden auch noch die Nietbänder an einigen Klappen entfernt. Die bei der Nachbauserie etwas schmaleren Lamellen an den Lüfterklappen blieben unverändert, um hier keine unschönen Oberflächen zu erhalten. Zum Glück entsprechen alle weiteren Gehäusedetails der 413.

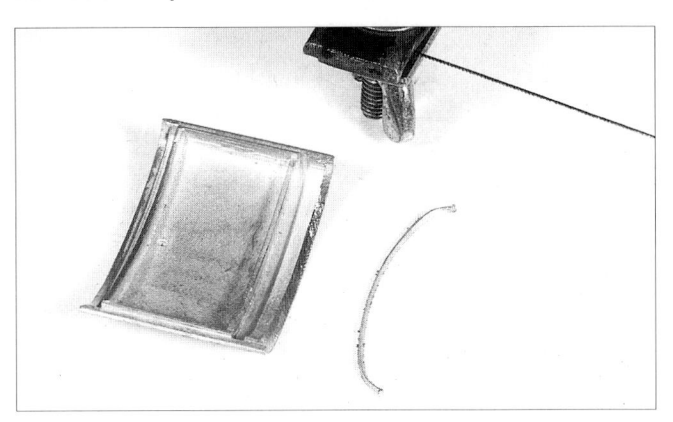

Die Verlängerung des Führerhauses erfolgte mit 1x1-mm-Messingwinkeln, die durch Drahtstifte festgedübelt wurden. Umlauf und ein Stück des Führerhausbodens wurde kleiner gefeilt.

Rechts daneben: Das Dach wurde hinten um 1 mm kürzer gesägt. Damit die Materialstärke weiterhin sehr schmal wirkt, wurde die Kante befeilt.

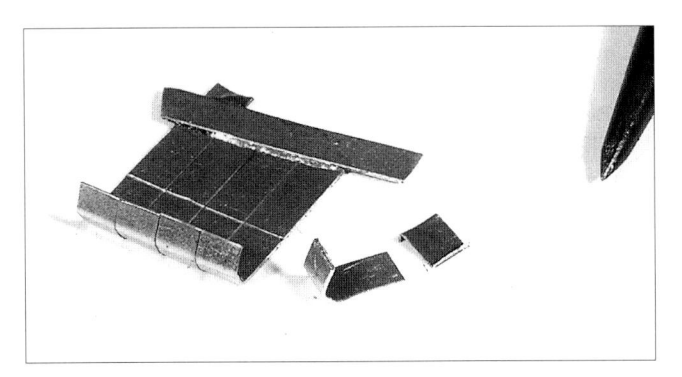

Eines der Charakteristika der Nachbauserie sind die anders geformten Trittstufen. Sie mußten aus Messingblech unterschiedlicher Dicke angefertigt werden. Damit alle vier Tritte gleichmäßig werden, sind sie zusammengelötet und gemeinsam bearbeitet worden. Die danebenliegende fünfte Stufe ist ein „Baumuster", um die Proportionen direkt an der Pufferbohle überprüfen zu können.

nach vorn versetzt, um die 40 mm längere LüP der Nachbauserie darzustellen. Die Rahmenabdeckplatte mußte ebenfalls an den längeren Radstand angepaßt werden. Die hintere Befestigungslasche wurde dafür abgetrennt und mit einem Füllstück dazwischen wieder angeklebt. Am Umlaufblech wurde unter die überstehende Kante ein Messingblechstreifen von 0,2 mm Dicke und 0,5 mm Breite geklebt. Der dann noch überstehende Teil der Kante wurde beigefeilt.

Bei der Nachbauserie stand das Führerhaus nicht wie bei den anderen Maschinen auf dem Umlaufblech, sondern war unten etwas länger. Im Modell muß der entsprechende Teil vom Führerhausboden weggefeilt werden. Das Führerhaus selbst wurde mit 1x1-mm-Winkeln nach unten verlängert, die entstehende Ritze ist verspachtelt. Als Auflage für das Führerhaus dient nun die Haltelasche mit der Gewindebuchse. Eine 0,5 mm dicke Unterlegscheibe überbrückt eine kleine Lücke.

An einem weiteren Messingwinkel sind unterhalb des Führerhauses die Trittstufen angelötet. Der Winkel ist so an den gekürzten Führerhausboden geklebt, daß er unten etwa einen halben Millimeter übersteht. In diesem Bereich wird auch ein zusätzlicher Luftkessel angeklebt.

Unter dem Umlauf gibt es noch ein paar Dinge zu berücksichtigen. Das Gestänge besteht aus 0,4- bzw. 0,3-mm-Draht. Das Gelenk war mal ein Griffstangenhalter

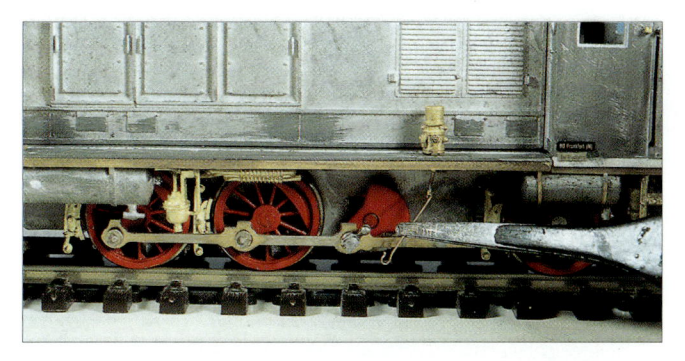

*Der Schmierpumpenantrieb ist ein kleiner Gag am Rande. Die Gegenkurbel von Paniers Tssd wurde auf die Kuppelstangenschraube gelötet. Die Drahtöse läßt sich jederzeit aushängen, um das Gehäuse vom Fahrwerk heben zu können.*

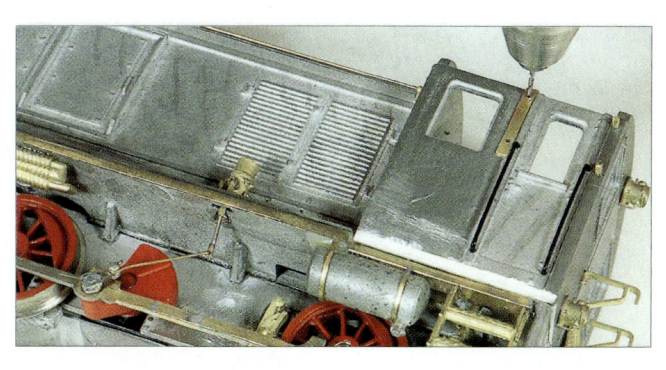

*Neben den Türfenstern waren an der Nachbauserie Windabweiser. Damit diese alle die gleichen Abstände von der Dachkante erhielten, wurde wiederum eine Schablone aus Messingblech angefertigt.*

*V 36 413 im lackierfertigen Zustand. Gegenüber der „normalen" V 36 wurden noch die vorderen Griffstangen, Steckdosen und Lamellenversteller am Vorbau, ein Blech in der obersten Sprosse der Leiter, eine Kappe und Lüfter in der Führerhausvorderwand sowie die Haltestreifen am Luftkessel ergänzt.*

*Bei der Ansicht von hinten fällt insbesondere das verlängerte Führerhaus auf. Auf dem Dach trötet nun ein Dreiklanghorn. Am Fahrwerk ist hinter der Leiter ein Werkzeugschrank zu erkennen, und an der hintersten Achse wurde der Tachowellenantrieb nachgebildet.*

für 0,3-mm-Draht. Und die kleine Gegenkurbel stammt von Panier aus dem Bausatz der Tssd. Sie ist direkt auf die Kurbelbolzenschraube aufgelötet. Auf dieser Seite mußte dann nur noch die vordere linke Trittstufe auf die Länge der vorderen rechten Trittstufe gekürzt und das Befestigungsloch im Kessel zugespachtelt werden.

Auf der rechten Umlaufseite wird die Sifa weggelassen. Weiter hinten ist aus einem Blechstreifen und etwas Draht die Tachowelle nachgebaut und aus einem Messingprofil den Kasten unter dem Führerhaus zurechtgesägt. Der Kasten erhält an passender Stelle noch eine Bohrung, da sonst der hintere rechte Puffer nicht mehr eingedrückt werden kann. Direkt unter den Puffern müssen die einfachen Drahtstücke aus dem Bausatz ersetzt werden, da an der 413 diese Tritte etwas weiter nach außen reichten. Richtig fummelig waren die Blechtrittstufen: Die Tritte an den unteren Ecken sind aus Messingblechstreifen gebogen und verlötet. Wichtig ist, daß alle vier gleichgroß werden. Also wurden sie miteinander verlötet, angerissen und abgekantet. Die Trittfläche ist ein aufgelötetes 0,1-mm-Bronzeblech, auch abgekantet.

Ebenso sind die gebogenen Griffstangen vorn gemeinsam gefertigt. Damit sie möglichst stabil werden, sind die Anschraubplatten mit der Griffstange verlötet und mit 0,3-mm-Messingdraht richtig in der Pufferbohle verdübelt. Auf der Oberseite des Umlaufes wurden die Griffstangenfüße der normalen Griffstangen verwendet und mit den neuen Griffstangen verlötet. Abschließend erhielt der Umlauf noch die großen Laternen aus dem Weinert-Bausatz der DRB-V-36.

Am gesamten Gehäuse mußten alle Nieten weggeschliffen und an einigen Klappen Stege entfernt werden. Rechts neben den Lüfterlamellen bestehen die Verstellhebel aus Messingstreifchen und auf beiden Seiten die Elektroverteilerdosen aus Messingguß. Die Leiter hat an der obersten Sprosse ein Versteifungsblech; das läßt sich mit einem 0,1-mm-Bronzeblech leicht darstellen.

Die Nebenbahnglocke auf dem Vorbau wird weggelassen. Statt dessen gibt es eine zusätzliche Griffstange, eine kleine Kappe und ein paar Lüfterlamellen an der Vorderseite des Führerhauses. Seitlich am Führerhaus sind noch die Halter der Windabweiser anzubringen. Krönender Abschluß des Ganzen ist das Dreiklanghorn auf dem Dach statt des Zweiklanghorns aus dem Bausatz. Gibt's bei Weinert ebenso wie die Windabweiser als Einzelteil. Alle Teile wurden sandgestrahlt, grundiert und mit den Nitroacryl-Lacken von Weinert gespritzt.

Die Beschriftung, soweit es beim Vorbild Schilder waren, stammt von Verbeck. Heute würde man Fabrik- und Beheimatungsschilder von Nowitex verwenden. Die Ordnungsnummer wurde aus dem vorhandenen Weinert-Beschriftungssatz zusammengeschnibbelt.

Das Umsetzen einer kompletten Schienenbusgarnitur in Laubach erforderte eine trennbare Kupplung. Magnete sind hier geradezu ideal.

In die Scharfenberg-Kupplungsimitationen wurde ein Schlitz von etwa 1 mm Breite gefeilt. Die halbierten Magnete sind mit Sekundenkleber fixiert. Damit die Sache funktioniert, muß stets rechts der Nordpol und links der Südpol des Magneten (oder umgekehrt, Hauptsache, für alle Fahrzeuge einheitlich!) sein. Eine Referenzkupplung gewährleistet Verpolungssicherheit.

# Schienenbusse

Die besondere Fahrplansituation in Laubach erfordert es, mit einer kompletten Schienenbuseinheit VT 95/VB 142 umzusetzen. Damit wir nicht händisch eingreifen müssen, sind in die Scharfenberg-Kupplungen der VT 95 die winzigen Magnete vom Faller-car-system eingebaut. Diese sind zwar als Ersatzteil nicht ganz billig, aber dafür reicht auch pro Kupplung ein halbierter Magnet.

Wir kommen also mit einer Doppeleinheit an (F2 auf dem Handregler für Doppeltraktion). Alle Schienenbusse sind mit identischen Decodern ausgestattet, die Magnetkupplung hält hier die minimalen Drehzahlunterschiede der beiden Motoren spielend aus. Dann schalten wir um auf nur noch die vordere VT-Einheit, woraufhin die Magnetkupplung zur stehenden Einheit aufreißt. Ein kleiner Klick, schon ist nach dem Umsetzen die Verbindung zum anderen VT wieder hergestellt und man fährt wieder VT-VB+VT-VB zurück nach Hungen.

Die Magnet-Methode eignet sich auch für das normale Umfahren des Beiwagens durch den Motorwagen. Hierzu muß allerdings durch händischen Eingreifen die Kupplung kurz getrennt werden. Das Ankuppeln geht dann wieder durch Magnetkraft. Vielleicht läßt sich auch das Auftrennen elektromagnetisch gestalten und somit digital fernsteuern, aber das ist noch nicht ausprobiert.

Der Einbau der Digital-Decoder in die VT erfolgte innerhalb der Inneneinrichtung. Dazu wurden die beiden Fußräume zwischen drei Sitzbänken weggefräst. So entsteht genügend Raum für den schmalen Lenz-Decoder LE030. Der Decoder wird mit doppelseitigem Klebeband direkt auf die Platine geklebt. Die Verdrahtung erfolgt also unmittelbar auf der Platine durch sehr kurze Drähte. Einige Drähte verlaufen unmittelbar neben der Motorwelle. Hier muß sehr sorgfältig verlegt werden,

**In die Schienenbusse kann man dank Fleischmanns glasklarer Fenster ungehindert einsehen. Die Decoder mußten also sehr gut versteckt werden. Sie fanden ihren Platz unterhalb der Inneneinrichtung und wurden zusätzlich noch mit Figuren von Preiser getarnt.**

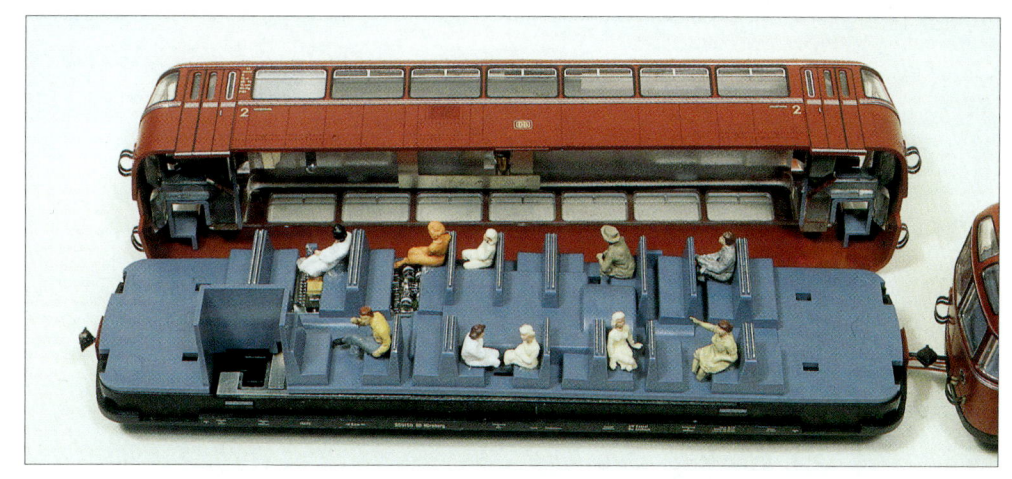

**An der Unterseite der Inneneinrichtung erkennt man, wo Material entfernt wurde. Der Decoder ist zur Fixierung und zur Isolierung mit doppelseitigem Klebeband befestigt. Das von Lenz mitgelieferte Klebepad wäre hier zu dick. Die Kabel haben so optimal kurze Wege auf der Platine, auf der die Leiterbahnen zwischen Radschleifer und Motor unterbrochen wurden.**

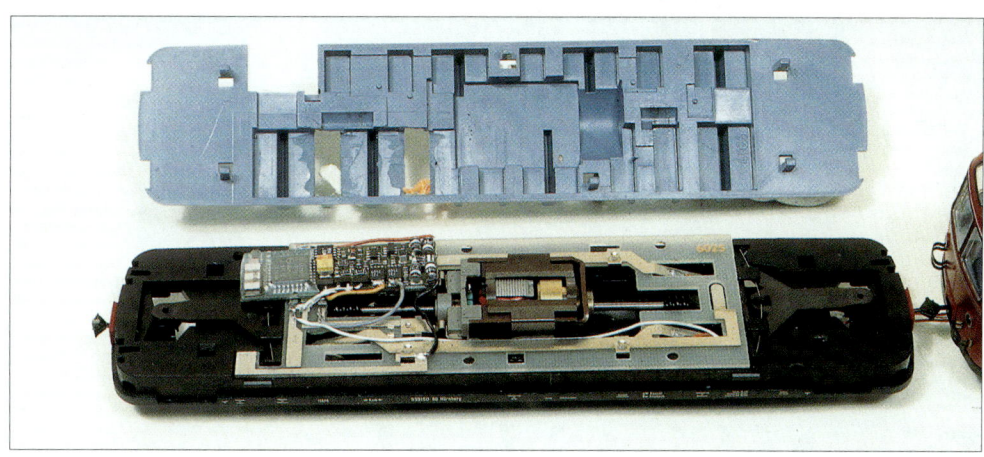

damit später keine Kabel beschädigt werden. Auf eine einzelne Ansteuerung der vorderen und hinteren Birne wurde verzichtet. Beide Lichtausgänge sind schlichtweg zusammengelötet und mit den Kontaktbahnen auf der Platine verbunden. So bleiben Chassis und Gehäuse auch leicht voneinander trennbar. Damit zwischen den Decoder-Ein- und Ausgängen kein Kurzschluß entsteht, muß noch die Masseverbindung von einer Blechlasche auf der Platine zu einer blankgefrästen Stelle am Chassis unterbrochen werden. Dieser Kontakt wird für den Fleischmann-typischen Schaltpilz benötigt.

Da insgesamt drei Schienenbusgarnituren und ein einzeln fahrender VT eingesetzt werden, mußte bei den Adressen differenziert werden. Hier wurde 95, 96 und 97 für die Garnituren vergeben, der Solo-VT erhielt Adresse 90. Damit die einzelnen Schienenbusse jeweils richtig aufgerufen werden können, wurden sie mit Preiser-Figuren codiert: Im 95er sitzen auf jeder Seite fünf Figuren, im 96er sechs und im 97er – genau! – sieben. Der Solo-VT bedient den Mittagsverkehr und hat passend zu seiner Adresse 90 und den fahrgastarmen Zeiten außer dem Triebfahrzeugführer keine Figuren an Bord.

**Schienenbusse im Schattenbahnhof. Alle drei Schienenbusgarnituren haben eine unterschiedliche Anzahl von Fahrgästen. So ist der Triebfahrzeugführer stets über die Adresse des betreffenden Decoders informiert. Konzentrierte Blicke auf das Fahrzeug vor der Abfahrt verraten: hier wird intensiv bis fünf, sechs oder sieben gezählt ...**

125

Gemeinsam bewältigen Zuglok 50 987 und 56 444 als Vorspann den Panzerzug dank digitaler „Doppeltraktion".

## Bitte, bitte noch ein Bit:
# Digital ist ideal

Im Kurvensegment zwischen Laubacher Wald und Laubach ist die Zentrale eingebaut. Ein preiswerter und kompakter Ringkerntrafo von Conrad ist das Kraftpaket. Der Elektriker hat die 220-V-Installation – Schalter und Kaltgerätesteckdose – mit einer Kunststoffkappe abgedeckt. Von den zwei Ausgängen mit je 50 Watt bei 18 Volt versorgt einer über eine zwischengeschaltete Feinsicherung (X,X A) Zentrale und Verstärker. Den zweiten Ausgang verwenden wir für Sachen wie Beleuchtung der Signale und das Blinken des Bahnübergangs.

Zentrale und Verstärker sind mit einfachen Holzstreifen und jeweils zwei Schrauben unter den Segmentkasten geklemmt. So lassen sie sich gegebenenfalls durch Lockern der Schrauben schnell wieder ausbauen.

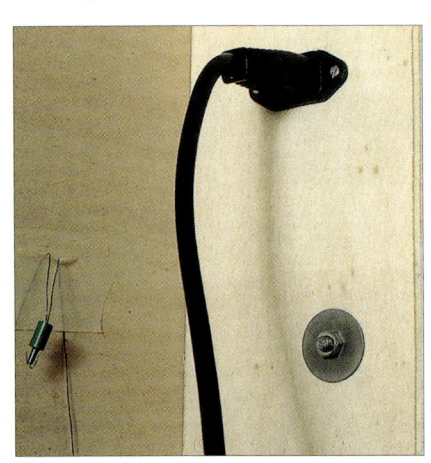

Ein Zwischenspant im Segmentkasten trägt und isoliert die 220-V-Installation, hier die Seite mit Kaltgerätekupplung und Halteschraube, …

… während auf der anderen Seite die Isolierkappe, der Ringkerntrafo und der Sicherungshalter zu sehen sind. Aus einer der beiden Wicklungen werden die …

… Digitalgeräte Zentrale und Verstärker gespeist, deren Anschlüsse über Stecker und Halterung per Holzstreifen jederzeitiges Austauschen ermöglichen.

In der Nähe der Segmentübergänge sind Lüsterklemmen als Kabelhalterungen angeschraubt. Die Kabel sind einschließlich Isolierung durchgefädelt und eingeklemmt.

Robuste Stecker wirken zwar etwas klobig und überdimensioniert, haben sich aber beim Handling der Segmentkästen (z.B. während der Kölner Ausstellung) bestens bewährt.

Die drei- bzw. fünfpoligen Kabel für Fahrstrom und X-Bus können untereinander nicht verwechselt werden. Zudem sind sie verpolungssicher konstruiert.

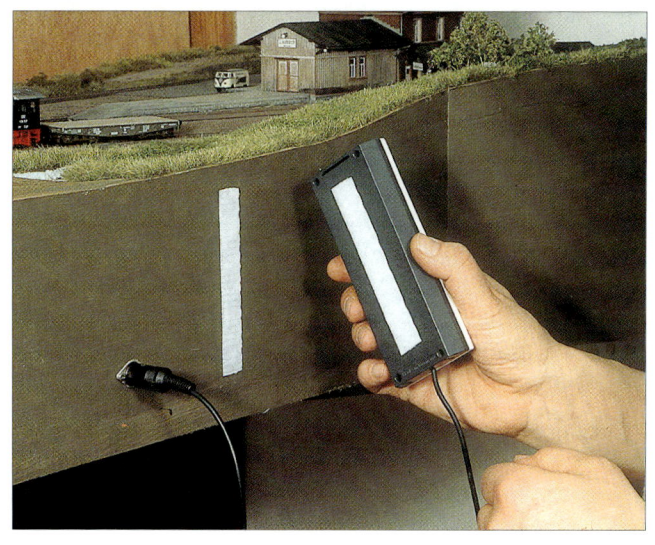

Damit die Handregler auch mal abgelegt werden können, sind sie auf der Rückseite mit Klettband beklebt. Korrespondierende Streifen befinden sich neben jedem X-Bus-Anschluß.

Die Kabel für die Gleise sind als Ringleitung durch alle Segmente verlegt. Es wurden hier Schwarz und Rot mit einem Aderquerschnitt von 0,75 mm verwendet – da ist bestimmt kein Spannungsabfall zu befürchten. Zum Drehscheiben-Segment hinter dem Laubacher Wald führt eine Stichleitung, die am rechten Teil des Schattenbahnhofs abzweigt.

Der vierpolige X-Bus LMAB führt als Stichleitung im Uhrzeigersinn zu vier an der Anlage verteilten DIN-Buchsen. Hier reicht ein Kabelquerschnitt von 0,5 mm völlig aus. Als Kabelfarben werden Gelb und Braun für L(icht) und M(asse) verwendet sowie Gelbgrün und Blau für die Datenleitungen A und B. Der Abschlußwiderstand liegt unmittelbar hinter der letzten Anschlußbuchse im Bahnhofsegment.

Damit die Segmente trennbar sind, werden die Kabel über drei- bzw. fünfpolige Stecker und Kupplungen von Conrad geführt. Zwei- bzw. vier Pole hätte zwar für die Gleisstromleitung und den X-Bus LMAB gereicht, aber die Stecker werden nun mal so angeboten. Die Dinger sind etwas überdimensioniert, halten dafür aber auch einiges aus. Dies hat sich beim Handling zur Kölner Ausstellung bestens bewährt.

Die übrigen Stromversorgungsleitungen aus der zweiten Wicklung des Ringkerntrafos zum Blinklicht am BÜ und zu den Signalmotoren und -laternen bestehen aus handelsüblichen Modellbahn-Kabeln mit geringem Querschnitt. Es wurden aber wieder die stabilen Stecker verwendet, damit hier keine Schäden auftreten.

Jan hatte dann noch die geniale Idee, Lüsterklemmen als Zugentlastung zu verwenden: Die Klemmen werden in der Nähe der Übergänge mit Holzschrauben festgeschraubt. Anschließend fädelt man die Kabel samt ihrer Isolierung durch und zieht die Klemmschrauben an. Robuster und billiger geht's nicht!

Damit die Stecker beim Transport nicht lose herumhängen, werden sie mit selbstklebendem Klettband, das zusätzlich mit Tackerklammern befestigt ist, an den Segmentkästen fixiert. Im aufgebauten Zustand hält das Klettband die zusammengesteckten Kabelverbindungen innerhalb der Segmentkästen fest, damit sie nicht unschön nach unten heraushängen.

Lötkolben, Lokliege und Litzenkabel – so fühlt sich Martin erst richtig wohl! Hier ist gerade die 50er „digital in der Mache". Alle Fragen bezüglich Verkabelung und Programmierung beantwortet das Handbuch – vorausgesetzt, man hat erst mal die richtige Seite gefunden …

Der Decoder schwebt von einem Klebepad gehalten über dem Motor. Aus rotem Polystyrol besteht die neue Grundlage für die echten Kohlestückchen. Das metallene Gußstück mit Kohlenimitation entfällt, eine Zugkraftverschlechterung konnte trotzdem nicht festgestellt werden.

Für die Fahrzeuge, die in der Mehrzahl mit Faulhaber-Motoren ausgerüstet sind, konnten wir die ersten Exemplare des neuen Lenz-Decoders LE080XS verwenden. Hintergrund ist, daß alle Decoder die Motordrehzahl nicht durch Veränderung der Motorspannung, sondern durch eine Abfolge von kurzen Impulsen voller Spannung und kurzen Pausen ohne Spannung steuern. Die Frequenz, mit der mal Strom, mal eine Pause kommt, liegt normalerweise relativ niedrig. Der Faulhaber-Motor, dessen beweglicher Teil, der Rotor, nur ganz wenig Masse hat und zudem, da er eisenlos ist, durch kein Magnetfeld festgehalten wird, folgt diesen Impulsen bei niedriger Frequenz wie eine Lautsprechermembran. Die Folge ist ein unschönes Knurren.

Der LE080XS steuert nun die Abfolge von Motorstromimpulsen und -pausen mit einer Frequenz von ca. 20 000 Hz – zu schnell selbst für einen Faulhaber-Motor. Das Ergebnis kann sich sehen, aber eben nicht hören lassen: Die Lokomotiven laufen völlig lautlos. Mehr aus Neugier denn aus technischer Notwendigkeit haben wir den Hochfrequenz-Decoder auch in der 50 von Roco, die nach wie vor über einen ganz normalen Standard-Motor verfügt, ausprobiert. Und siehe da – auch bei normalen Motoren ist das bisher kaum hörbare Betriebsgeräusch nun völlig weg!

Am Beispiel der 50er noch ein paar Einbautips: Unsere Bauserie dieser Lok gehört zu den letzten Roco-Kreationen, die nicht werkseitig auf den Einbau eines Decoders vorbereitet sind. Es mußte daher erst einmal Platz für den Decoder geschaffen werden. Hier kam uns das Einsatzstück der Kohle im Tender – im wahrsten Sinne des Wortes – entgegen. Es flog schlichtweg raus. Statt dessen wurde ein Stück Polystyrolplatte zurechtgeschnitten, an der Oberkante des Kohlenbehälters eingeklebt und später mit echter Kohle bestückt – wennschon, dennschon!

Darunter ergab sich der Raum für den Decoder, der mit dem beiliegenden Klebepad direkt auf dem Motor festgeklebt wurde, selbstverständlich ohne dessen Luftschlitze zuzukleben. Die Verkabelung erfolgte normgemäß: rechte Schleiferseite Rot, linke Schleiferseite Schwarz. Der Motor erhielt die jeweils abgeschwächten Farben: rechts Orange, links Grau. Da die Birnchen gegen die Fahrzeugmasse, die mit einer Schleiferseite verbunden ist, kontaktiert sind, wurde Blau nicht verwendet. Das hintere Birnchen konnte mit dem gelben Kabel innerhalb des Tendergehäuses recht einfach erreicht werden, für das vordere mußte das weiße Kabel über die Lok-Tender-Deichsel bis vorne hin verlängert werden – die einzige wirklich umständliche Arbeit. Die beiden sonstigen Anschlüsse C und D blieben ungenutzt.

Eine Lokomotive konnte nicht mit diesem Decoder bestückt werden: die auf Roco-Basis umgebaute 74. Hier blieb nach dem Faulhaber-Einbau so wenig Platz im Führerhaus übrig, daß der LE080XS mit seinen 40,5 mm Länge nicht unterzubringen war. Aber vielleicht erscheint ja bald eine „zusammengeklappte" Version mit der halben Baulänge …

## Jede Menge Kleinzeug:
# Detailissimo!

Bauer Jochem hat seinen Unimog (mit Seilwinde, Scheibenwischer, Rückspiegeln und Kettensäge auf der Ladefläche) knapp vor dem Petau-Andreaskreuz zum Stehen gebracht, dessen vorbildgemäß rückseitig abgewinkelte (!) Baken unser Augenmerk ebenso verdienen wie der Weinert-Telegrafenmast mit Imprägnieranstrich oder die Holzbohlen im Feldweg-Übergang.

Schon lange vor der endgültigen Gestaltung dieser Partie fanden zwei typische Details ihren Platz am Bahnhof Laubach: die authentische Reklametafel des „Café Göbel" (siehe S. 22) und der Strommast (siehe S. 26).

**Hier werden Zeichen gesetzt:** Mit eigener Hand pflanzt der Chronist an der Weiche zum Ladegleis ein Weinert-Grenzzeichen ein, das zuvor (noch am Gußbaum) sorgfältig rot/weiß bemalt wurde. Auch Gleissperre und Handweichenbock kommen von Weinert, ebenso der Schweißgerätewagen am Magazingebäude im Hintergrund.

Eine zwei Meter lange Liste, so will es nach MIBA 8/98 die Legende, soll – wie weiland Leporello in Mozarts „Don Giovanni" – der Chronist und Initiator des Westbahn-Projekts entrollt und verlesen haben, als es um die Ausstattungs-Details der Anlage ging:

„Lademaß, Gleiswaage, Bahnsteiglampen, alle Nebensignale wie Rangierhalt- oder LP-Tafeln, Verkehrszeichen, Andreaskreuze, Reklametafeln und Emailschilder, Schweißgerätewagen fürs Rottenhäuschen, Kleingärten und Hütten fürs Dienstland, das Obst und Gemüse in selbigem, etliche Bahnhofslampen, Grenzzeichen, Kilometersteine mit authentischen Zahlen, ungefähr 35 Telegrafenmasten, davon die meisten mit Abstützung ..."

Spätestens hier, so will es nicht die Legende, sondern die historische Wahrheit, unterbrachen ihn die anderen „Comedian Hanullists" mit der Aufforderung, dann doch bitte schön schnellstens selber mit der Arbeit anzufangen. Nun – hätte der handwerklich und vor allem feinmechanisch eher suboptimal begabte Chronist alle von ihm geforderten Details tatsächlich selber fertigen müssen – die Vogelsberger Westbahn und damit dieses Buch wären heute noch nicht fertig ...

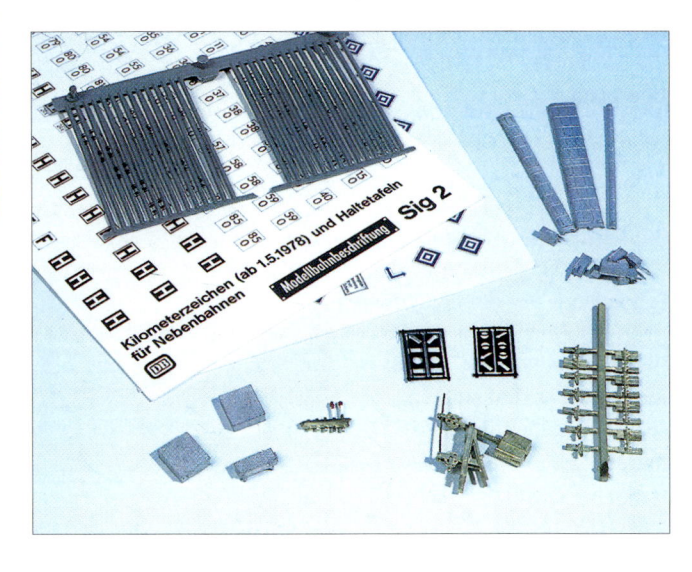

**Nicht minder akkurat** als die Weinert-Grenzzeichen wurde diese Messingguß-Leuchte desselben Herstellers bemalt und unweit des Bohlenübergangs zum Bahnsteig eingesetzt.

**„Jede Menge Kleinzeug"** wartet hier auf die Weiterverarbeitung: Signaltafeln, Weichenlaternen, Spannwerk, Blechkanäle und Rollenhalter für die Drahtzugleitungen kommen gleichfalls von dem Kleinserien-Hersteller aus Weyhe/Dreye.

Im Original heute teure Raritäten, hingen sie damals massenweise an allen Wänden: Email-Reklameschilder, die als authentische Nachbildungen auch den Laubacher Lokschuppen zieren. Preisers Dickerchen betrachtet anno 1955 die Markennamen sicher ohne jeden Hintergedanken ...

Parkverbotsschild und Hydrant am Bahnhofsgebäude stammen wieder von Weinert. Von Brekina kommt der VW-Transporter; das gute Ihring-Melchior-Bier aus Lich ist unter seinem heutigen Namen durch die Westbahn-Reportagen der MIBA vielen Modellbahnern ein fester Begriff.

Daß dem nicht so ist und daß die Westbahn den Betrachter gerade durch die Fülle ihrer authentischen Details fasziniert, ist in der Tat weniger das Verdienst des Chronisten, der sich allenfalls bei der Anfertigung der Telegrafenmasten verdient gemacht hat – in Grenzen, denn die Messingguß-Bausätze von Weinert und die Bauanleitung haben für Anfänger so ihre Tücken. „Die Isolatoren biegt man am besten nicht mit einer kleinen Rundzange, sondern mit einer Pinzette nach oben – über einem kleinem Drahtstück, und zwar vor dem Heraustrennen der Traversen aus dem Gußbaum, was zudem nicht per Seitenschneider, sondern mit der Trennscheibe erfolgen sollte. Außerdem sind die Traversen besser an den Mast zu löten statt zu kleben" – damit folgte er zumindest anfangs nicht etwa eigenen Erfahrungen (woher auch), sondern den praxiserprobten Tips von Burkhard und Jan, die hier ebenso genannt seien wie „Gleissperren-Ludwig", „Dienstgarten-Horst" oder der Detail-Universalist (böse Zungen sagen: Detail-Fetischist) Martin.

Ihm verdankt die Westbahn „jede Menge Kleinkram" wie etwa die Reklametafeln und die Email-Werbeschilder, für die er (mit Ehefrau Bettina) die vom Chronisten

Der Clou an der Weinert-Gleissperre ist nicht nur ihre feine Ausführung, sondern die Tatsache, daß sie über ein Gestänge …

… vom Anlagenrand aus umgestellt werden kann: Zugbegleiter Otto Köhler gibt der Rangierabteilung freie Fahrt ins Ladegleis.

Aus dieser Perspektive kennen noch viele Laubacher ihren Bahnhof, an dem heute leider kein Schienenbus mehr zur Abfahrt nach Hungen bereitsteht. Neben den Details von Bahnsteighalle und Straßenpflasterung sei auch auf die eingeschlagenen Räder des Biertransporters hingewiesen.

Die Friedberger 78 403 nähert sich mit ihrem Donnerbüchsen-Zug aus Mücke (vgl. S. 29 oben) dem Einfahrsignal von Laubach, an dem wir die Drahtzugleitungen zum Antrieb erkennen. Das Blinklicht-Überwachungssignal sehen wir ...

ausgewählten Vorlagen in den Computer einscannte und auf einem 1440-dpi-Drucker ausdruckte. Für den Strommast neben der ebenso entstandenen Reklametafel des „Café Göbel" wurde der Messing-Turmmast von Ostmodell unten um 5 cm gekürzt; die Traversen aus Brawa-Messingprofilen sind angelötet und mit Isolatoren von N-Elloks (Fleischmann-Ersatzteil) bestückt.

Eigenbau ist auch das Blinklicht-Überwachungssignal. An das Signalschild wurden zunächst die beiden vorverzinnten Schirmchen berührungsfrei mit der Flamme angelötet. Ein 0,8-mm-Rohr von Brawa ist unten angelötet.

Der Fuß besteht aus einer 3x3-mm-Messingplatte auf einem 4x4-mm-Sockel. Die winzigen Stützen sind aus dünnen Messingstreifen angeklebt. Durch das Rohr führen zwei Kupferlackdrähte zu den beiden Optiken, wodurch von außen keine Kabel zu sehen sind. Das Signalschild wurde von einer Zeichnung eingescannt und in der richtigen Größe ausgedruckt.

Insgesamt unverzichtbar waren und sind die Kleinteil-Sortimente von Petau, Preiser und Weinert, aus denen ebenfalls „jede Menge Kleinzeug" gewonnen wurde, wie auf diesen Seiten immer wieder zu sehen ist.

... hier auf einer früher entstandenen Aufnahme nochmals aus einer anderen Perspektive im Vergleich mit der Vorbildsituation von 1959.

133

Die V 36 413 hat von Laubacher Wald zwei Rungenwagen mit Schnittholz gebracht, die nun unter dem Weinert-Lademaß hindurch langsam auf die Gleiswaage geschoben werde; das Wellblech-Waagenhäuschen (mit Sh 2-Signal, siehe S. 24) ist ein Bemo-Modell.

Details im Großen: Waschbecken und die Bezeichnung „Lf" (für das Stellwerk „Laubach Fahrdienstleiter").

Details im Kleinen: Waschbecken und „Lf" im Modell, wo die Abdeckung der Drahtzüge etwas anders verläuft.

Drahtzüge, Spannwerke – und der mit „36,1" absolut authentisch beschriftete Kilometerstein von Petau.

Das im Lageplan auf S. 20/21 als „Dienstland" ausgewiesene Gelände am Bahnhof Laubach mit den Gärten. Hier hegen Laubacher Eisenbahner namens Bingel, Köhler oder Peterknecht ihre Kürbisse (aus getrocknetem grünem Pfeffer) oder setzen Komposthaufen (aus Oregano).

Der Garten hinter dem Toilettengebäude (Stallgebäude von Kibris Eisenbahner-Wohnhaus) mit Weißmetall-Besen, Preiser-Schubkarre und feinsten Ästchen als Holzstapel.

Hier wird geschafft: Mit allerlei Gerätschaften und Preiser-Obstkisten rund um den Kibri-Brunnen sind der Eisenbahner und seine Familie beschäftigt.

Idylle mit Kirschbaum, damals am Bahnhof Laubach: Im Garten mit Gemüse aus feinsten Blütendolden oder Bohnen aus Silflor-Streifen grast die Ziege als typische „Eisenbahner-Kuh", und beim Blick über den Zaun (aus einzelnen Furnierholz-Streifen) sehen wir den Schienenbus von Mücke nach Hungen einfahren. Es war einmal ...

Fahrplan-Betrieb mit Kursbuch und Karten:
# Dienst nach Vorschrift

Die bis ins kleinste Detail nachgestalteten Gleisanlagen und Signale, Gebäude, Brücken oder Fahrzeuge der Vogelsberger Westbahn wären lediglich eine schöne, aber leblose Kulisse, wenn auf ihnen und mit ihnen nicht auch ein entsprechender Eisenbahn-Betrieb stattfinden würde. Schon bei der Planung des Projekts wurde daher das Endziel berücksichtigt – das Nachspielen des Original-Betriebes auf der Strecke Hungen–Laubach–Laubacher Wald–Freienseen/Mücke in den Jahren 1949 bis 1959. Nur so konnte und kann die Westbahn wirklich und im Wortsinne „wiederbelebt" werden, und nur so macht der mühevolle und arbeitsintensive gemeinsame Aufbau einer solchen Anlage Sinn: durch ein ebenfalls gemeinsam praktiziertes, sinnvolles – und dabei durchaus unterhaltsames, wie man hier sieht – Betriebsspiel nach realem Vorbild.

„Den SS 15 mit den Traktoren an die Kopframpe, und dann seht zu, daß Ihr Gleis 1 freimacht!" Mit dem Fahrplan in der Hand drängt der örtliche Betriebsbeamte das Personal von Gmp 8963 zur Eile, denn in 7 Minuten soll Pto 4972 Freienseen–Hungen den rangierenden Gmp kreuzen.

Noch lächeln Lokführer Martin und Zugbegleiter Burkhard beim Rangieren mit Gmp 8963 in der schon mit zwei Erzwagen belegten Haltestelle Laubacher Wald, doch gleich wird's eng: Zum Passieren von Pto 4969 ist das Streckengleis freizumachen und V 36 mit dem MBi als Lr 58963 nach Laubach zu fahren.

Es ist 15.41 Uhr; pünktlich hat Gmp 8964 den Bahnhof Laubach verlassen und passiert auf der Fahrt zum Betriebsbahnhof Hungen die Eisengießerei Helwig, die in dieser Phase des Baus erst durch zwei provisorisch aufgestellte Gebäude symbolisiert wird – Hauptsache Betrieb!

Das jedenfalls ist die gemeinsame Überzeugung der „Comedian Hanullists", die sich mehrheitlich durch ihr Fremo-Engagement ohnehin als betriebsorientierte Modellbahner verstehen. Auf den Treffen des „Freundeskreises europäischer Modellbahner" werden bekanntlich zahlreiche, an den Übergängen genormte Module der einzelnen Mitglieder zu großen Anlagen-Arrangements zusammengefügt und darauf echter Fahrplanbetrieb mit Wagenkarten, Frachtzetteln etc. abgewickelt.

Diese Betriebselemente und -strukturen haben wir übernommen und weiterentwickelt. Dabei haben wir es ja nicht mit einem fiktiven, sondern einem realen Vorbild zu tun; das bedingt, daß wir uns auf Original-Unterlagen zwar stützen können, diese aber den Anlagenverhältnissen – in erster Linie den naturgemäß viel zu kurzen Abständen der Betriebsstellen Hungen, Laubach, Laubacher Wald und Freienseen – anzupassen hatten. Zu den Original-Unterlagen zählen zunächst die Dienstvorschriften der Deutschen Bundesbahn und hier besonders die DV 436, die „Betriebsvorschrift für den vereinfachten Nebenbahndienst", die auch für unsere Vorbild-Strecke galt, wie der Bildfahrplan auf S. 139 zeigt. Dazu eine kurze Erklärung:

Für Nebenbahnen mit einfachen Betriebsverhältnissen und geringer Zugzahl ist als wirtschaftliche Betriebsweise der vereinfachte Nebenbahndienst vorgesehen, bei dem in der Regel nur ein Fahrdienstleiter für die gesamte Strecke notwendig ist, der „Zugleiter". Dieser kann der örtliche Fahrdienstleiter des Nebenbahn-Abzweigbahnhofs oder auch eines zentral innerhalb der „Zugleitstrecke" gelegenen Bahnhofs sein. Auf den anderen Betriebsstellen der Zugleitstrecke wird der Betriebsdienst

**Einige Stunden später:** Die von Gmp 8963 in der Haltestelle Laubacher Wald bereitgestellten Wagen sind dort beladen und von Üb 17634 nach Laubach gebracht worden. Bevor sie mit Ng 8966 nach Hungen weitergehen, werden sie am Lademaß überprüft und gewogen. Auf Gleis 2 kreuzt Pto 4989.

„Hauptsache Betrieb" lautet die Devise naturgemäß auch im (hier erst provisorisch fertiggestellten) Betriebsbahnhof Hungen. Anhand von Wagenkarten und Frachtzetteln (siehe S. 146) hat Jan einen Güterzug mit Personenbeförderung zusammenrangiert und auf dem Ausfahrgleis bereitgestellt.

## 193e, 193f
### 193e Friedberg (Hess)–Hungen–Villingen–Mücke u. Ruppertsburg

*Züge ohne Klassenangabe führen nur 2. Klasse*

(Timetable table with train schedules from Friedberg via Hungen to Villingen, Mücke and Ruppertsburg, with departure times from Frankfurt (M) Hbf 196.)

Im Fahrplan von 1957 wird noch durchgehend bis Mücke gefahren. Bis auf den Personenzug 4951/4958 und den Gmp 8963/8964 verkehren nur Schienenbusse. Die Kreuzung von Pto 4959 mit Pto 4962 in Laubach mit dem Übergang der Doppeleinheit ist in den Buchfahrplänen auf S. 139 dokumentiert.

### Gegenrichtung 193e, 193g
### 193e Ruppertsburg u. Mücke–Villingen–Hungen–Friedberg (Hess)

*Züge ohne Klassenangabe führen nur 2. Klasse*

(Timetable table for the reverse direction from Mücke and Ruppertsburg via Villingen and Hungen to Friedberg (Hess), with arrival times at Frankfurt (M) Hbf 195.)

✳ = verk. ✝ als 🚂   ✳✳ = Sa als Dampfzug

✗-Züge verk nicht am 20. VI.   ✝-Züge verk auch am 20. VI.

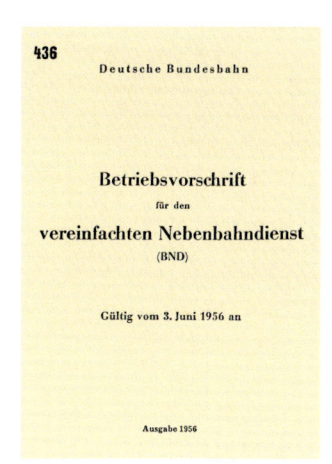

Original-Vorschriften und -Fahrpläne der DB, wie sie dem Modellbetrieb zugrunde gelegt sind: die Dienstvorschrift 436 von 1956, der Bildfahrplan von 1955 (unten ein Auszug) und die Reisezug-Buchfahrpläne von 1957. Rechts drei Beispiele: der mit einer 74.4 bespannte 4958 und Pto 4959, dessen vordere Doppeleinheit VT 95/VB 142 bei der Kreuzung in Laubach auf Pto 4962 übergeht.

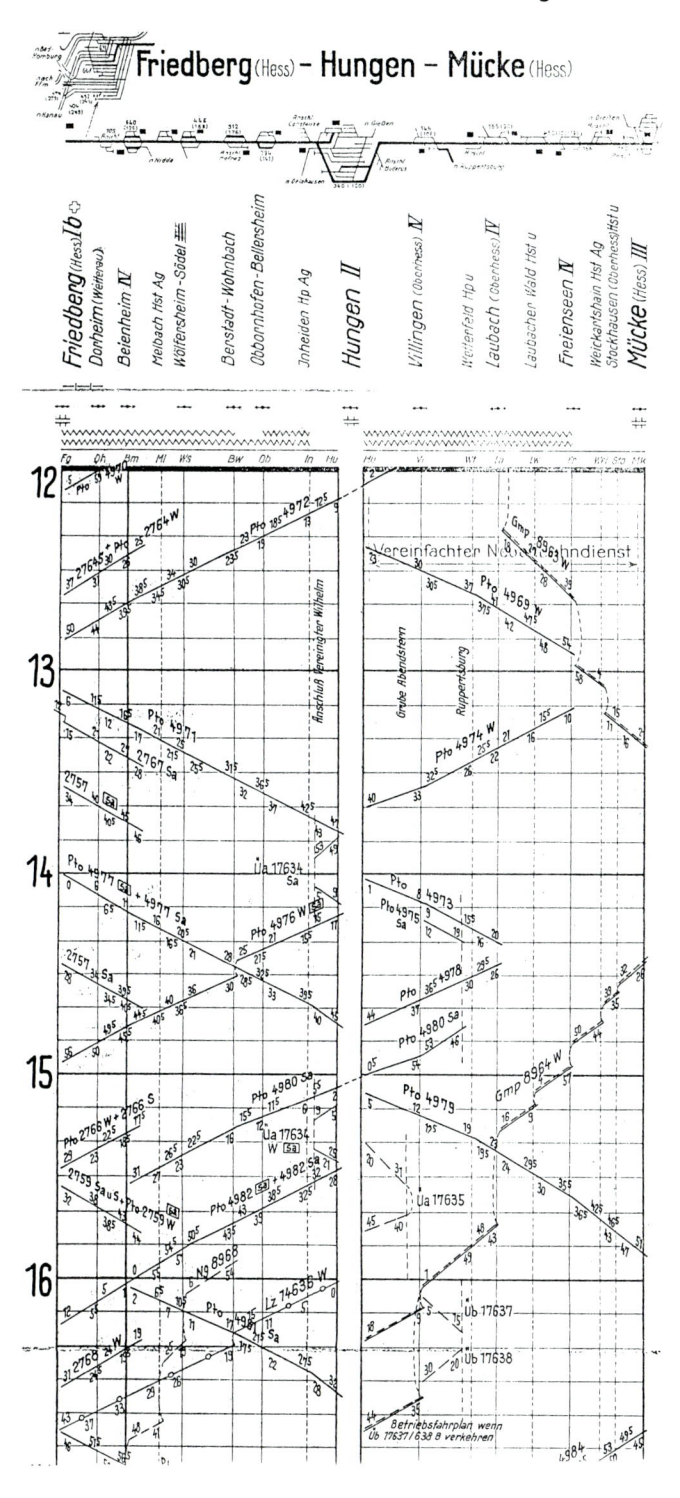

**P 4958 W (30,1) 2. Klasse**
**Mücke (Hess)—Hungen—Friedberg (Hess)**
ab Hungen täglich (S als Pto)

Zlok 74.4 bzw Vt 95.9    Last 150 t bzw 30 t    67 Mindestbr

zwischen Mücke und Hungen vereinfachter Nebenbahndienst

| 1 | 2 | 3 | 4 | 5 | 6 | 7 | 8 | 9 |
|---|---|---|---|---|---|---|---|---|
| Lage der Betriebsstelle km | Höchstgeschw. und Beschränkungen km/h | Betriebsstellen, ständige Langsamfahrstellen, verkürzter Vorsignalabstand | An der Trapeztafel hält Zug | Ankunft | Abfahrt | Kreuzung mit Zug | überholt wird überholt durch Zug | Zuglaufmeidung durch |
| 49,2 |  | Mücke (Hess) |  |  | 5 06 | 4951 |  |  |
| 46,6 | 50 | Stockhausen (Obh) Hst u |  | 5 10 | 11 |  |  |  |
| 45,3 | 30 | Weickartshain Hst Ag |  | 15 | 16 |  |  |  |
| 42,7 |  | Freienseen Ag | 4953 | 22 | 30 | 4953 |  | Zf |
| 39,5 |  | Laubacher Wald Hst u |  | 35 | 36 |  |  |  |
| 36,1 | 50 | Laubach (Oberh) |  | 42 | 53 |  |  |  |
| 33,9 |  | Wetterfeld Hp u |  | 56 | 57 |  |  |  |
| 29,4 |  | Villingen (Oberh) Ag |  | 6 03 | 6 04 |  |  | δB |
| 24,4 | 40 / 60 | Hungen |  | 11 | 24 | 4959 |  |  |
|  | 50 | 23,2 (Anschlußst) |  |  |  |  |  |  |
| 22,1 |  | Inheiden Hp Ag |  | 28 | 29 |  |  |  |
| 18,1 |  | Obbornhof-Bellershm |  | 34 | 35 |  |  |  |
| 15,7 |  | Berstadt-Wohnbach |  | 39 | 40 |  |  |  |
| 11,2 | 60 | Wölfersheim-Södel |  | 46 | 47 |  |  |  |
| 9,1 |  | Melbach Hst Ag |  | 51 | 52 |  |  |  |
| 6,2 |  | Beienheim |  | 56 | 57 |  |  |  |
| 3,8 | 40 | Dorheim (Wetterau) |  | 7 02 | 7 03 |  |  |  |
| 0,0 | 60 | Friedberg (Hess) |  | 7 09 |  |  |  |  |

**Pto 4959 (30,1) 2. Klasse   bG**
**Hungen—Mücke (Hess)**
„W" Doppeleinheit bis Laubach an der Spitze

Vt 95.9    Last 30 t    65 Mindestbr

zwischen Hungen und Mücke vereinfachter Nebenbahndienst

| 1 | 2 | 3 | 4 | 5 | 6 | 7 | 8 | 9 |
|---|---|---|---|---|---|---|---|---|
| Lage der Betriebsstelle km | Höchstgeschw. und Beschränkungen km/h | Betriebsstellen, ständige Langsamfahrstellen, verkürzter Vorsignalabstand | An der Trapeztafel hält Zug | Ankunft | Abfahrt | Kreuzung mit Zug | überholt wird überholt durch Zug | Zuglaufmeidung durch |
| 24,4 | 40 | Hungen |  |  | 6 27 | 4958 W |  |  |
| 29,4 |  | Villingen (Oberh) Ag |  | 6 34 | 34 |  |  |  |
| 33,9 |  | Wetterfeld Hp u |  | 42 | 43 |  |  |  |
| 36,1 | 50 | Laubach (Oberh) |  | 47 | 57 | 4962 W |  |  |
| 39,5 |  | Laubacher Wald Hst u |  | 7 03 | 7 03 |  |  |  |
| 42,7 |  | Freienseen Ag |  | 10 | 10 |  |  |  |
| 45,3 | 30 | Weickartshain Hst Ag |  | 16 | 17 |  |  |  |
| 46,6 |  | Stockhausen (Obh) Hst u |  | 20 | 21 |  |  |  |
| 49,2 | 50 | Mücke (Hess) |  | 7 26 |  | 4966 |  |  |

**Pto 4962 W (30,1) 2. Klasse b G**
**Mücke (Hess)—Hungen—Friedberg (Hess)**
(von Laubach bis Friedberg Doppeleinh am Schluß)

Vt 95.9    Last 30 t    67 Mindestbr

zwischen Mücke und Hungen vereinfachter Nebenbahndienst

| 1 | 2 | 3 | 4 | 5 | 6 | 7 | 8 | 9 |
|---|---|---|---|---|---|---|---|---|
| Lage der Betriebsstelle km | Höchstgeschw. und Beschränkungen km/h | Betriebsstellen, ständige Langsamfahrstellen, verkürzter Vorsignalabstand | An der Trapeztafel hält Zug | Ankunft | Abfahrt | Kreuzung mit Zug | überholt wird überholt durch Zug | Zuglaufmeidung durch |
| 49,2 |  | Mücke (Hess) |  |  | 6 24 | 4953 |  |  |
| 46,6 | 50 | Stockhausen (Obh) Hst u |  | × | 28 |  |  |  |
| 45,3 | 30 | Weickartshain Hst Ag |  | × | 31 |  |  |  |
| 42,7 |  | Freienseen Ag |  | 6 37 | 38 |  |  |  |
| 39,5 |  | Laubacher Wald Hst u |  | 43 | 43 |  |  |  |
| 36,1 |  | Laubach (Oberh) |  | 49 | 54 | 4959 |  |  |
| 33,9 | 50 | Wetterfeld Hp u |  | 57 | 57 |  |  |  |
| 29,4 |  | Villingen (Oberh) Ag |  | 7 05 | 7 05 |  |  |  |
| 24,4 | 40 / 60 | Hungen |  | 13 | 15 | 4961 |  |  |

## 193e. 193f
### 193e Friedberg (Hess)–Hungen–Villingen–Mücke u Ruppertsburg
*Züge ohne Klassenangabe führen nur 2. Klasse*

| Frankfurt (M) Hbf 195 ab | | | | | | | | 7.04 | | | 9.18 | 10.24 | 10.37 | | Sa 12.30 |
|---|---|---|---|---|---|---|---|---|---|---|---|---|---|---|---|
| km | BD Frankfurt (M) / ZugNr Klasse | | | | X 4947 | 1501 | | | 4963 | | X 4949 | 4967 | 4971 | Sa 4971 Sa 2767 | Sa 4971 |
| 0,0 | Friedberg (Hess) 193k,196.b,g ab | ... | ... | X 4.18 | ... | X 5.20 | ... | ... | 7.54 | ... | 10.23 | 11.05 | 13.17 | 13.07 Sa 13.17 | ... |
| 3,8 | Dorheim (Wetterau) 193k | ... | ... | 4.24 | ... | 5.26 | ... | ... | 7.59 | ... | 10.32 | 11.13 | 13.23 | 13.13 13.23 | ... |
| 6,2 | Beienheim 193k | ... | ... | 4.29 | ... | 5.30 | ... | ... | 8.04 | ... | 10.36 | 11.15 | 13.28 | 13.29 13.27 | 13.29 |
| 9,1 | Melbach | ... | ... | 4.34 | ... | 5.35 | ... | ... | 8.08 | ... | 10.41 | 11.19 | 13.32 | an | 13.32 |
| 11,2 | Wölfersheim-Södel | ... | ... | 4.43 | ... | 5.45 | ... | ... | 8.12 | ... | 10.44 | 11.23 | 13.37 | nach Nidda | 13.37 |
| 15,7 | Berstadt-Wohnbach | ... | ... | 4.49 | ... | 5.51 | ... | ... | 8.18 | ... | 10.51 | 11.33 | 13.44 | | 13.44 |
| 18,1 | Obbornhofen-Bellersheim | ... | ... | 4.54 | ... | 5.55 | ... | ... | 8.22 | ... | 10.55 | 11.37 | 13.48 | | 13.48 |
| 22,1 | Inheiden | ... | ... | 5.00 | ... | 6.01 | ... | ... | 8.28 | ... | 11.00 | 11.42 | 13.54 | | 13.54 |
| 24,4 | Hungen 193h an | ... | ... | 5.05 | ... | 6.06 | ... | ... | 8.32 | ... | 11.05 | 11.47 | 13.58 | | Sa 13.58 |

| | BD Frankfurt (M) / ZugNr Klasse | X4951 | X4951 | X 4953 | X 4955 | Sa4962 | 4959 | 4959 | X4961 | 4953 | 4963 | X8963 | X 4969 | X 8963 | |
| --- |---|---|---|---|---|---|---|---|---|---|---|---|---|---|---|
| 24,4 | Hungen 193h ab | X 4.37 | ... | X 5.19 | X 5.19 | ... | 6.27 | ... | 7.17 | 8.36 | ... | 10.40 | X 12.19 | ... | 14.00 Sa 4975 |
| 29,4 | Villingen (Oberhess) an | X 4.44 | ... | 5.26 | 5.26 | ... | 6.34 | ... | 7.24 | 8.43 | ... | 10.49 | 12.25 | ... | 14.07 |
| 0,0 | Villingen (Oberhess) ab | ... | ... | 5.29 | ... | ... | | ... | 7.25 | | ... | | | ... | Sa 14.11 |
| 3,1 | Ruppertsburg an | ... | ... | 5.36 | ... | ... | | ... | 7.33 | | ... | | | ... | Sa 14.19 |
| 29,4 | Villingen (Oberhess) ab | X 4.45 | ... | | X 5.27 | ... | 6.35 | ... | | 8.43 | ... | 11.00 | X 12.26 | ... | 14.08 |
| 33,9 | Wetterfeld | 4.52 | ... | | 5.32 | ... | 6.42 | ... | | 8.52 | ... | 11.11 | 12.33 | ... | 14.15 |
| 36,1 | Laubach (Oberhess) | 4.57 | ... | | X 5.37 | ... | 6.57 | ... | | 8.56 | 10.04 | 12.16 | 12.54 | ... | 14.19 |
| 39,5 | Laubacher Wald | X 4.05 5.04 | ... | | an | ... | 7.03 | ... | | an | 10.10 | an | an | ... | an |
| 42,7 | Freiensee | 4.12 4.17 | X 5.10 | X 5.20 | | ... | 7.10 | 7.13 | | | 10.16 | 10.25 | X 12.37 | 13.06 X 13.10 | |
| 45,3 | Weickartshain | 4.23 | an | 5.26 | | ... | | 7.19 | | | | 10.31 | an | 13.16 | |
| 46,6 | Stockhausen (Oberhess) | 4.26 | | 5.29 | | ... | | 7.23 | | | | 10.34 | | 13.19 | |
| 49,2 | Mücke (Hess) 193 an | X 4.32 | | X 5.35 | | ... | | 7.28 | | | | 10.40 | | 13.54 | |

| Frankfurt (M) Hbf 196 ab | 12.34 | 13.23 | 14.23 | | 16.15 | | | 17.15 | 18.00 | | 18.45 | | 20.30 | 21.22 | | 22.37 |
|---|---|---|---|---|---|---|---|---|---|---|---|---|---|---|---|---|
| BD Frankfurt (M) / ZugNr Klasse | 4977 | Sa 4965 | 2759 | Sa 4981 | 4983 | | | 4999 | X 4991 1.2. | + 4991 1.2. | X 4993 | + 4993 | X 4997 | + 4995 | 2773 | 4995 | + 4999 |
| Friedberg (Hess) 193k,196.b,g ab | 14.03 | Sa 14.33 | 15.27 | | 16.59 | | | a 18.02 | X 18.35 | + 18.55 | X 19.25 | | X 21.22 | + 22.22 22.29 | | 23.15 |
| Dorheim (Wetterau) 193k | 14.09 | 14.39 | 15.33 | | 17.05 | | | 18.07 | 18.41 | 19.01 | 19.31 | | 21.32 | 22.28 22.35 | | 23.20 |
| Beienheim 193k | 14.14 | 14.43 | 15.37 | Sa 15.49 | 17.09 | | | 18.15 | 18.47 | 19.05 | 19.37 | + 20.18 | 21.40 | + 22.32 22.40 | 22.41 | 23.25 |
| Melbach | 14.18 | 14.48 | | | 15.53 17.14 | | | 18.19 | 18.51 | 19.10 | 19.41 | 20.22 | 21.44 | | 22.45 | 23.29 |
| Wölfersheim-Södel | 14.22 | 14.51 | | | 15.57 17.17 | | | 18.24 | 18.56 | 19.13 | 19.47 | 20.26 | 21.48 | nach Nidda | 22.49 | 23.37 |
| Berstadt-Wohnbach | 14.29 | 14.58 | | nach Nidda | 16.02 17.22 | | | 18.31 | 19.03 | 19.20 | 20.00 | 20.31 | 22.55 | | 22.55 | 23.43 |
| Obbornhofen-Bellersheim | 14.33 | 15.02 | | | 16.07 17.28 | | | 18.36 | 19.09 | 19.24 | 20.05 | 20.35 | X 21.59 | | 22.59 | 23.47 |
| Inheiden | 14.39 | 15.08 | | | 16.13 17.34 | | | 18.42 | 19.15 | 19.30 | 19.10 | 20.40 | an | | 23.05 | 23.53 |
| Hungen 193h an | 14.44 | Sa 15.12 | | Sa 16.18 | 17.38 | | | a 18.48 | X 19.19 | + 19.34 | X 20.16 | 20.45 | | | 23.09 | 23.57 |

| BD Frankfurt (M) / ZugNr Klasse | 4979 | 4979 | | | 4985 | X 4987 | | X 4989 | X 4989 | | | 2597 | 2597 | |
|---|---|---|---|---|---|---|---|---|---|---|---|---|---|---|
| Hungen 193h ab | 14.58 | | ... | | 17.46 | | | 18.36 | | ... | | 20.54 | | |
| Villingen (Oberhess) an | 15.05 | | ... | | 17.53 | | | X 18.43 | | ... | | 21.01 | | |
| Villingen (Oberhess) ab | | | ... | | | X 17.57 | | | | ... | | | | |
| Ruppertsburg an | | | ... | | | X 18.04 | | | | ... | | | | |
| Villingen (Oberhess) ab | 15.06 | | ... | | 17.54 | | | X 18.43 | | ... | | 21.01 | | |
| Wetterfeld | 15.13 | | ... | | 18.02 | 4985 | | 18.50 | | ... | | 21.09 | | |
| Laubach (Oberhess) | 15.18 | | ... | | 18.07 | | | 18.55 | | ... | | 21.14 | | |
| Laubacher Wald | 15.24 | | ... | | 18.13 | | | 19.01 | | ... | | 21.20 | | |
| Freiensee | 15.30 | 15.35 | ... | | 18.19 | 18.21 | | X 19.08 | X 19.18 | ... | | 21.26 | 21.30 | |
| Weickartshain | an | 15.41 | ... | | an | 18.27 | | an | X 19.24 | ... | | an | 21.36 | |
| Stockhausen (Oberhess) | ... | 15.44 | ... | | ... | 18.30 | | ... | 19.27 | ... | | ... | 21.39 | |
| Mücke (Hess) 193 an | ... | 15.50 | ... | | ... | 18.36 | | ... | X 19.33 | ... | | ... | 21.45 | |

🚌 **Bad Nauheim – Friedberg (Hess) – Bellersheim 2196/30**
a = X außer Sa    b = täglich außer Sa
*= Sa als Dampfzug 1. 2. Kl
⊙ = verkehrt nicht 25., 26., 27. XII., 29. III. u 17. V.
◉ = Haltestelle Weickartshain Seenbrücke
Weiterer Halt: Flensungen Bürgermeisterei

✕-Züge u Busse verk. nicht am 27. XII. u 28. V.
†-Züge u Busse verk. auch am 27. XII. u 28. V.

Der letzte Fahrplan (1958/59) vor der Einstellung des Reisezugverkehrs als ideale Vorlage für den Modellfahrplan: Die Züge verkehren nur noch bis Freiensee, was den Anlagen-Gegebenheiten (Schienenbus-Drehscheibe „Freiensee" als Endstation) entgegenkommt. Der lokbespannte Frühpersonenzug 4951/4958 endet bzw. beginnt bei uns in Laubach, Gmp 8963/8964 in Laubacher Wald.

## 193a *Gegenrichtung*. 193g
### 193e Ruppertsburg u Mücke–Villingen–Hungen–Friedberg (Hess)
*Züge ohne Klassenangabe führen nur 2. Klasse*

| km | BD Frankfurt (M) / ZugNr Klasse | | | | X 4956 | X 4958 1.2. | 4958 | X 4962 | X 4962 | X 4964 | 4966 | 4966 | | 4972 | 4972 | X 4974 |
|---|---|---|---|---|---|---|---|---|---|---|---|---|---|---|---|---|
| 0,0 | Mücke (Hess) 193 ab | ... | ... | ... | X 5.00 | | | X 6.22 | | | 7.40 | | ... | 11.15 | | ... |
| 2,6 | Stockhausen (Oberhess) | ... | ... | ... | 5.07 | | | 6.29 | | | 7.47 | | ... | 11.21 | | ... |
| 4,0 | Weickartshain | ... | ... | ... | 5.10 | | | 6.32 | | | 7.50 | | ... | 11.24 | | ... |
| 6,6 | Freiensee | ... | ... | ... | X 5 15 | X 5.35 | X 6.37 | X 6 40 | | | 7.55 | 7.58 | ... | 11.29 | 11.31 | X 13.10 |
| 9,2 | Laubacher Wald | ... | ... | ... | an | 5.41 | 6.45 | 6.45 | | | an | 8.03 | ... | 11.36 | 13.15 | |
| 13,2 | Laubach (Oberhess) | ... | ... | ... | | 5.52 | 6.55 | 6.55 | | | | 8.09 | ... | 11.42 | 13.22 | |
| 15,4 | Wetterfeld | ... | ... | ... | | 5.56 | 6.58 | 6.58 | | | | 8.13 | ... | 11.45 | 13.25 | |
| 19,9 | Villingen (Oberhess) an | ... | ... | ... | | 6.02 | 7.05 | 7.05 | | | | 8.20 | ... | 11.52 | 13.32 | |
| 0,0 | Ruppertsburg ab | ... | ... | ... | | 5.41 | | | X 7.43 | | | | ... | | | |
| 3,1 | Villingen (Oberhess) an | ... | ... | ... | | 5.48 | | | 7.50 | | | | ... | | | |
| 19,9 | Villingen (Oberhess) ab | ... | ... | ... | | 5.49 | X 6.03 | | X 7.06 | 7.52 | | 8.20 | ... | 11.52 | 13.33 | |
| 24,9 | Hungen 193h an | ... | ... | ... | | 5.56 | X 6.10 | | X 7.13 | 7.59 | | 8.28 | ... | 11.59 | 13.41 | |

| | BD Frankfurt (M) / ZugNr Klasse | 4952 eG | X4954 1.2. | X N 1506 1.2. | | | | | X 4970 | | | Sa 4976 | 4976 |
|---|---|---|---|---|---|---|---|---|---|---|---|---|---|
| 24,9 | Hungen 193h ab | ... | X 4.20 | X 5.19 | | | 6.24 | 7.15 8.08 | | 8.40 | X 11.18 | | 12.04 Sa 14.01 | 14.11 |
| 27,0 | Inheiden | ... | 4.25 | 5.24 | | | 6.30 | 7.19 | | 8.45 | 11.23 | | 12.08 | 14.15 |
| 31,0 | Obbornhofen-Bellersheim | ... | 4.30 | 5.30 | | | 6.35 | 7.24 nach Stockh. | | 8.50 | 11.28 | | 12.14 14.10 | 14.21 |
| 33,4 | Berstadt-Wohnbach | ... | 4.35 | 5.37 | | | 6.40 | 7.29 | | 8.55 | 11.32 | | 12.18 Sa 14.14 | 14.25 |
| 38,1 | Wölfersheim-Södel | ... | 4.42 | 5.42 | | | 6.47 | 7.35 | | 9.00 | 11.38 | | 12.24 | 14.30 |
| 40,0 | Melbach | ... | 4.01 4.46 | 5.46 | | | 6.52 | 7.39 | | 9.04 | 11.33 | | 12.28 | 14.34 |
| 43,1 | Beienheim 193k | 3.51 | 4.05 4.51 | 5.51 | | | 6.57 | 7.44 | | 9.09 | 11.47 | | 12.33 | 14.45 |
| 45,5 | Dorheim (Wetterau) 193k | 4.10 | 4.51 | 5.57 | | | 7.03 | 7.49 | | 9.13 | 11.50 | | 12.37 | 14.51 |
| 49,2 | Friedberg (Hess) 193k, 196.b, g an | a 4.16 | X 5.02 | X 6.02 | | | 7.09 | X 7.51 | | 9.19 | X 11.56 | | 12.43 | 14.55 |

| Frankfurt (M) Hbf 196 an | | 5.24 | 5.42 | 6.54 | | | 7.58 | 8.40 | | X 10.39 | 12.54 | | 14.13 | 16.36 ... |
|---|---|---|---|---|---|---|---|---|---|---|---|---|---|---|

| BD Frankfurt (M) / ZugNr Klasse | 4978 | 4980 | X8964 | 8964 | 4984 | 4984 | 4988 | 4990 | 4990 | X 4994 | X 4994 | 4996 | 4996 |
|---|---|---|---|---|---|---|---|---|---|---|---|---|---|
| Mücke (Hess) 193 ab | | | X14.26 | | 16.36 | | 18.59 | | | X 20.20 | | 22.35 | |
| Stockhausen (Oberhess) | | | 14.33 | | 16.43 | | 19.06 | | | 20.26 | | 22.35 | |
| Weickartshain | | | 14.36 | | 16.46 | | 19.09 | | | 20.30 | | 22.38 | |
| Freiensee | | | X14.41 | X14.45 | 16.51 | 17.00 | 19.14 | 19.16 | | X 20.15 | 20.22 | 22.43 | 22.46 |
| Laubacher Wald | | | an | 14.45 | an | 17.00 | an | 19.21 | | an | 20.27 | an | 22.51 |
| Laubach (Oberhess) | 14.25 | | | 15.25 | | 17.06 | | 19.24 | | | X 20.32 | | 22.57 |
| Wetterfeld | | | | 15.31 | | 17.12 | | 19.27 | | | 20.41 | | 23.00 |
| Villingen (Oberhess) an | 14.36 | | | 15.43 | | 17.23 | | 19.37 | | | 20.38 | | 23.07 |
| Ruppertsburg ab | | Sa14.40 | | | | X 18.13 | | | | | | | |
| Villingen (Oberhess) an | | 14.47 | | | | 18.20 | | | | | | | |
| Villingen (Oberhess) ab | 14.37 | 14.49 | | X15.53 | | 17.23 18.22 | | 19.37 | | | X 20.38 | | 23.07 |
| Hungen 193h an | 14.44 | 14.56 | | X16.02 | | 17.31 18.29 | | X20.10 | | | X 20.46 | | 23.14 |

| BD Frankfurt (M) / ZugNr Klasse | | | | | Sa 4998 | 4986 | | | 2776 | 4992 1.2.* | | | |
|---|---|---|---|---|---|---|---|---|---|---|---|---|---|
| Hungen 193h ab | | 15.14 | | | Sa16.26 | 17.46 | | 19.45 | | 20.52 | | | g 23.16 |
| Inheiden | | 15.19 | | | 16.30 | 17.51 | | 19.50 | | 20.58 | | | 23.20 |
| Obbornhofen-Bellersheim | | 15.24 | | | 16.35 | 17.56 | | 19.55 | | 21.04 | | | 23.25 |
| Berstadt-Wohnbach | | 15.28 | | | 16.40 | 18.04 | | 19.59 | | 21.09 | | | 23.31 |
| Wölfersheim-Södel | | 15.35 | | | 16.47 | 18.06 | | 20.06 | von Nidda | 21.16 | | | 23.36 |
| Melbach | | 15.39 | | | 16.51 | 18.10 | | 20.09 | | 21.21 | | | 23.39 |
| Beienheim 193k | | 15.44 | | | 16.56 | 18.14 | | X 20.20 | 20.22 | 21.28 | | | 23.44 |
| Dorheim (Wetterau) 193k | | 15.49 | | | 17.01 | 18.19 | | 20.22 | 20.27 | 21.33 | | | 23.48 |
| Friedberg (Hess) 193k, 196.b, g an | | 15.54 | | | Sa17.12 | 18.24 | | X 20.24 | 20.33 | 21.37 | | | 23.54 |

| Frankfurt (M) Hbf 196 an | | | 16.57 | | | 18.12 | 19.24 | | 21.12 | 22.11 | | | 1.28 |
|---|---|---|---|---|---|---|---|---|---|---|---|---|---|

🚌 **Bellersheim – Friedberg (Hess) – Bad Nauheim 2196/30**
a = X außer Sa    b = täglich außer Sa
g = † u Sa. auch 18. XI., 24./31. XII. 26. III., 30. IV., 6. u 27. V.
*= verkehrt Sa
⊙ = Haltestelle Weickartshain Seenbrücke
weiterer Halt: Flensungen Bürgermeisterei

✕-Züge u Busse verk. nicht am 27. XII. u 28. V.
†-Züge u Busse verk. auch am 27. XII. u 28. V.

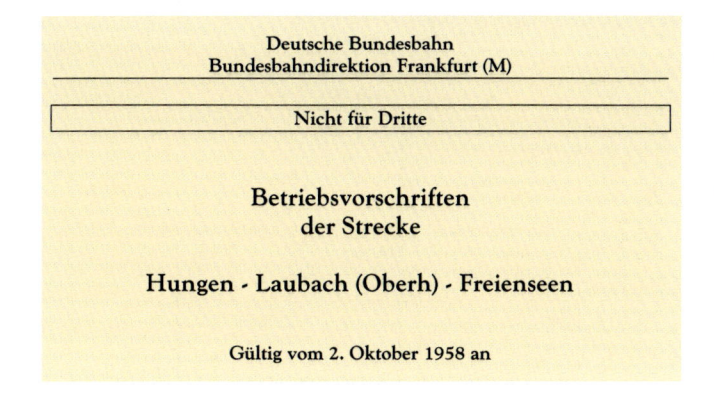

Deutsche Bundesbahn
Bundesbahndirektion Frankfurt (M)

Nicht für Dritte

Betriebsvorschriften
der Strecke

Hungen - Laubach (Oberh) - Freienseen

Gültig vom 2. Oktober 1958 an

Dienst nach Vorschrift: Eigens für unsere „Vogelsberger Westbahn" hat Thomas die Bild- und Buchfahrpläne sowie die Zugbildungsvorschriften für die Reise- und Güterzüge in den 36seitigen „Betriebsvorschriften für die Strecke Hungen–Laubach (Oberh)–Freienseen" zusammengestellt. Da darf der vorbildgetreue Vermerk „Nicht für Dritte" natürlich nicht fehlen …

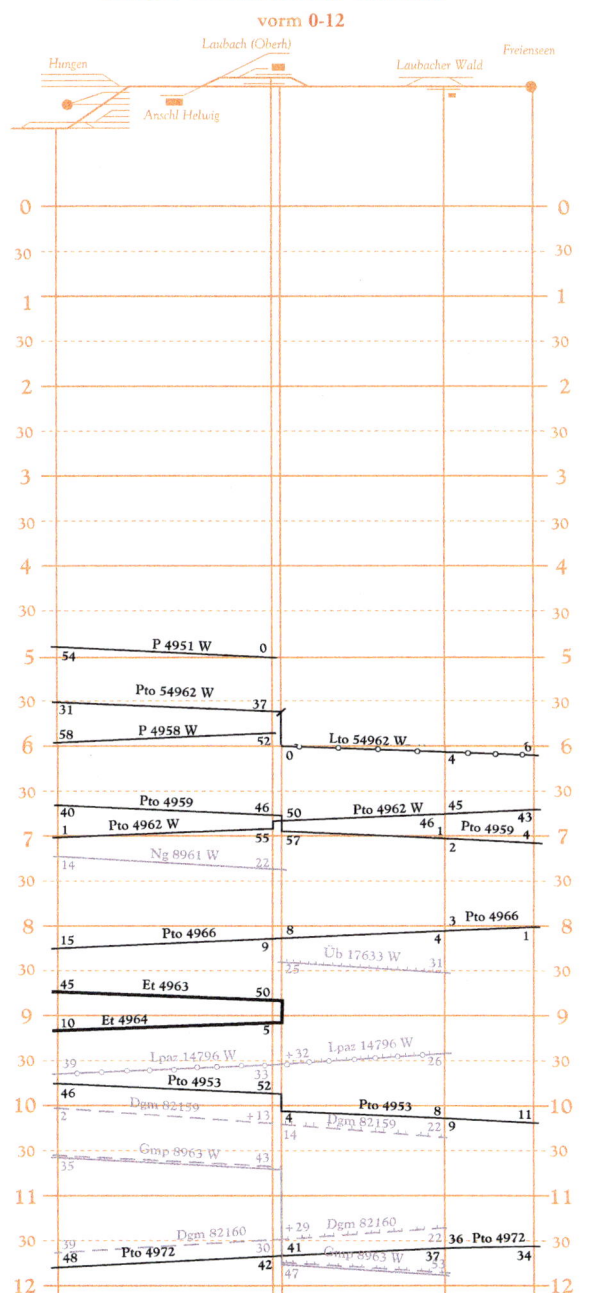

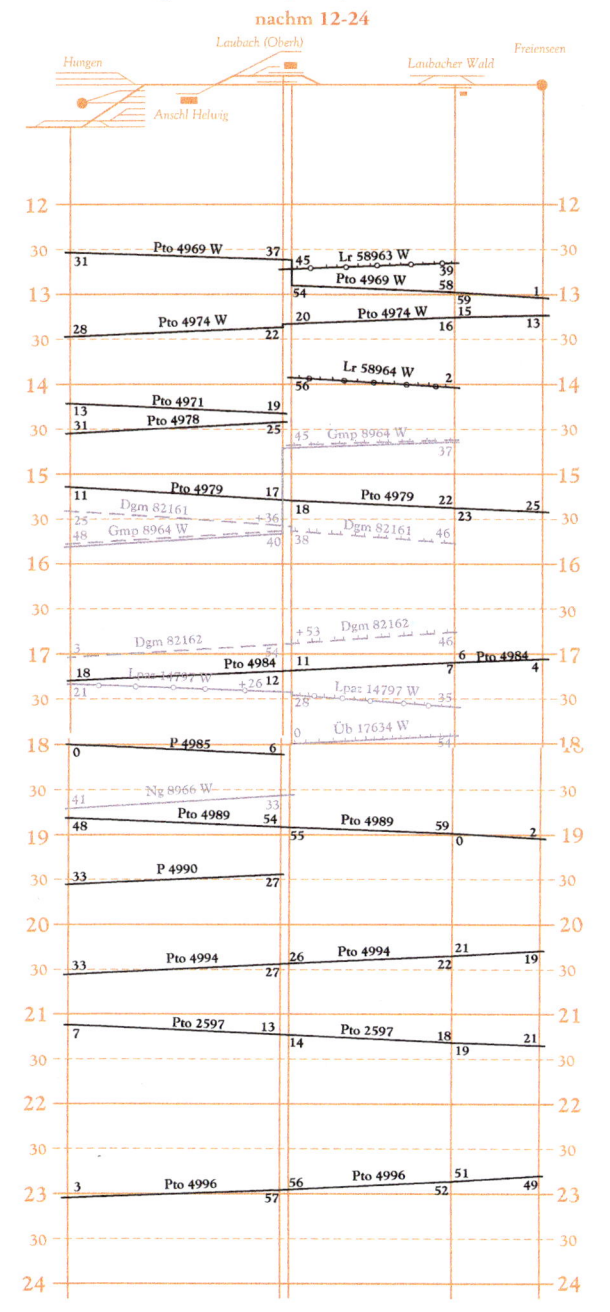

Der Modell-Bildfahrplan zeigt im Vergleich zum Original-Fahrplan von 1958/59 (links) einige Änderungen im Reisezugverkehr: Unter anderem ist Pto 4963/4964 zum Et Frankfurt/M–Laubach aufgewertet, und die lokbespannten P 4951/4958 sowie P 4985/4990 wenden bereits in Laubach. Im Güterverkehr sind zum Gmp 8963/8964 zwei Ng bzw. Üb nebst den entsprechenden Lpaz-Fahrten sowie zwei Dgm-Paare hinzugekommen.

141

von den Zugführern wahrgenommen. Nur wenn Hauptsignale oder Schranken zu bedienen sind oder bei regem Rangierbetrieb oder dichter Zugfolge zu bestimmten Zeiten sind „örtliche Betriebsbeamte" notwendig, die aber als Bahnhofsfahrdienstleiter nur für den Fahrdienst auf ihrer Betriebsstelle zuständig sind.

Bei der Westbahn bedeutet dies, daß die Züge von Lok- und Zugführer über die Anlage gefahren bzw. begleitet werden, wobei diese sich mit dem Zugleiter bzw. dem örtlichen Betriebsbeamten in Laubach abzustimmen haben. Vor der Abfahrt in Hungen fragt z.B. der Zugführer von Pto 4959 in Laubach an: „Kann Pto 4959 bis Laubach fahren?", worauf der Zugleiter bzw. örtliche Beamte in Laubach den Fahrweg, d.h. die richtige Lage der Weichen und Gleissperren überprüft, das Einfahrsignal auf Fahrt stellt und antwortet: „Pto 4959 kann ab Hungen 6.30 Uhr bis Laubach fahren."

In der Praxis geht es natürlich meist etwas knapper und formloser, mitunter aber auch wortreicher zu („Hey, du Penner, wir stehen hier mit dem Ng schon drei Minuten vorm Einfahrsignal, mach endlich auf!"). Daß das Lenz-Digitalsystem und seine „walk around"-Fahrregler diesem Betrieb von mitunter bis zu drei Zügen oder Rangierabteilungen gleichzeitig sehr entgegenkommen bzw. diesen überhaupt erst ermöglichen, liegt auf der Hand.

Zurück zu den Original-Unterlagen: Der Reisezug-Fahrplan wurde aus den entsprechenden Kursbuch-Tabellen der Strecke 193 e rekonstruiert. Darüber hinaus wurden Original-Buchfahrpläne der Reisezüge von 1957 (die der Güterzüge waren leider bis dato nicht aufzutreiben) und ein Original-Bildfahrplan von 1955 für die Erarbeitung unseres Modell-Bildfahrplans verwendet, den Thomas ebenso wie die Modell-Buchfahrpläne mittels Fremo-Software erstellte. Die wichtigsten Änderungen gegenüber dem zugrunde gelegten Original-Fahrplan von 1959 ergaben sich aus der Anlagen-Situation und/oder aus der Betriebspraxis:

1. Den Fahrzeiten ist – in Anbetracht der kurzen Betriebsstellen-Abstände – ein Zeitraffer von 4:1 zugrunde gelegt. Reale 1,5 Minuten Fahrzeit vom Betriebsbahnhof Hungen bis Laubach entsprechen also 6 Modell-Minuten. Als Uhr fungiert ein umgebauter Wecker, dessen Minutenzeiger im 15-Sekunden-Takt weiterspringt. Dieser „Rijo-Modellbahnwecker" von 1972 ist auf S. 52 beim nicht minder simplen und verläßlichen Stellpult des Betriebsbahnhofs zu sehen.

2. Wie bereits im Planungs-Kapitel erwähnt, ist wegen eines angenommenen Brückenschadens in der Haltestelle Laubacher Wald derzeit für alle lokbespannten Züge Endstation; lediglich die leichten Schienenbusse dürfen weiter bis zum Bahnhof Freiensee verkehren, der durch eine Schienenbus-Drehscheibe dargestellt wird. Die Fahrten der lokbespannten Züge nach und von der Haltestelle Laubacher Wald werden dabei gemäß EBO (Eisenbahn-Bau- und Betriebsordnung) als Sperrfahrten mit max. 30 km/h durchgeführt, weil diese Haltestelle zwischen den Zugmeldestellen Laubach und Freiensee zur freien Strecke zählt.

Während in der ersten Fahrplan-Version (MIBA 9/98) der lokbespannte P 4951/4958 noch bis Laubacher Wald

| P 4951 W (30,1) 1.2. Klasse Hungen–Laubach (Oberh) | | | | | | | | |
|---|---|---|---|---|---|---|---|---|
| Zlok 78⁰ | | | | Last 150 t | | | 65 Mindestbr | |
| zwischen Hungen und Freiensee vereinfachter Nebenbahndienst | | | | | | | | |
| 1 | 2 | 3 | 4 | 5 | 6 | 7 | 8 | 9 |
| Lage der Betriebsstelle km | Höchstgeschw. und Beschränkungen km/h | Betriebsstellen, ständige Langsamfahrstellen, verkürzter Vorsignalabstand | An der Trapeztafel hält Zug | Ankunft | Abfahrt | Kreuzung mit Zug | überholt wird / überholt durch Zug | Zuglaufmeldung durch |
| 24,4 | 40 | Hungen | | | 4 54 | | | |
| 36,1 | 50 | A ∩ Laubach (Oberh) | | 5 00 | | | | |

Der Modell-Buchfahrplan des P 4951. Hier ist er mit einer 78.0 bespannt, die sich beim Vorbild diesen Dienst mit der 74.4 teilte. Die >>-Linien entsprechen den Sägelinien beim Vorbild und kennzeichnen eine maßgebliche Neigung von 1:100 bis 1:40.

| Pto 54962 W (30,1) 2. Klasse bG Hungen–Freiensee ab Laubach (Oberh) als Lto 54962 W (30,2) | | | | | | | | |
|---|---|---|---|---|---|---|---|---|
| Vt 95⁹ | | | | Last 30 t | | | 65 Mindestbr | |
| zwischen Hungen und Freiensee vereinfachter Nebenbahndienst | | | | | | | | |
| 1 | 2 | 3 | 4 | 5 | 6 | 7 | 8 | 9 |
| Lage der Betriebsstelle km | Höchstgeschw. und Beschränkungen km/h | Betriebsstellen, ständige Langsamfahrstellen, verkürzter Vorsignalabstand | An der Trapeztafel hält Zug | Ankunft | Abfahrt | Kreuzung mit Zug | überholt wird / überholt durch Zug | Zuglaufmeldung durch |
| 24,4 | 40 | Hungen | | | 5 31 | | | |
| 36,1 | 50 | A ∩ Laubach (Oberh) | | 5 37 | 6 00 | 4958 W | | |
| 39,5 | | Laubacher Wald Hst u | | | 6 04 | | | |
| 42,7 | | Freiensee Ag | | 6 06 | | | | |

Der zweite Zug am frühen Morgen ist Pto 54962, der in Laubach mit P 4958 kreuzt. Die Zugnummer besagt, daß er eigentlich als Leer-Zubringer für Pto 4962 verkehrt, aber von Hungen bis Laubach für Reisende freigegeben ist. Ihm werden wir auf der nächsten Seite ebenso „live" begegnen wie …

| P 4958 W (30,1) 1.2. Klasse Laubach (Oberh)–Hungen–Friedberg (Hess) | | | | | | | | |
|---|---|---|---|---|---|---|---|---|
| Zlok 78⁰ | | | | Last 150 t | | | 67 Mindestbr | |
| zwischen Freiensee und Hungen vereinfachter Nebenbahndienst | | | | | | | | |
| 1 | 2 | 3 | 4 | 5 | 6 | 7 | 8 | 9 |
| Lage der Betriebsstelle km | Höchstgeschw. und Beschränkungen km/h | Betriebsstellen, ständige Langsamfahrstellen, verkürzter Vorsignalabstand | An der Trapeztafel hält Zug | Ankunft | Abfahrt | Kreuzung mit Zug | überholt wird / überholt durch Zug | Zuglaufmeldung durch |
| 36,1 | 50 | Laubach (Oberh) | | | 5 52 | 54962 | | |
| 24,4 | 40 | E ∩ Hungen | | 5 58 | 6 25 | | | |

… dem P 4958, dessen Kreuzung in Laubach mit Pto 54962 in diesem Modell-Buchfahrplan genauso dargestellt ist wie die mit max. 40 km/h zu befahrende Kurve bei der Einfahrt (E) in Hungen.

Bahnhof Laubach, 5.37 Uhr: Soeben läuft Pto 54962 auf Gleis 2 ein. Auf Gleis 1 steht P 4958, der um 5.00 Uhr als P 4951 in Laubach angekommen. Seine Zuglok, heute die 74 662, hat nach dem Umsetzen den Milchkurswagen am Schluß abgezogen und aufs Freiladegleis geschoben, wo er bis zur Rückfahrt mit Et 4964 mit Molkereiprodukten beladen wird.

Der Westbahn-Zugbildungsplan (Zp) schreibt für Personenzüge (B) die genaue Reihung (R) vor, wie hier an P 4951/4958 zu erkennen ist. Der Milchkurswagen (Mk) aus P 4951 wird von Et 4964 wieder mit nach Hungen–Frankfurt/M genommen, wie wir auf Seite 148 sehen werden. Wie Zugbildungspläne in Vorbild und Modell aufgestellt und gelesen werden, geht aus dem MIBA-Report „Zugbildung (1)" hervor.

## II.1 Zp BR

| 1<br>Zug-Nr., Klasse | 2<br>VT | 3<br>Reihung | 4<br>Zuglauf | 5<br>aus Zug | 6<br>in Zug | 7<br>Um-laufpl |
|---|---|---|---|---|---|---|
| Pto **2597** 2. | | BVT95,BPwVB | Hungen-Freienseen | 4984 | 4996 | 22696 |
| P **4951** 1.2. | W | PwPosti,ABi,B3itr, B3itr,LB4i,Mk[1]<br><sup>1)</sup> Mk Frankfurt (M) Hgbf-Laubach (Oberh) | Hungen-Laubach (Oberh) | 4990 | 4958 | 22378 |
| Pto **4953** 2. | | BVT95,BPwVB | Hungen-Freienseen | 4962 | 4972 | 22695 |
| P **4958** 1.2. | W | LB4i,LB4itr,LAB4i, Bi,Pw3i | Laubach (Oberh)-Friedberg (Hess) | 4951 | 4985 | 22378 |
| Pto **4959** 2. | W<br><br>W<br>S | BVT95,BPwVB[2], BVT95, BPwVB<br>BVT95,BPwVB<br>BVT95,BPwVB<br><sup>2)</sup> in Laubach (Oberh) Übergang auf 4962 | Hungen-Laubach (Oberh)<br><br>Laubach (Oberh)-Freienseen<br>Hungen-Freienseen | 4996<br>4994<br>4994<br>4994 | 4962<br>4966<br>4966<br>4966 | 22696<br>22697<br>22697<br>22697 |
| Pto **4962** 2. | W<br>W | BVT95,BPwVB<br>BVT95,BPwVB, BPwVB,BVT95[3]<br><sup>3)</sup> in Laubach (Oberh) aus 4959 | Freienseen-Laubach (Oberh)<br>Laubach (Oberh)-Hungen | 54962<br>54962<br>4959 | 4953<br>4953<br>4979 | 22695<br>22695<br>22696 |
| Et **4963** 1.2. | | ABVS,ABVS, ABVT25 | Frankfurt (M) Hbf-Laubach (Oberh) | 4964 | 4964 | 22625 |
| Et **4964** 1.2. | W<br>S | ABVT25,ABVS, ABVS,Mk[4]<br>ABVT25,ABVS, ABVS<br><sup>4)</sup> Mk Laubach (Oberh)-Frankfurt (M) Hgbf, aus 4951 | Laubach (Oberh)-Frankfurt (M) Hbf<br>Laubach (Oberh)-Frankfurt (M) Hbf | 4963<br>4963 | 4963<br>4963 | 22625<br>22625 |

## Pto 4959 (30,1) 2. Klasse bG
### Hungen–Freienseen
("W" Doppeleinheit bis Laubach an der Spitze)

Vt 95⁹      **Last 30 t**      65 Mindestbr

zwischen Hungen und Freienseen vereinfachter Nebenbahndienst

| 1 | 2 | 3 | 4 | 5 | 6 | 7 | 8 | 9 |
|---|---|---|---|---|---|---|---|---|
| Lage der Betriebsstelle km | Höchstgeschw. und Beschränkungen km/h | Betriebsstellen, ständige Langsamfahrstellen, verkürzter Vorsignalabstand | An der Trapeztafel hält Zug | Ankunft | Abfahrt | Kreuzung mit Zug | überholt wird überholt durch Zug | Zuglaufmeldung durch |
| 24,4 | 40 | Hungen | | | 6 40 | | | |
| | | A ⌐ | | | | | | |
| 36,1 | 50 | Laubach (Oberh) | | 6 46 | 57 | 4962 W | | |
| 39,5 | | Laubacher Wald Hst u | | 7 01 | 7 02 | | | |
| 42,7 | | **Freienseen Ag** | | 7 04 | | | | |

## Pto 4962 W (30,1) 2. Klasse bG
### Freienseen–Hungen
(von Laubach bis Hungen Doppeleinh am Schluß)

Vt 95⁹      **Last 30 t**      67 Mindestbr

zwischen Freienseen und Hungen vereinfachter Nebenbahndienst

| 1 | 2 | 3 | 4 | 5 | 6 | 7 | 8 | 9 |
|---|---|---|---|---|---|---|---|---|
| Lage der Betriebsstelle km | Höchstgeschw. und Beschränkungen km/h | Betriebsstellen, ständige Langsamfahrstellen, verkürzter Vorsignalabstand | An der Trapeztafel hält Zug | Ankunft | Abfahrt | Kreuzung mit Zug | überholt wird überholt durch Zug | Zuglaufmeldung durch |
| 42,7 | | **Freienseen Ag** | | | 6 43 | | | Zf nur FE |
| 39,5 | 50 | Laubacher Wald Hst u | | 6 45 | 46 | | | |
| 36,1 | | Laubach (Oberh) | | 50 | 55 | 4959 | | |
| | | E ⌐ | | | | | | |
| 24,4 | 40 | Hungen | | 7 01 | | | | |

fuhr, wendet er jetzt nur noch bis Laubach – wie dies auch beim Vorbild angesichts des geringen Fahrgastaufkommens in Laubacher Wald, der 1:60-Steigung dorthin und des durch evtl. auf dem Ladegleis abgestellte Güterwagen erschwerten Lokumlaufs praktiziert worden wäre.

3. Der P 4985/4990 verkehrt (wie auch beim Vorbild bis 1955) als schwerer abendlicher Berufspendlerzug gleichfalls lokbespannt. Zudem führt er einen Postwagen mit, der während der Wendezeit in Laubach beladen wird.

4. Der Et 4963/4964 wurde „auf Wunsch der Industrie- und Handelskammer Gießen" als schnelle und umsteigefreie Direktverbindung nach Frankfurt/M eingefügt; fahrplan- und fahrzeugmäßig haben wir uns dabei an dem berühmten Wende-Eilzug E 1792/ E 1793 orientiert, der in der Epoche 3 mit VT 25/VS 145 und V 80/VS 145 zwischen Frankfurt/M und Köln über mehrere Nebenstrecken verkehrte.

**Links: die Modell-Buchfahrpläne von Pto 4959 und Pto 4962, auf den beim Kreuzen in Laubach die vordere Doppeleinheit des Pto 4959 übergeht (vgl. Vorbild-Buchfahrpläne auf S. 139).**

**Bahnhof Laubach, 6.50 Uhr: Soeben ist Pto 4962 auf Gleis 1 zum Halten gekommen. Von Pto 4959 auf Gleis 2, angekommen um 6.46 Uhr, …**

… löst sich die vordere Doppeleinheit und setzt über die Einfahrweiche auf Gleis 1 um. Nach einem leisen „Klick" der magnetisierten Scharfenberg-Kupplungen (siehe S. 124) und der Bremsprobe setzt sich der jetzt vierteilige Pto 4962 um 6.55 Uhr in Richtung Hungen in Bewegung. Zwei Minuten später, um 6.57 Uhr, wird Pto 4959 knatternd den Bahnhof in Richtung Freienseen verlassen.

## II.2 GZV

**Ng 8961 W Hungen-Laubach (Oberh)**

1. Pwg
2. OOtz Laubacher Wald
3. Laubacher Wald
4. Laubach (Oberh)
   a) Laubach Ort
   b) Anschl Helwig Koks u Schrott
   c) Anschl Helwig **ausgen** b)

**Höchststärke 20 A**
Bei Überlast restl Wg mit 8963
**Gr 2 max. 8 A**
leere OOtz aus 7430 lt. Erzabfuhrprogramm

Die Güterzugbildungsvorschriften (GZV) schreiben für Ng 8961 die genaue Reihung vor. Das erleichtert die Rangierarbeiten in Laubach ebenso wie die Begrenzung auf max. 20 Achsen.
Unten zwei Beispiele für die Wagenkarten und die Frachtzettel, mit denen der Güterverkehr abgewickelt wird.

| Wagen-Nr.: | 8642 | DR | Heimatbahnhof: |
|---|---|---|---|
| **Ommr Villach** | | Brit - US - Zone | Zielbahnhof: **Laubach** (Oberhess) |
| **Offener Wagen** | | | Empfänger: **Anschluß W. Helwig** |
| LüP: 10,8 m | Ladelänge: 8,7 m | | Wagengattung: |
| Achsstand: 6,0 m | Ladefläche: 24,0 m² | | **Omm** |
| zul.Ladegew.: 24,5 t | Laderaum: 37,3 m³ | | Ladung: **25 t Masseln** |
| Eigengewicht: 10,8 t | | | Versandbahnhof: **Rheinhausen** |
| Ladehinweise | | | Versender: **Hüttenwerke Rheinhausen AG** |
| Sonstige Hinweise m.Hbr. | | | Bemerkungen: |

| Wagen-Nr.: | 348 067 | DB | Heimatbahnhof: |
|---|---|---|---|
| **KK 06** | | | Zielbahnhof: **Laubach** (Oberhess) |
| **Klappdeckelwagen** | | | Empfänger: **Anschluß W. Helwig** |
| LüP: 13,2 m | Ladelänge: 2 x 5,2 m | | Wagengattung: |
| Achsstand: 2 x 3,0 m | Ladefläche: 2 x 14,8 m² | | **KK** |
| zul.Ladegew.: 30,0 t | Laderaum: 2 x 18,6 m³ | | Ladung: **25 t Formsand** |
| Eigengewicht: 17,2 t | | | Versandbahnhof: **Süchteln** |
| Ladehinweise | | | Versender: **Formsand H.J. Donkels KG** |
| Sonstige Hinweise 2-teilige Einh. | | | Bemerkungen: |

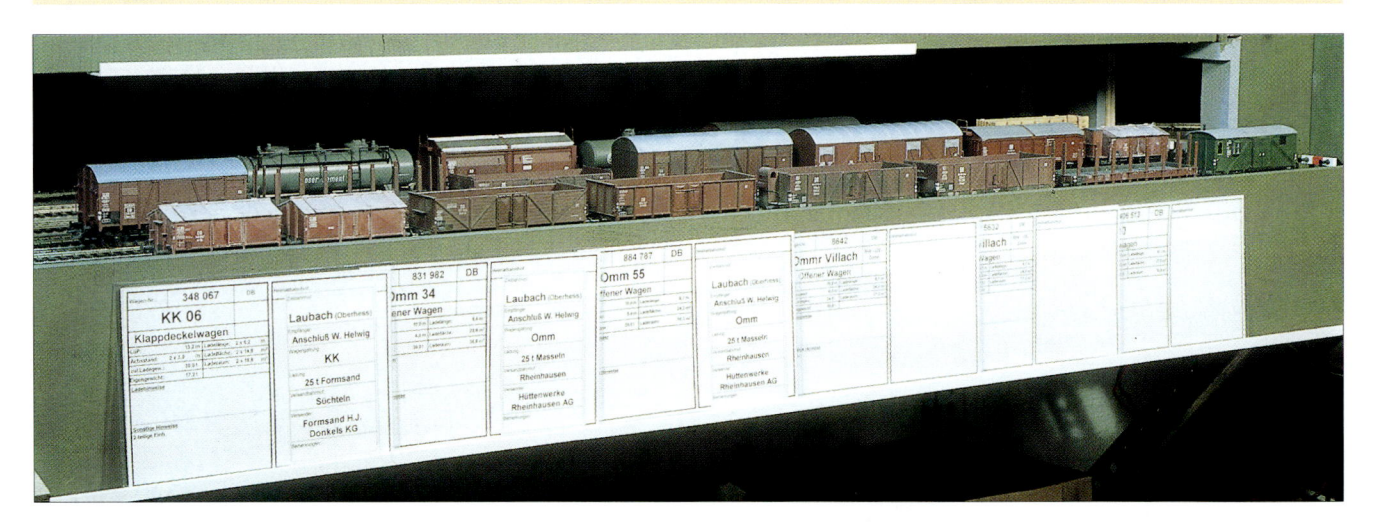

Im Betriebsbahnhof Hungen steht Ng 8961 fertig gebildet; in der Halteschiene davor sind die zugehörigen Wagenkarten mit den Frachtzetteln aufgereiht. Jetzt wird der Zug auf das Ausfahrgleis vorgezogen und kann nach dem Umsetzen der Lok nach Laubach ausfahren …

… wo er um 7.20 Uhr das Einfahrsignal passiert.

Nach der Ankunft in Laubach hat die 56.2 den Zug umfahren und holt jetzt die vom Vortag verbliebenen Wagen aus dem Anschluß Helwig, um anschließend …

… die am Schluß des Ng eingestellten „neuen" Wagen für den Anschluß Helwig dort bereitzustellen. Dann werden der Omm 32 und der Kesselwagen vom Vortag wieder auf das Anschlußgleis geschoben und dort bis zur Mitnahme durch Gmp 8964 abgestellt.

5. Zusätzlich zu dem in den Kursbuch-Tabellen verzeichneten Gmp 8963/8964 (Güterzug mit Personenbeförderung) verkehren zwei Nahgüterzüge in den für diese Gattung typischen Tagesrandlagen: Ng 8961 (ab Laubach weiter als Übergabe 17633) fungiert als frühmorgendlicher Verteiler, Üb 17634/Ng 8966 als abendlicher Sammler. Die Zuglok des Verteilers kehrt als Lpaz (Lok-Leerfahrt mit Packwagen für das Zugpersonal) nach Hungen zurück, die des abendlichen Sammlers kommt als Lpaz nach Laubacher Wald.

Welche Frachten und damit Wagentypen die Güterzüge hauptsächlich führen, wurde schon im Kapitel über den Bahnhof Laubach geschildert: Neben G-Wagen mit Stückgut und den O-Wagen mit Masseln oder Feinschrott bzw. Formsand oder Kalk in K-Wagen für die Eisengießerei sind es für die diversen Holzladungen aus Wäldern und Sägewerken vor allem O-, R- und S- bzw. SS-Wagen, die bei uns mit selbstgebastelten oder M+D-Ladungen

Ein SS 15 mit Traktoren für den Landmaschinenhandel wird an der Kopframpe entladen.

147

Pünktlich um 8.50 Uhr wird Et 4963 in Laubach einlaufen. Er kommt von Frankfurt/M Hbf über Friedberg–Nidda–Hungen; Vorbild für diesen Eilzuglauf „über die Dörfer" ist …

… der berühmte Wende-Eilzug E 1792, hier auf der der Fahrt von Frankfurt/M nach Köln. Auch unser Et 4963 fährt wechselweise mit V 80 und drei VS 145.

Et 4963 hat nach dem Aussteigen der Fahrgäste auf das Streckengleis nach Hungen vorgezogen und holt jetzt den beladenen Milchkurswagen vom Ladegleis.

Um 9.05 macht sich die Triebwagengarnitur als Et 4964 auf den Rückweg nach Frankfurt/M Hbf, von wo der Milchkurswagen zur Moha in Ffm-Sossenheim überstellt wird.

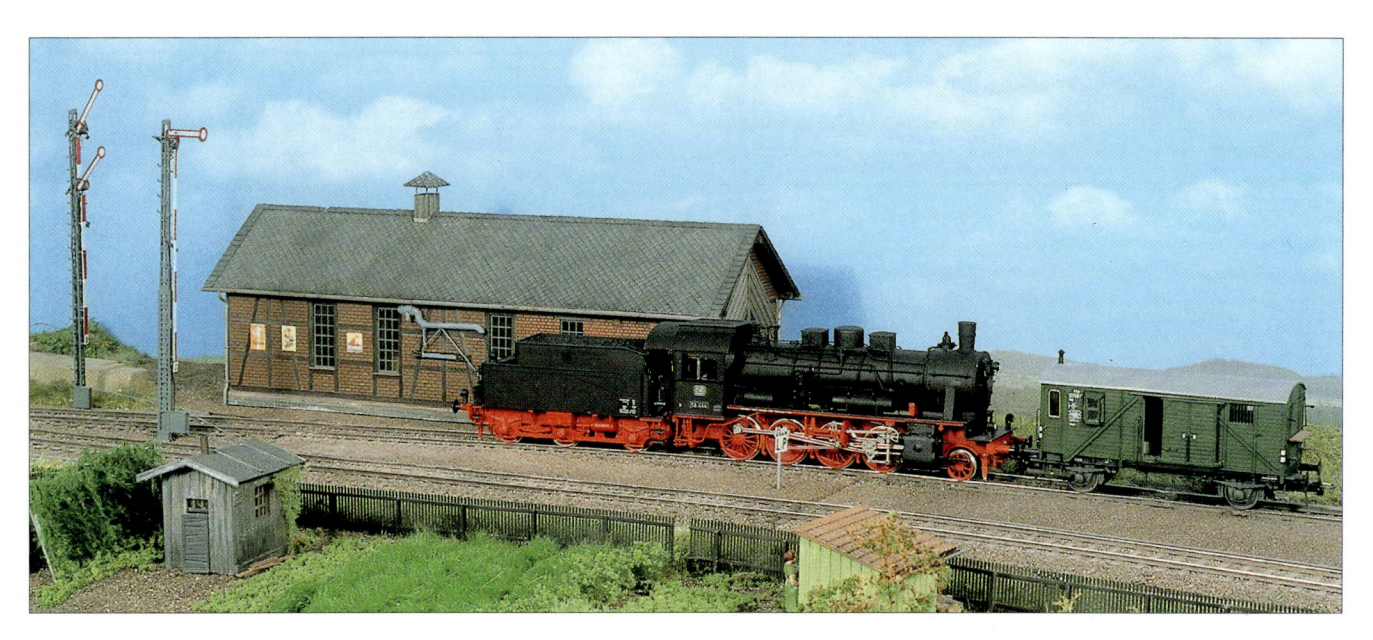

**Knapp 30 Minuten später passiert 56 444 mit dem Pwg als Lpaz 14796 den Laubacher Lokschuppen auf der Fahrt nach Hungen. Damit ist die Strecke nach Laubacher Wald–Freiensee wieder frei …**

verkehren – und selbstverständlich von Wagenkarten samt Frachtzetteln begleitet, die Ludwig nach bewährter Fremo-Manier auf dem PC generiert hat. Dabei sind übrigens die Firmennamen der Empfänger und Versender fast durchwegs für die damalige Zeit authentisch – herausgesucht aus zeitgenössischen Anzeigen, Adreßbüchern und dem amtlichen „Handbuch für den Landkreis Gießen" von 1953.

Dem früher in dieser Gegend betriebenen Abbau des Vogelsberger Brauneisensteins wird durch den gelegentlichen Einsatz von OOtz-Wagen im Erz-Programmverkehr zur provisorischen Verladestelle Laubacher Wald Rechnung getragen; de facto war nur wenige Kilometer weiter bei Weickartshain eine große Erzwäsche samt Verladung in Betrieb (siehe S. 14).

6. In den verkehrsschwachen Vormittags- und Nachmittagsstunden verkehrt bedarfsweise jeweils ein Dgm-Paar (Durchgangsgüterzug für Militär) nach Laubacher Wald

**… und Pto 4953 kann um 10.04 Uhr mit aufknatterndem Dieselmotor den Bahnhof Laubach in Richtung Freiensee verlassen.**

| | Gmp 8964 W (72,1) 2. Klasse | | | | | | | |
|---|---|---|---|---|---|---|---|---|
| | Laubacher Wald-Hungen | | | | | | | |
| | bis Laubach (Oberh) Sperrfahrt | | | | | | | |
| Zlok V 36 | | | Last 240 t | | | | 38 Mindestbr | |
| zwischen Freienseen und Hungen vereinfachter Nebenbahndienst | | | | | | | | |
| 1 | 2 | 3 | 4 | 5 | 6 | 7 | 8 | 9 |
| Lage der Betriebsstelle km | Höchstgeschw. und Beschränkungen km/h | Betriebsstellen, ständige Langsamfahrstellen, verkürzter Vorsignalabstand | An der Trapeztafel hält Zug | Ankunft | Abfahrt | Kreuzung mit Zug | überholt wird überholt durch Zug | Zuglaufmeldung durch |
| 39,5 | 30 | Laubacher Wald Hst u | >> | | 14 37 | | | Zf nur FE |
| 36,1 | 50 | Laubach (Oberh) … | >> | 14 45 | 15 40 | 4979, 82161 B | | |
| | | E ⌒ | >> | | | | | |
| 24,4 | 40 | Hungen … | >> | 15 48 | | | | |
| | | Zug rangiert unterwegs: | | | 40 Min | | | |

| Lfd Nr | Betriebsstelle | 10a Gefälle in der Stelle %₀ | 10b Gefälle gegen Strecke Richtung | 10c Handbremsachsen im abgekup. Zugteil | 10d Abstoßen verboten nach Gleis | 10e Bespannte Rangierabtlg ohne bediente Bremse nur Achsen | 10f je 1 bediente Bremse für Achsen |
|---|---|---|---|---|---|---|---|
| | | Besondere Vorsicht beim Rangieren | | | | | |
| 12 | Laubach (Oberhessen) | Bfs-ende Ri Hungen 1:150 zwischen Rangierhaltetafel u Einfahrsig F 1:70 | | | 4 | allen Gleisen, Ri Hungen und Stumpfgleis 3 | |
| 13 | Laubacher-Wald | Bfs-ende Ri Hungen 1:60 | | 18 | allen Gleisen, in beiden Ri | 6 | 10 |

### Gmp 8964 W Laubacher Wald-Laubach (Oberh)-Hungen

1. Laubach (Oberh)
2. Hungen
3. Perswg

Beladene Schemelwg Spitze Gr 1
Alle Wagenld aus Laubacher Wald in Laubach (Oberh) wiegen
8964 W darf keine beladenen OOtz aus Laubacher Wald befördern (Abfuhr mit 17634/8966)
Ü in Hungen Ri Giessen 8939, Ri Gelnhs 8936, Ri Friedberg (Hess) 8968

Buchfahrplan und Bildungsvorschrift (GZV) für den Gmp 8964, dessen Personal beim Rangieren in Laubach und Laubacher Wald die örtlichen Vorschriften (oben) zu beachten hat, damit sich auf den Gefällestrecken keine Wagen selbständig machen.

Laubach (Oberhessen) im April 1959, 15.18 Uhr: Pto 4979 hat Gmp 8964 gekreuzt und macht sich nach dem „Feddisch – abfahren!" des Schaffners auf die Fahrt nach Freienseen.

In der Haltestelle Laubacher Wald steht Gmp 8964 kurz vor dem Abschluß der Rangierarbeiten. Wenn der MBi (rechts außerhalb des Bildes) angekuppelt und die Bremsprobe vorgenommen ist, wird sich die Zugmannschaft um 14.37 Uhr mit den Wagenkarten auf die Fahrt bzw. den Weg nach Laubach machen.

Hier holt V 36 413 die von Ng 8961 gebrachten und mittlerweile entladenen Wagen aus dem Anschluß der Eisengießerei Helwig.

Wie sich die Bilder gleichen – bis hin zur Wagennummer des MBi: die Kreuzung von Gmp 8964 und Pto 4979 in Laubach, 15.18 Uhr.

**Frühjahr 1950: Der US-Panzerzug hat sich über die Steigung von Laubach nach Mücke gequält und steht vor dem Einfahrsignal – ein rares Fotodokument aus dem Kalten Krieg.**

**Buchfahrplan des Modell-Dgm 82161, der US-Panzer aus den „Ray Barracks" in Friedberg mit 50er Zuglok und Schiebelok 56.2 zum Manöver in den Vogelsberg bringt.**

und zurück. Damit setzt der Chronist eine ganz besonders nachhaltige Kindheitserinnerung in den heutigen Modell-Betrieb um:

Als Erstkläßler beobachtete er anno 1953 mehrmals von der direkt am Bahndamm gelegenen Laubacher Grundschule die langsame Vorbeifahrt schwerer Panzerzüge und erinnert sich genau, wie die mitfahrenden Soldaten den winkenden Kindern Schokolade und Kaugummi zuwarfen. Recherchen des erwachsenen Eisenbahn-Journalisten ergaben, daß diese „seine" Strecke in den 50er Jahren tatsächlich für Panzertransporte der US-Army genutzt wurde – von umgeleiteten Dgm vom Depot Mannheim zu den Schießplätzen in der Lüneburger Heide oder auch für den Manöververkehr in den Vogelsberg. Mit bis zu drei Maschinen (zwei 50er plus Schublok 56.2) wurden die Panzerzüge über die steigungs- und kurvenreiche Strecke von Hungen nach Mücke befördert – Anlaß genug, dieses Kapitel Zeitgeschichte aus dem Kalten Krieg auch im Modell darzustellen. Unser Dgm paßt mit 50er Zuglok, zehn SSy 45 und Schublok 56.2 mit reichlich „Luft" grenzzeichenfrei auf Gleis 2 im Bahnhof Laubach und kann somit dort gekreuzt oder überholt werden. Beim Ent- bzw. Beladen in Laubacher Wald (was wegen der Verzurrung und Verkeilung der Panzer freilich nur angenommen wird) werden jeweils fünf Wagen so an die Rampe rangiert, daß sich immer eine Lok am Zug bzw. auf der Talseite befindet. Auch dabei ist das Lenz-Digitalsystem höchst hilfreich, ohne dessen Funktion „Doppeltraktion" die Fahrt mit Zug- und Schublok über die gesamte Anlage kaum so reibungslos vonstatten gehen dürfte.

Viel Betrieb also für eine Nebenbahn – aber noch nicht alles: Über die geplante Verbindungswendel zwischen Laubacher Wald und dem Betriebsbahnhof Hungen/Mücke könnten zukünftig Schnellzüge der Nord-Süd-Strecke, z.B. bei einer Streckensperrung zwischen Bad Hersfeld und Fulda, über Bad Hersfeld–Alsfeld–Mücke–Hungen–Gelnhausen–Schlüchtern–Elm umgeleitet werden (siehe Karte S. 9). Der F 55 „Blauer Enzian" in Laubach (Oberhessen) – warum nicht?

**In der Haltestelle Laubacher Wald beginnt nach Lösen der Sicherungsketten und -keile die Entladung. Beim Einwinken sehen wir Panzersoldat Elvis A. Presley („Ray Barracks" Friedberg 1958 bis 1960).**

600 Tonnen und zwei Maschinen: Mit vereinter Kraft haben 50 987 und 56 444 den Dgm 82161 über die 1:40-Rampe nach Laubach befördert, wo auf Gleis 1 Gmp 8964 die Kreuzung abwartet.

56 444 ist mit dem Pwg als Lpaz 14797 nach Laubacher Wald gekommen und holt hier zwei beladene Erzwagen ab, die lt. GZV (rechts) in Laubach zu wiegen sind.

### Üb 17634 W Laubacher Wald-Laubach (Oberh)

1. Pwg
2. OOtz
3. Laubach (Oberh)
4. Hungen

Gr 2 lt. Erzabfuhrprogramm
**Wagenld aus Gr 2-4 in Laubach (Oberh) wiegen**

Üb 17634 W (76,1)
Laubacher Wald-Laubach (Oberh)
Sperrfahrt

Zlok 56² — Last 150 t — 38 Mindestbr

zwischen Freienseen und Hungen vereinfachter Nebenbahndienst

| 1 | 2 | 3 | 4 | 5 | 6 | 7 | 8 | 9 |
|---|---|---|---|---|---|---|---|---|
| Lage der Betriebsstelle km | Höchstgeschw. und Beschränkungen km/h | Betriebsstellen, ständige Langsamfahrstellen, verkürzter Vorsignalabstand | An der Trapeztafel hält Zug | Ankunft | Abfahrt | Kreuzung mit Zug | überholt wird / überholt durch Zug | Zulaufmeldung durch |
| 39,5 | 30 | Laubacher Wald Hst u | | | 17 49 | | | Zf nur FE |
| 36,1 | 50 | Laubach (Oberh) | | 17 55 | | 4985 | | |

Von Laubacher Wald bis Laubach verkehrt die Fuhre als Üb 17634 und Sperrfahrt, wie der zugehörige Buchfahrplan zeigt. Ab Laubach geht Üb 17634 in den Ng 8966 über (siehe Bildfahrplan S. 141).

Pto 4994 vor dem Bahnübergang an der „Villa", in der sich eine US-Dienststelle einquartiert hat; die Ami-Schlitten und der Pickup der U.S. Air Force Wiesbaden tragen authentische Nummernschilder (Modelle von Busch).

Die Friedberger V 36 413 stellt den Stückgut-Ortswagen ans Schuppengleis in Laubach; der abgebildete Original-Wagenzettel gehört zu den gehüteten Schätzen im Archiv des Chronisten …

Abschließend ein Blick auf einen Teil des Betriebsbahnhofs Hungen. Links von der Drehscheibe Lokomotiv-, rechts die Triebwagen-Abstellgleise. Auf einem der drei langen Abstellgleise im Hintergrund ist der US-Militärzug zu erkennen.

Der 50jährigen MIBA-Tradition verpflichtet, schmökern die „Comedian Hanullists" während der Planungsphase in den alten Heften. Hatte die MIBA doch schon im Gründungsjahr 1948 ...

... mit dem gleichfalls recht locker inszenierten Gemeinschafts-„Bauprojekt Nord-West-Bahn" Maßstäbe gesetzt, die es ein halbes Jahrhundert später zu würdigen galt.

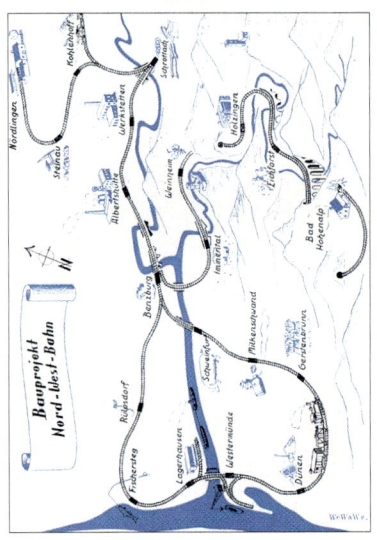

## Reaktionen, daheim und andernorts:

# Von Flaschen und Kindern

Der Chronist folgt seiner Pflicht und gibt auch dies zur Kenntnis: Beim Bau der Westbahn wurde Bier getrunken; schon bei der Planung, wie man sieht. „Aus Flaschen, jawohl – und aus Jux!", wie mit Heinz Erhardt eine unvergessene Ikone der bei uns Westbahnern allgegenwärtigen 50er Jahre gekräht hätte. Aus Jux – und aus Regionalpatriotismus, denn Lich liegt dicht bei Laubach – hatten wir die Etiketten so richtig schön ins Bild gedreht. Was nach Erscheinen von MIBA 1/98 prompt zu Reaktionen führte, denn „es entsteht der Eindruck, daß Modellbahnbau automatisch mit dem Genuß von Bier einhergeht. Ich glaube nicht, daß dies unserem Hobby förderlich ist." Angesichts dieser Zuschrift wiederum, so schäumte (sic!) ein anderer Leser, „ist mir vor Empörung fast das Martiniglas aus der Hand gefallen". Er fand es, ganz im Gegenteil, für unser Hobby „wenig förderlich, daß Nörgler und andere humorlose Geister abschreckend auf Neu- und Wiedereinsteiger wirken."

Geschafft! Tief in der Nacht vor dem Beginn der Kölner Ausstellung überprüft Ludwig ein letztes Mal die wichtigsten Funktionen der zuvor in stundenlanger Arbeit aufgebauten Anlage.

Dicht umlagert vom Publikum zeigen sich die „Vogelsberger Westbahn" und ihr ebenso unkonventioneller wie zweckmäßiger Unterbau hier in einer Totale, wie sie nur in Köln möglich war.

Auch kein Kind von Traurigkeit: Als Preisträger des finalen Westbahn-Rätsels in MIBA 12/98 fügte sich Joachim Riebisch, im Outfit nicht minder zwanglos als im Hobbyverständnis, beim gewonnenen Westbahn-Wochenende nahtlos zwischen die „Comedian Hanullists". Hier bringt er gerade, nach kurzer Einweisung durch den Zugleiter, den US-Panzerzug – sinnigerweise am Tag des Jubiläums „50 Jahre NATO" – professionell und pünktlich über die Strecke.

Soviel zum Thema Pluralismus in Zeiten der „political correctness". Jene Licher Brauerei übrigens erfuhr erst kurz vor Serienschluß von ihrem unfreiwilligen Glück und unterstützte – im Wortsinne, wie das Bild oben zeigt – die Westbahn daraufhin mit vierzig leeren Bierkästen. Das stieß in Köln auf fachliches Interesse, auf sensorische Zustimmung hingegen die großherzige Spende weiterer zehn, allerdings voller Bierkästen und die Verteilung ihres Inhalts unter das pp. Publikum.

Apropos Publikum: Selbiges zeigte sich in Köln überaus angetan vom Fahrplanbetrieb auf der Vogelsberger Westbahn und erstaunlich geduldig, wenn dieser einmal – wie es auf Messen und Austellungen so ist – ins Stocken oder gar zum Stillstand kam. „Alle Räder stehen still, wenn mein starker Arm es will!" mochte sich denn auch Martin – ansonsten nicht gerade der Prototyp des faustreckenden Klassenkämpfers – gedacht haben, als er die eben noch fachkundig reparierte Roco-50 nach der erfolgreich absolvierten Probefahrt kurzerhand auf dem zentralen Durchgangsgleis des Betriebsbahnhofs abstellte und auf Nimmerwiedersehen in den Tiefen der Messehalle verschwand. Dieser strafbare, weil „gefährliche Eingriff in den Eisenbahnbetrieb", dazu noch im Dienst, sollte gerade vom Westbahn-Zugleiter per Hallenlautsprecher öffentlich geahndet werden („Der kleine Martin Knaden soll bitte zum Westbahn-Stand kommen und seine Lok wegfahren!"), als der Abtrünnige über sein Handy erreicht und zurückbeordert werden konnte.

Apropos Telefon: Wann immer und warum auch immer es spät wurde bei den arbeitsreichen Westbahn-Wochenenden – und es wurde oft spät –, gingen ab Sonntagnachmittag Ferngespräche wie dieses ins jeweilige Heimat-Bw: „Ja, hallo, ich bin's. Hör mal, Schatz, es wird ein bißchen später, so etwa zwei Stunden. Ja, zum Abendessen bin ich da." Und ebendiese zwei Stunden später: „Ja, ich noch mal. Du, wir haben hier ein Problem

---

Acht Männer – ein Ziel: Die „Gießener Allgemeine" vom 20.11.98 würdigte die detailgetreue Wiedergabe der ehemaligen Laubacher Bahnanlagen in einem ausführlichen Artikel nicht minder engagiert ...

### Acht Männer – ein Ziel: Hohes Maß an Detailtreue

**Modellbahnexperten um Laubacher Michael Meinhold bauten originalgetreu Teil der Eisenbahnstrecke Laubach-Mücke**

Laubach (os). »Alte Fotos und neue Ideen, leere Flaschen und volle Aschenbecher: Hier wird geschafft.« So beschrieb die „MIBA", einzige deutsche Zeitschrift, die sich Monat für Monat ausschließlich dem Thema Modellbahn widmet, eines der ersten Treffen einer kuriosen Gruppe von acht Männern im Oktober 1997. »Comedian Hanullists« nennt sich die Crew in Anlehnung an die Modellbahngröße H0, die am Dienstag vollendete, was ein Jahr lang Modellbauer in ganz Deutschland bewegte: der originalgetreue Nachbau eines Teilstücks der Vogelsberger Westbahn Laubach-Mücke. Zum 50. Geburtstag der Zeitschrift »MIBA« gönnt die Redaktion den bis zu 40 000 Abonnenten und Käufern derzeit Monat für Monat einen Blick durch das Schlüsselloch ins Eisenbahnzimmer einer der acht Männer – einer davon war der Laubacher Michael Meinhold.

In der »Jubiläumsserie« schildert der Chronist in zwölf Beiträgen, was sich beim Bau der Eisenbahnanlage so alles abspielte. Ist manche Szene auch sicher der Dramaturgie zuliebe ein wenig überzogen, so beruht doch die ganze Story auf wahren Begebenheiten. Und die rund fünf Meter lange Anlage bewundern seit gestern und bis Montag die Besucher der »Internationalen Modelleisenbahn-Ausstellung« in Köln.

»Genau! Es muß endlich mal ein vernünftiger Bahnhof her, mit einer affengeilen Doppelkreuzweiche und mindestens einem Anschließer! Ganz zu schweigen von einem ordentlichen Stück Strecke, auf der man dann auch an richtigen Bäumen statt an dieser Brokkoli-Plantage vorbeifahren könnte.« So oder ähnlich soll die Idee entstanden sein, aus dem seit Jahren auf dem Dachboden stehenden Modellnachbau des Eisenbahnhaltepunktes »Laubacher Wald« eine richtige große Nummer zu machen. »Nu, wohin denn mit der Onlooche, meen Guudster?« soll einer der acht – wie stets im Zustand hochgradiger Erregung in Para-Sächsische fallend – gebrüllt haben, glaubt man der »MIBA«. »Soll'n mer dir 'ne Durnhalle in'n Hof sädzen?« zitiert der Chronist im ersten Teil der Fortsetzungsstory weiter. Die acht Modellbauer, Bekannte, Freunde und Kollegen von Meinhold aus dem gesamten Bundesgebiet, sind wie freie oder feste Mitarbeiter der »MIBA«-Redaktion und schon dadurch dem Hobby »Modelleisenbahn« vollends verfallen.

Kaum erklärbar wäre sonst auch ihre Hingabe zur Vogelsberger Westbahn, deren Teilstück vom Haltepunkt »Laubacher Wald« über den Hellenberg, den Laubacher Bahnhof und die Eisengießerei Helwig (heute Winter) im Industriegebiet bis in die Gemarkung »Sträuches« nun zu einer neuen Modellbahnanlage wurde. Daß neben Michael Meinhold jeweils Jan Bruns (Fulda), Ludwig Fehr (Meckenheim bei Bonn), Horst Meier (Rodgau), Thomas Siepmann (Aachen), Burghard Rieche (Düsseldorf), Gebhard Weiß (Bad Mergentheim) und Martin Knaden (Nürnberg) viele hundert Stunden in den Bau der Anlage investierten, liegt am hohen Anspruch der Modellbauer auf Detailtreue. Handelsübliche Bausätze für die Gebäude oder Lokomotiven aus den Vitrinen des nächstbesten Spielwarenhauses kommen nicht zum Einsatz. Allein der Nachbau des Laubacher Bahnhofs mit der 1982 abgerissenen Bahnsteigüberdachung mit Material aus dem Architektur-Modellbau im Maßstab 1:87 kostete

*Modellbau in Perfektion: Laubachs Bahnhof im Maßstab 1:87 mit originalgetreuem Fahrzeugmaterial: rechts der Schienenbus VT 95 mit Beiwagen, in der Mitte die Diesellok V 36413, in Handarbeit umgebaut, wie sie bis 1958 auf der Laubacher Strecke fuhr, und links auf dem Ladegleis am Schuppen ein gedeckter Güterwagen. (Foto: os)*

den für Gebäudemodelle zuständigen Kollegen einige Wochenenden. Martin Knaden schenkte seine freien Abende als »Fahrzeugbauer« dafür etwa dem Umbau eines ohnehin 800 Mark teuren Bausatzes der Diesellok V 36. Weil man das Original ab 1950 leicht modifiziert herstellte und es bis 1959 so auf der Laubacher Strecke fuhr, mußte der Nachbau umgerüstet werden. »Die letzte Achse versetzte ich um 5,2 Millimeter nach hinten, und das Führerhaus verlängerte ich um ein Stück nach unten«, schildert der »MIBA«-Redakteur seinem staunenden Gesprächspartner. »Und sämtliche Nieten mußten abgeschliffen werden, denn ab 1950 verließ die Lok geschweißt die MaK-Werkshallen in Kiel.«

Was die »Comedian Hanullists« ein Jahr lang zur Freude der Leser ihrer Zeitschrift bauten, ist ein wertvolles Unikat für den Modellbau und ein Stück Zeitgeschichte für Laubach. Spätestens, wenn ab Januar auf der noch verbliebenen Strecke Hungen-Laubach auch keine Güterzüge mehr fahren, dürfte mancher beim Anblick der Anlage mit Wehmut auf ein Stück vergangene heimische Wirtschaftsgeschichte blicken. Freuen dürfen sich Eisenbahnfreunde in Laubach und anderswo dafür auf ein 160-Seiten-Buch über den Bau dieser originellen Anlage.

Wenn die Anlage in der nächsten Woche in Köln wieder abgebaut wird, wollen sich die „Hanullists" nach dem Streß der letzten Monate irgendwann mal treffen »und endlich einen ganzen Betriebstag durchspielen«. »Minutiös nach dem Sommerfahrplan 1958 im Zeitraffer 1:4«, versteht sich.

---

... als der „Gießener Anzeiger" vom 18.11.98, dessen Bericht gleichfalls zahlreiche Laubacher zum Besuch der Kölner Ausstellung animierte.

**Gießener Anzeiger** · Lich · Hungen · Laubach · Mittwoch, 18. November 1998 · Seite 31

### Die Bahn in Laubach lebt – aber nur in 1:87

**Originalgetreue Modellanlage wird auf Messe in Köln gezeigt**

LAUBACH (lf). In der Wirklichkeit sieht die Zukunft der Eisenbahn in Laubach düster aus. Vom 19. bis 23. November aber präsentieren die „Comedian Hanullists" im Modellbahnmaßstab H0 auf der Modellbahn-Messe in Köln die gute, alte Zeit der Bahn in Laubach.

Die Anlage zeigt alle Details der Laubacher Bahnanlagen von der Eisengießerei über die ausgedehnten Bahnhofsanlagen bis zur Holzverladestation Laubacher Wald. Kenner der Szene meinen fast miterleben, wie ein mit Zementsäcken beladener Wagen rumpelnd und donnernd am Laubach bergab rollt und durch den Bahnhof jagt, um hinter der Eisengießerei mit Hemmschuhen endlich aufgefangen zu werden.

5 x 2,9 Meter groß ist die Fläche, auf der acht Hobby-Bastler die Anlage zusammengebaut haben. Selbst die Schienen sind eigene Maßanfertigung mit sämtlichen Weichen und Stellwerken, alles betriebsbereit für einen echten Zugbetrieb wie in der „guten, alten Zeit". Daß sämtliche Bauwerke und auch die kleinsten Details „handgeschneidert" sind, versteht sich für die engagierten Modellbahner von selbst, denn Original Laubacher Staub, Kohlenstaub, Rost und Patina lassen sich im Handel nicht kaufen. Die Miniatur-Firmenschilder auf der Anlage wurden von alten Laubacher Emailschildern „abgenommen" und mikroskopisch fein nachgefertigt. Der Stromleitungsmast am Bahnhof sieht aus wie in Natura.

Miterbauer Michael Meinhold rechnet durchschnittlich jedem der acht „Comedian Hanullists" mindestens 800 Arbeitsstunden zu. Aber „Wir bauen ja zum Vergnügen", wie man auch in der Fachzeitschrift „Miniaturbahnen" nachlesen konnte, die über Monate hinweg ausführlich über die Baugeschichte der Modellbahnanlage berichtet hat.

*Acht Modellbahner haben die Laubacher Bahnanlagen im alten Zustand originalgetreu im Maßstab 1:87 wiedererstehen lassen. Der VW-Bully vor dem Empfangsgebäude des Bahnhofs verrät, daß diese Szene in der „guten, alten Zeit" angesiedelt ist.*
*Bild: Hähner*

**Der Apfel fällt nicht weit vom Stamm:** Bei der Baumproduktion erweist sich Markus Meier als würdiger Nachfolger von Vater Horst.

**Veronika und der Papa:** Mit ihrer Assistenz beim Bau des Bahnhofsgebäudes widerlegt Gebhards Tochter die These vom „reinen Männerhobby" ebenso wie …

mit der Dingens, der – das würde jetzt zu weit führen. Nein, du brauchst nicht zu warten. Bring schon mal die Kinder ins Bett …" Wenn die ferne Liebste das höhnische „Textbaustein, Textbaustein!"-Gemurmel der anderen damals nicht gehört haben sollte, erfährt sie spätestens jetzt davon. Macht nichts – denn nach durchaus glaubhafter und nahezu deckungsgleich übereinstimmender Aussage aller „Comedian Hanullists" begegnen ihre Ehefrauen oder Lebensgefährtinnen dem Modellbahn-Hobby und seinen Auswirkungen auf das Familienleben ohnehin mit schier grenzenloser Toleranz, in Einzelfällen sogar mit tätigem Interesse. Auch dafür gibt es hier bildliche Beweise, ebenso für die tatkräftige Teilnahme des hoffnungsfrohen Nachwuchses an den väterlichen Bau- und Bastelarbeiten.

Apropos Bau- und Bastelarbeiten: Nicht nur einmal wurden die Westbahner – mit Ausnahme des Autors dieser Zeilen, wie man gleich verstehen wird – im Verlauf der MIBA-Serie von Hobbykollegen beiseite genommen und vertraulich gefragt: Ob der Chronist denn tatsächlich mit den berühmten zwei linken Daumen zur Welt gekommen sei? Oder ob er diese bis heute nur erfolgreich vorschütze, um sich vor lästigen Arbeiten zu drücken? Oder ob das alles, ebenso wie seine permanente Antreiberei, nur ein dramaturgischer Trick zur Auflockerung der Serie gewesen sei?

Wir kommen zum Schluß und damit zur finalen Stunde der Wahrheit. Die Antwort auf alle drei Fragen lautet: Ja, genau so ist es.

… **Annette Erb,** die nicht minder professionell als Partner Jan die Kreissäge zu führen versteht, wenn es um den Zuschnitt der Segmentplatten geht.

## Quellen und Literatur

Beyer, Peter: Die Strecke 193e Friedberg–Hungen–Mücke/Ruppertsburg (unveröffentl.)

Beyer, Peter: Geschichtliche Betrachtung der Bahnlinie Laubach–Mücke (unveröffentl.)

Ebel, Jürgen U./Wenzel, Hansjürgen: Die Baureihe 50. Freiburg, 1988

Ebel, Jürgen U./Wenzel, Hansjürgen: Die Baureihe 74. Freiburg, 1995

Ebel, Jürgen U./Knipping, Andreas/Wenzel, Hansjürgen: Die Baureihe 78. Freiburg, 1990

Eckert, Dieter: 100 Jahre Eisenbahn Hungen–Laubach. In Lok-Magazin 164, Stuttgart, 1990

Eckert, Dieter: Von der Pferdebahn zum VT 95 – Zur Geschichte der Bahnlinie Villingen–Friedrichshütte in Oberhessen. In Lok-Magazin 126, Stuttgart, 1984

Eifler, Norbert: Der Langenschwalbacher. Freiburg, 1978.

Knipping, Andreas: Die Baureihe 86. Freiburg, 1987

Knipping, Andreas: Die Triebfahrzeuge der Deutschen Bundesbahn und ihre Heimatbahnbetriebswerke, Stand 1958. Krefeld, 1982

Krautwurst, Karl/Rühl, Artur: Die Seental-Eisenbahn. Freiensen, 1998

Lauscher, Stefan: Die Diesellokomotiven der Wehrmacht. Freiburg, 1999

Löttgers, Rolf: Der Uerdinger Schienenbus. Stuttgart, 1985

Löttgers, Rolf: Die Dieselloks der Baureihen V 20 und V 36. Stuttgart, 1986

Moeller, Ludwig: Die Entwicklung des Eisenbahnnetzes im Vogelsberg. Diss. Frankfurt, 1939

Röhr, Gustav (Hrsg): Deutsche Bundesbahn. Verzeichnis der Bahnbetriebswerke und Lokbahnhöfe, Stand 1.1.1950. Krefeld, o.J.

Thomé, Robert: Führer über die Linien des Bezirks der Reichsbahndirektion Frankfurt (Main). Frankfurt/M, 1926

Troche, Horst: Die Akkumulator-Triebwagen der Preußisch-Hessischen Staatseisenbahnen und der Deutschen Reichsbahn-Gesellschaft. Freiburg, 1997

Wenzel, Hansjürgen: Die Baureihe 55. Wuppertal, 1976

## Bildnachweis

Peter Beyer: Gleispläne S. 10–17

Jürgen A. Bock: 148 m li

Jan Bruns: 38 u, 39, 41 o

Kurt Burlein: 22 o+u, 24 o+m, 27 o, 105

Joachim Claus: 117 u li, 119

Ludwig Fehr: 44, 46–49, 52, 54 o, 115, 146 o re

Michael Fischbach: 22 m

Peter Flach: 40 o

Joachim Hansen: 20 u, 114 o

Heinz-Peter Kastner: 28 m re, 29 o, 87, 109 o

Martin Knaden: Titelbild, 2, 30, 41 u, 51, 53, 55, 86 o, 103 o+u, 104, 108 o, 109 u, 115 u, 116, 117 o, m, u re, 118, 119 o re, 120, 121–128, 129-132 o, 133, 134, 135 o, 136 m li, 136/137 u, 137 m li, 143 o, 144 u, 145, 146 m+u, 147, 148, 149, 151, 152 u, 153, 154 o+u, 155 o+u, 156 o+u, 158

Johannes Kroitzsch: 11, 12 u, 13, 16, 17 o, 26, 27 u, 119 u li, 120 u, 133 u re, 150 u

Kay-Ulrich Langenheim: 8, 12 o+m, 23 o, 25 m, 86 u

Horst Meier: 56/57, 59 o, 60 – 78, 79 o, 84, 85 o, 135 m, 136 m re

Michael Meinhold: 9, 10 o, 14, 15, 18, 19, 20/21, 21, 23, 25 o, 28, 29 u, 36, 37, 38 o, 40 u, 42, 43, 49 o, 54 o, 58, 59 u, 112 o, 117 o+m, 119 u re, 134 u li, 137 m re, 138, 139, 140, 150 re, 152 o, 155 m, 157 o+u li, 159

Gerhard Peter: 68 o, 79 u, 112 m, 135 u

Kurt Pichl: 119 m

Willi Schmidt: 17 u

Helge Scholz: 45, 75 u re, 80, 85 u, 132 u

Thomas Siepmann: 31, 33, 34/35, 141, 142, 143 u, 144 o, 146 o li, 150 o li, 152 m, 154 m

Kurt Stein: 114 u

Gebhard Weiß: 88–102, 103 m, 106–108, 110, 111, 113, 157 o re

## Danksagung

Wir danken den Firmen, die uns beim Bau der „Vogelsberger Westbahn" mit Material unterstützt haben:

Artitec Models, NL-Amsterdam; Brawa GmbH & Co, Remshalden; Busch Modellspielwaren GmbH, Viernheim; Faller Gebr. GmbH, Gütenbach; Fleischmann Gebr., Nürnberg; Flomo GmbH, Ahrensburg; Haberl & Partner, Augsburg; Heki Kittler GmbH, Rastatt; Kibri GmbH, Böblingen; Lenz Elektronik GmbH, Gießen; M+D Modell- und Dioramenbau, Cham; MZZ AG, CH-Schaffhausen; Preiser GmbH, Rothenburg o.d.T.; Roco GmbH & Co.KG, A-Salzburg; SB-Modellbau, Olching; Silflor GmbH, München; Vollmer GmbH & Co.KG, Stuttgart; Weinert Modellbau, Weyhe/Dreye